普通高等教育"十四五"康养类专业产教融合系列规划教材

丛书主编　李　鲁

HOME-BASED CARE FOR THE ELDERLY:
THEORY AND PRACTICE

智慧养老
理论与实践

主　编 ◎ 张登辉

ZHEJIANG UNIVERSITY PRESS
浙江大学出版社
·杭州·

图书在版编目（CIP）数据

智慧养老理论与实践 / 张登辉主编. -- 杭州 ： 浙
江大学出版社，2024.7 （2025.4重印）
ISBN 978-7-308-24374-2

Ⅰ．①智… Ⅱ．①张… Ⅲ．①养老－社会服务－智能
系统－中国－教材 Ⅳ．①D669.6

中国国家版本馆CIP数据核字(2023)第214855号

智慧养老理论与实践

ZHIHUI YANGLAO LILUN YU SHIJIAN

张登辉　主编

策划编辑	柯华杰　朱　辉
责任编辑	朱　辉
责任校对	葛　娟
封面设计	春天书装
出版发行	浙江大学出版社
	（杭州市天目山路148号　　邮政编码　310007）
	（网址：http://www.zjupress.com）
排　　版	杭州林智广告有限公司
印　　刷	杭州高腾印务有限公司
开　　本	787mm×1092mm　1/16
印　　张	16.5
字　　数	286千
版 印 次	2024年7月第1版　2025年4月第2次印刷
书　　号	ISBN 978-7-308-24374-2
定　　价	59.00元

浙江大学出版社市场运营中心联系方式：0571 - 88925591；http://zjdxcbs.tmall.com

丛书编委名单

丛书总主编：

    李　鲁（浙江树人学院校长，浙江大学医学院教授、博导）

丛书编委：

    罗本燕（浙江大学医学院附属第一医院主任医师）

    陈丽英（浙江大学医学院附属邵逸夫医院主任医师）

    孙统达（宁波卫生职业技术学院教授）

    王洪林（物产中大金石集团董事长）

    卓永岳（浙江绿康医养集团董事长）

    朱李鸣（浙江省发展规划研究院研究员）

    杨　攀（七彩数字社区场景运营公司首席学习官）

    孙培龙（浙江工业大学食品科学与工程学院教授、博导）

    朱加进（浙江大学生物系统工程与食品科学学院教授、博导）

    王维安（浙江大学经济学院教授、博导）

    姚国坤（中国农业科学院研究员）

    张跃西（浙江外国语学院文化与旅游学院教授）

    刘志军（浙江大学公共管理学院教授、博导）

    祝耀升（浙江援通科技发展有限公司董事长）

    尉建锋（杭州卓健信息科技股份有限公司董事长）

    顾高生（杭州聪宝科技有限公司董事长）

本书编委：

张登辉（浙江树人学院）

石声波（浙江树人学院）

卓永岳（浙江绿康医养集团股份有限公司）

黄　捷（杭州新视窗信息技术有限公司）

朱　斌（杭州新视窗信息技术有限公司）

单明晨（杭州事亲网络科技有限公司）

前　言

　　相关数据显示，中国已进入老龄社会，且老年人口高龄化趋势日益明显，由此带来的养老问题需要全社会共同应对。党的二十大报告指出，实施积极应对人口老龄化国家战略，发展养老事业和养老产业，优化孤寡老人服务，推动实现全体老年人享有基本养老服务。

　　在养老服务探索实践中，不仅要主动适应人口老龄化的客观趋势，还要科学确定应对老龄化各阶段的任务和目标，推进养老服务供给侧结构性改革，更要以新技术、新产品、新产业、新模式满足老年人对美好生活的新需求。随着养老服务领域相关技术的发展，尤其是互联网、云计算、大数据等技术的进步，养老产业面临着新的发展机遇，智慧养老逐步兴起，我国养老产业正在进入智慧养老的新时代。

　　智慧养老（Smart Senior Care，SSC）是指通过先进的管理技术、计算机技术、无线传感网络，将老人、社区、医护人员、医疗机构、政府、服务机构组成一个有机的整体，为老年人提供便捷、高效、物联化、互联化、智能化的养老服务。具体来说，智慧养老是指利用互联网、物联网、云计算、大数据等现代科学技术，围绕老年人的生活起居、安全保障、健康管理、娱乐休闲、学习分享等各方面的需求，支持和服务老年人的生活，对涉老信息进行自动检测、预警甚至主动处置，实现与老年人友好、自主式、个性化智能交互，提升老年人的生活质量。

　　基于对智慧养老概念的不同理解，许多国家和国际组织根据自身特点与需求制定了各自的智慧养老探索路径。如何引入新的技术与养老实践融合，如何从老年人的实际需求出发构建可行的智慧养老系统等，都是智慧养老领域非常重要的研究课题。

　　随着智慧养老探索的深入，智慧养老可根据功能特性划分为智慧助老、智慧用老、智慧孝老等，也可根据表现形式划分为智慧社区居家养老、智慧机构养老、医养结合的智慧康养等。

　　本书共分九章，首先明确智慧养老和智慧养老系统的概念，探讨其内涵与外延，接着探索智慧养老的各个功能特性，然后探索智慧养老的各种表现形式，最后对智慧养老的未来发展进行展望。本书强调相关概念、理论的成熟性和系统性，强调智慧养老的实践和应用，并配有丰富的案例。部分案例系统内容由杭州新视窗信息技术有限公司提供。新视窗公司的黄捷编写了部分章节。

　　智慧养老是一项新兴的探索性、实践性研究，它的技术与应用还在不断发展和变化之中，许多未知领域尚待进一步开发和探索。在此竭诚希望广大读者对本书不吝提出宝贵意见，以期不断改进。

目 录
CONTENTS

第一章

智慧养老概述

本章要点

1. 如何理解智慧养老的定义?

2. 如何理解智慧养老的内涵与外延?

3. 智慧养老有哪些特点?

4. 如何理解智慧养老的发展背景?

5. 智慧养老有哪些功能需求?

引入案例

国家统计局2023年1月发布了最新的人口统计数据,数据显示我国人口结构具有以下特征:

全国人口(包括31个省、自治区、直辖市和现役军人的人口,不包括居住在31个省、自治区、直辖市的港澳台居民和外籍人员)141175万人,比上年末减少85万人。

老年人口总量继续增加。60岁以上老年人口增加1268万人,比上年末增加0.9%;65岁以上老年人口增加922万人,比上年末增加0.7%。

劳动年龄人口有所减少。16—59岁的劳动年龄人口87556万人,占全国人口的比重为62.0%;与2020年89640万人、占比64.0%相比,16—59岁劳动年龄人口减少2084万人,比重下降2个百分点。

城镇化水平继续提升。城镇常住人口92071万人,比上年末增加646万人;乡村常住人口49104万人,比上年末减少731万人;城镇人口占全国人口比重(城镇化率)为65.22%,比上年末提高0.50个百分点。

上述数据表明,我国已经进入老龄社会,而且老年人口高龄化趋势日益明显。

第一节　智慧养老的概念与特点

一、智慧养老的定义

智慧养老的前身是"智能居家养老"（Smart Home Care），最早在20世纪90年代初由英国生命信托基金提出，原来的名称为"全智能化老年系统"（Intelligent Older System）。该系统构建了一种全智能化老年公寓，通过计算机技术、无线传输技术等手段，在地板和家电中植入电子装置，使老年人的日常生活处于远程监控状态，可以脱离时间和空间的束缚，享受到身体的安全保障和高质量的老年生活。"智能居家养老"的核心是通过先进的管理技术和信息技术，构建面向家庭养老、社区居家养老和机构养老的物联网系统与信息平台，整合社区、医护人员、医疗机构、政府、服务机构的资源，为老年人提供便捷、高效、物联化、互联化、智能化的养老服务。

2008年11月，IBM公司在纽约召开的外交关系理事会上宣布了IBM的"智慧地球"行动，并于2009年首次提出了"智慧城市"概念，随后在其发表的题为《智慧的城市在中国》的报告中对"智慧城市"做了全面说明，对"智慧城市"提出了四个愿景：全面物联——智能传感设备将城市公共设施物联成网，对城市运行的核心系统实时感知；充分整合——物联网与互联网系统完全连接和融合，将数据整合为城市核心信息的运行全图，提供智慧的基础建设；激励创新——鼓励政府、企业和个人在智慧的基础设施上进行科技和业务的创新应用，为城市提供源源不断的发展动力；协同运作——基于智慧的基础设施，城市的各个关键系统和参与者进行和谐高效的协作，达成城市运行的最佳状态。伴随着智慧城市建设的不断推进，"智慧消防""智慧交通""智慧社区"等一系列"智慧"应用被开发并用到生产和日常生活中。面对人民群众对养老的更高要求，在"智能养老"的基础上，"智慧养老"概念应运而生。

与智能养老产生的原因相同，智慧养老也是伴随着信息技术的快速发展而提出的，因此，智慧养老是对智能养老的升级，二者在信息技术的运用上具有递进关系：①在系统与设备的能力方面，"智能"主要体现在设备或者装置能够根据不同的现场状态，在程序控制下做出不同的判断，并实施相应行动的能力，"智慧"则进一步体现对影响现场状态的多种因素进行相关性和系统性的分析与预测，以产生更"适合"、更"聪明"的判断的能力；②在人与系统的能动性方面，"智能养老"主要体现了系统与设备对老年人身体、现场相关信息的检测和控制，老年人处于被动接受状态，"智慧养老"则强调系统、设备、人、现场融为一体，老年人以显式或隐式方式主动干预设备与系统的运行，以得到更健康、愉悦、有尊严、有价值的老年生活。

基于上述智慧养老发展沿革，本书参照清华大学互联网产业研究院发布的《智慧养老产业白皮书（2019）》，给出智慧养老的定义。智慧养老是指通过先进的管理技术、计算机技术、无线传感网络，将老人、社区、医护人员、医疗机构、政府、服务机构组成一个有机的整体，为老年人提供便捷、高效、物联化、互联化、智能化的养老服务。具体来说，智慧养老是指利用互联网、物联网、云计算、大数据等现代科学技术，围绕老年人的生活起居、安全保障、健康管理、娱乐休闲、学习分享等各方面的需求，支持和服务老年人的生活，对涉老信息进行自动检测、预警甚至主动处理，实现与老年人友好、自主式、个性化智能交互，提升老年人的生活质量。

二、智慧养老的内涵与外延

智慧养老包括三方面功能特性，分别是智慧助老、智慧用老、智慧孝老。智慧助老主要指对老年人物质的支持，智慧孝老主要指对老年人精神的支持，智慧用老主要指利用老年人的经验、知识和技能。

智慧助老，即使用智慧化信息技术帮助老年人，包括推动老龄社会信息无障碍建设、促进全社会推进适老化的改造和升级等，以提升老年人对智能技术的运用能力和享受智能化服务的水平。智慧助老有四方面目标：增、防、减、治。增，即增强老年人的自主生活能力，如助力智能马桶升降椅可以帮助行动不便的老年人安全独立地如厕；防，即防止老年人出现安全风险，如智能养老手环可以实时检测老年人所在的位置，以及心率、血压、运动步数等生命体征信息，防止老年人出现意外；减，即减少老年人的认知负担，利用智能化信息技术为老年人选择适合的服务或商品；治，即辅助老年人的疾病治疗，如使用智能药箱提醒老年人按时服药。

智慧孝老，即使用智慧化信息技术来孝敬老人，包括供养老人、照料老人、陪伴老人、顺从老人、尊敬老人等。智慧孝老支持系统一般由智能物联网设备、智能手机应用程序、云端数据分析平台组成，主要包括以下支持模块：智慧供老支持模块，用于监测老人家里食品、日用品等生活物资的数量和保质期，并及时向子女、社区服务人员发出购物提醒；智慧照料支持模块，用于及时获取或感知老人在日常生活中遇到的问题或困难，经过分析后，将老人的生活和健康数据发给子女或社区服务机构，及时为老人提供帮助和服务；智慧陪伴支持模块，一方面通过提醒功能定时向子女推送陪伴老人提醒，要求子女定期问候、看望老人，另一方面通过多媒体远程陪伴系统，安排老人和子女通过视频或者语音天天"见面"；智慧顺从支持模块，通过传感器获取老人的血压、心跳、体温数据，以及说话声音分贝数、脸部表情等数据，感知老人的情绪变化，并及时将数据反馈至子女或社区机构，提醒相关人员管控情绪，顺从老人；智慧敬老支持模块，通过建立全社会的敬老评价体系，引导、激励全社会对老年人施以善行，形成尊敬长者的社会风尚。除此以外，智慧孝老还包括智慧耐老、智慧防啃老、智慧防扰老等支持模块，通过各类智慧孝老支持模块，使老人子女以及全社会更好地尽孝，满足老人的物质和精神需求，使家庭更和睦、社会更和谐。

智慧用老，即在智慧化信息技术支持下利用老年人的经验、知识和技能。随着生活医疗水平的不断提高，老年人的身体健康状况不断改善，尤其是刚退休的老年人，其行动能力、思维能力一般都处于良好状态，还可以继续为社会做贡献。智慧用老就是借助智慧化信息平台，支持老年人为家庭、为原工作单位、为社会提供力所能及的服务和帮助。

三、智慧养老的特点

智慧养老要实现的目标是为老年人提供高水平的养老服务，需要利用智能化信息技术，实现对养老装备、养老服务人员、养老服务数据的高效率管理和决策分析，因此，智慧养老在技术支撑、管理与服务模式等方面具有与传统养老不同的特点。

第一，技术先进。智慧养老依赖集成了物联网、云计算、大数据、人工智能、医疗保健等技术的智慧养老系统，老人日常生活中的身体健康数据、言谈行为数据、活动路径数据完全透明地保存在智慧养老系统中，并由云端数据分析系统持续进行分析和监视。

第二，服务人性化。智慧养老始终坚持以人为本的核心观念，将老年人的需求作为根本出发点，将老年人的使用体验作为最终追求。通过专业化的智能设备硬件、人性化的配套软件，向老年人提供丰富的、个性化的、人性化的养老服务，且服务不受地域限制，老年人可根据自身需求随时随地享受高品质的养老服务。

第三，服务高效化。智慧养老通过高科技手段整合了现有的分散的养老资源，通过后台算法优化养老资源配置，实现供需间的精准匹配，大大提升了养老资源的利用效率，改善了养老服务质量，同时又降低了养老成本，减轻了老年人的经济负担。

第四，服务综合化。智慧养老不但能提供老年人的日常起居服务，还能满足老年人的精神文化需求。在日常生活层面，为老年人提供生活护理、医疗保健等服务；在精神文化层面，为老年人提供学习娱乐、社会交际等服务。此外，智慧养老还可以让老年人再就业，焕发人生第二春，充分发挥其丰富的社会经验和知识技能，实现更广阔的社会价值。

第二节　智慧养老的发展背景

一、政策背景

随着人口老龄化的加剧，国家越来越重视养老产业的发展，从2011年开始便发布了一系列扶持政策，逐步完善老龄人口相关社会保障制度，全面开放养老服务市场，大力繁荣老龄消费市场，积极促进居家、社区、医养结合等养老模式。而智慧健康养老产业是"供给侧结构性改革"背景下的产物，是解决中国养老产业结构失衡问题的一剂良方。

2011年，国务院发布了《中国老龄事业发展"十二五"规划》，提出建立应对人口老龄化战略体系基本框架，健全覆盖城乡居民的社会养老保障体系和老年人基本医疗保障体系，建立以居家为基础、社区为依托、机构为支撑的养老服务体系，全面推行城乡建设涉老工程技术标准规范、无障碍设施改造和新建小区老龄设施配套建设规划标准，增加老年文化、教育和体育健身活动设施，进一步扩大各级各类老年大学（学校）办学规模，加强老年社会管理工作。

2013年，国务院发布了《关于加快发展养老服务业的若干意见》，提出到2020年全面建成以居家为基础、社区为依托、机构为支撑的，功能完善、规模适度、覆盖城乡的养老服务体系，大力发展居家养老网络信息服务。

2015年，国务院发布《关于积极推进"互联网+"行动的指导意见》，明确提出促进智慧健康养老产业发展，支持智能健康产品创新和应用，推广全面量化健康生活新方式。鼓励健康服务机构利用云计算、大数据等技术搭建公共信息平台，提供长期跟踪、预测预警的个性化健康管理服务，依托现有互联网资源和社会力量，以社区为基础，搭建养老信息服务网络平台，提供护理看护、健康管理、康复照料等居家养老服务。鼓励养老服务机构应用基于移动互联网的便携式体检、紧急呼叫监控等设备，提高养老服务水平。民政部、发改委、教育部等十部委联合发布了《关于鼓励民间资本参与养老服务业发展的实施意见》，鼓励民间资本参与居家和社区养老服务，推进养老服务信息化建设。

2016年，国务院发布《关于促进和规范健康医疗大数据应用发展的指导意见》，提出加快建设统一权威、互联互通的人口健康信息平台，推动健康医疗大数据资源开放共享，夯实健康医疗大数据的应用基础，深化健康医疗大数据应用，推进行业治理大数据应用，推动临床和科研大数据应用，推进公卫大数据应用，培育大数据应用新业态，研制推广数字化智能设备，规范和推动"互联网+健康医疗"服务，加强健康医疗大数据保障体系建设。人民银行、民政部、银监会、证监会、保监会联合发布《关于金融支持养老服务业加快发展的指导意见》，提出积极应对人口老龄化，大力推动金融组织、产品和服务创新，改进完善养老领域金融服务，加大对养老服务业发展的金融支持力度，促进社会养老服务体系建设。国务院办公厅发布

《关于全面放开养老服务市场提升养老服务质量的若干意见》，提出发展智慧养老服务新业态，开发和运用智能硬件，推动移动互联网、云计算、物联网、大数据等与养老服务业结合，创新居家养老服务模式。

2017年，工信部、民政部、国家卫计委三部委联合印发《智慧健康养老产业发展行动计划（2017—2020年）》，要求到2020年基本形成覆盖全生命周期的智慧健康养老产业体系，建立100个以上智慧健康养老应用示范基地，培育100家以上具有示范引领作用的行业领军企业，打造一批智慧健康养老服务品牌；健康管理、居家养老等智慧健康养老服务基本普及，智慧健康养老服务质量效率显著提升，智慧健康养老产业发展环境不断完善；制定50项智慧健康养老产品和服务标准，信息安全保障能力大幅提升。国务院印发《"十三五"国家老龄事业发展和养老体系建设规划》，要求健全养老服务体系。国家发改委印发了《服务业创新发展大纲（2017—2025年）》，鼓励发展智慧养老。工信部发布了《智慧健康养老产品及服务推广目录》，对智慧健康养老产品及服务的分类、描述、要求做了详细规定。工信部公布《2017年智慧健康养老应用试点示范名单》，包括智慧健康养老示范企业52家、智慧健康养老示范街道（乡镇）82个、智慧健康养老示范基地19家。

2018年，国务院办公厅发布《关于促进"互联网+医疗健康"发展的意见》，要求推动智慧健康养老产业发展和应用推广。工信部、民政部、国家卫健委在第一批智慧健康养老应用试点示范建设工作的基础上，决定组织开展第二批智慧健康养老应用试点示范工作。一是支持建设26家示范企业，包括能够提供成熟的智慧健康养老产品、服务、系统平台或整体解决方案的企业；二是支持建设82个示范街道（乡镇），包括应用多类智慧健康养老产品，利用信息化、智能化等技术手段，为辖区内居民提供智慧健康养老服务的街道或乡镇；三是支持建设19个示范基地，包括推广智慧健康养老产品和服务，形成产业集聚效应和示范带动作用的地级或县级行政区。

2019年，国务院发布《关于推进养老服务发展的意见》，明确"互联网+养老"和"智慧养老院"的核心方针，持续推动智慧健康养老产业发展，指出核心手段是人工智能、物联网、云计算、大数据、生物识别等信息技术，主要方向包括制定智慧健康养老产品及服务推广目录，大力开展智慧健康养老应用试点示范，在全国建设一批"智慧养老院",推广物联网和远程智能安防监控技术,探索建立老年人补贴远程申报审核机制,加强老人身份识别等。国家市场监督管理总局、国家标准化管理委员会也发布公告,正式批准了我国养老服务领域第一项强制性国家标准《养老机构服务安全基本规范》(GB38600—2019)。

2020年,国家卫健委发布《关于加强全民健康信息标准化体系建设的意见》,要求加强全民健康信息标准化体系建设,更好地发挥标准的规范、引领和支撑作用,推进互联网、大数据、人工智能、区块链、5G等新兴信息技术与卫生健康行业的创新融合发展。

2021年,工信部、民政部、国家卫健委等三部门共同印发《智慧健康养老产业发展行动计划(2021—2025年)》,提出要通过实施智慧养老服务推广工程,推进新一代信息技术及智能设备在居家、社区、机构等养老场景集成应用,重点打造家庭养老床位、社区助老餐厅、养老院等智慧化解决方案,创新"互联网+养老"、"时间银行"互助养老、老年人能力评估等智慧养老服务。

2022年,国务院印发《"十四五"国家老龄事业发展和养老服务体系规划》,围绕推动老龄事业和产业协同发展、推动养老服务体系高质量发展,明确了"十四五"时期的总体要求、发展目标和工作任务。"十四五"期间,要适应我国经济社会发展水平和老龄化发展趋势,构建长期护理保险制度政策框架,协同促进长期照护服务体系建设,健全长期护理保险制度;促进和规范发展第三支柱养老保险;支持商业保险机构开发商业养老保险和适合老年人的健康保险;支持保险资金加大对养老服务业的投资力度等。同时,引导商业保险机构加快研究开发适合居家护理、社区护理、机构护理等多样化护理需求的产品,积极应对人口老龄化格局。

二、经济背景

2010年以来,我国经济社会发展取得显著成效,综合国力和人民生活大幅改善。"十三五"时期,我国决胜全面建成小康社会取得决定性成就,经济实力大幅提升,经济运行总体平稳。2020年中国经济迎来重要里程碑,我国国内生产总值首次突破100万亿元大关,成为带动世界经济增长的主要动力源,人均国内生产总值突破1万美元。2022年我国国内生产总值超121万亿元,稳步迈向高收入经济体行列。

（一）经济结构持续优化

消费在经济发展中的基础性作用不断增强，重点领域投资持续较快增长。粮食产量连续五年稳定在1.3万亿斤以上，装备制造业和高技术产业增加值比重上升。2022年服务业增加值占国内生产总值的比重为52.8％。科技创新作用凸显，研发经费投入强度达到中等发达国家水平。

（二）脱贫攻坚成效举世瞩目

产业扶贫、就业扶贫、易地扶贫搬迁、生态扶贫、教育扶贫、健康扶贫和社保兜底脱贫等全面推进，2020年全国5575万农村贫困人口实现脱贫，对全球减贫贡献率超过70％，创造了人类反贫困史上的中国奇迹。2022年脱贫人口人均纯收入达14342元，收入增速高于全国农民平均水平，脱贫攻坚成果得到进一步巩固拓展。

（三）生态环境明显改善

"绿水青山就是金山银山"理念深入人心，污染防治攻坚战取得关键进展，生态环境保护发生历史性、转折性、全局性变化，京津冀等重点区域空气质量明显好转，地级及以上城市黑臭水体消除比例超过90％，生态系统质量和稳定性不断提升，国土绿化行动有序开展，绿色发展方式和生活方式逐步形成。

（四）城乡区域发展协调性明显增强

东中西和东北"四大板块"联动发展，京津冀协同发展、长江经济带发展、粤港澳大湾区建设、长三角一体化发展、黄河流域生态保护和高质量发展等重大区域协调发展战略加快落实。新型城镇化战略向纵深推进，1亿非户籍人口在城镇落户的目标顺利实现。

（五）改革开放不断深化

全面深化改革取得重大突破，若干领域实现了历史性变革、系统性重塑、整体性重构，产权保护法治体系加快完善，要素市场化配置改革持续深化，市场化价格机制基本建立。财政金融等重点改革持续深化，重大风险攻坚战取得成效，金融等重要领域风险总体可控。开放型经济新体制加快建立，共建"一带一路"成果丰硕，推动多双边经贸合作取得新成效。

（六）人民生活水平显著提高

居民收入与经济同步增长，义务教育有保障的目标基本实现，高等教育进入普及化阶段，城镇新增就业超过6000万人，建成世界上规模最大的社会保障体系，基本医疗保险覆盖超过13亿人，基本养老保险覆盖近10亿人，新冠疫情防控取得重大战略成果，人民生命健康得到有效保障。

（七）养老产业成为国家经济发展中的重要组成部分

老龄化快速发展的同时，我国经济增长速度正在放缓，增长方式也将向消费型过渡，加快发展养老产业将成为我国调整经济结构、促进消费升级、扩大就业的重大战略举措。"十二五"以来，国家高度重视、积极应对老龄化问题，应对人口老龄化的国家机制和政策法规体系不断完善。

三、社会背景

（一）老龄化进入快速发展期，区域老龄化更为突出

2020年我国65岁及以上老龄人口为1.91亿人，占总人口比重为13.5%，而到2022年末65岁及以上人口已达2.0978亿人，占总人口比重上升到14.86%，老年人口进入高速增长期。从老年人口区域分布来看，城镇化加速，大量劳动年龄人口向城市迁移，使中国农村地区老龄化程度明显高于城市地区。劳务输出大省年轻劳动力减少，导致这些省份进入深度老龄化。中国65岁及以上老龄人口变化趋势如图1.1所示。

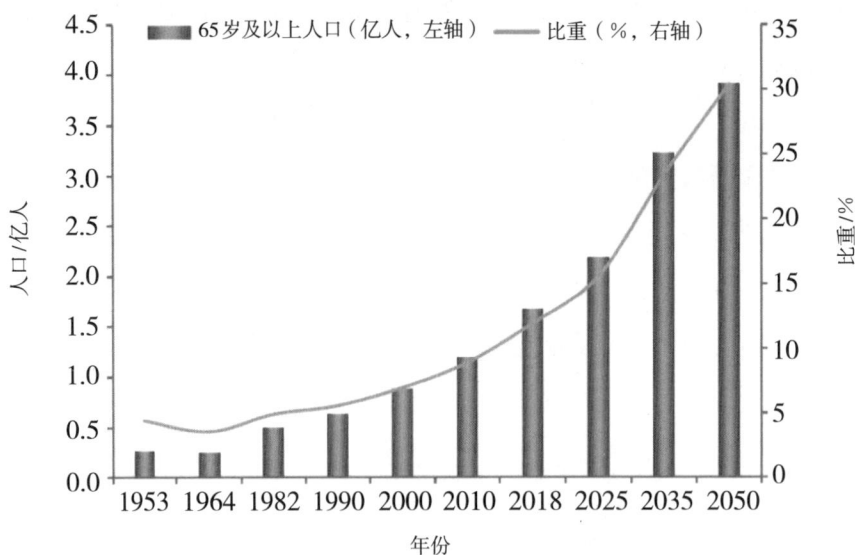

图 1.1　中国 65 岁及以上老龄人口变化趋势

（二）养老管理体制机制重大调整促进康养融合发展

中国养老产业从发展服务的角度来看，涉及的主管部门主要是民政部和国家卫生健康委。2013年国务院《关于加快发展养老服务业的若干意见》提出"推动医养融合发展"以来，涉及老年人的健康医疗服务管理得到重视。2018年的国家机构改革中，民政部成立了养老服务司，国家卫健委下设老龄健康司，涉及老年人服务和健康管理的行政管理得到加强。

试点先行推动养老产业转型和发展。2020年6月，国家共计开展健康养老服务领域试点13项，分别为养老服务业综合改革试点、养老服务和社区服务信息惠民工程试点、计划生育家庭养老照护试点、智能养老物联网应用示范工程试点、公办养老机构改革试点、养老机构远程医疗服务试点、以市场化方式发展养老服务产业试点、老年人住房反向抵押保险试点、医养结合试点、长期护理保险制度试点、居家和社区养老服务改革试点、智慧健康养老应用试点和城企联动普惠养老专项行动试点。其中，居家和社区养老服务改革试点工作在试点批次、覆盖范围、资金支持、体系设计等方面都位于各试点之首。"十三五"期间，中央彩票公益金采用以奖代补的方式共投入50亿元，先后支持了5批203个试点地区发展居家和社区养老服务，从试点的区域分布、资金投入、惠及人数等方面实现了规模效应。此外，城企联动支持力度较大，通过"政府支持、社会运营、合理定价"，企业按约定承担公益，提供普惠性养老服务包，向社会公开，接受监督，深入开展城市政府与企业（养老机构）的合作。

（三）老年人社会保障取得突破性进展，养老金扩面提标增速显著

2010年国家出台《中华人民共和国社会保险法》，标志着我国的社会保险从实验性阶段正式走向定型、稳定阶段，社会保障体系框架基本建立。2011年，城镇居民养老保险开始在全国层面试点推行，我国基本养老保险保障对象从原来的城镇职工拓展至城乡所有居民。2012年以来，国家推动全面建立统一的城乡居民基本养老、医疗保险制度，普遍实施机关事业单位养老保险制度，启动养老保险基金投资运营和基金中央调剂，全面实施大病保险制度。我国基本养老保险参保人数从2010年的35984万人增长至2018年的94293万人，领取待遇的人数从9168万人增长至27696万人，10年内增长了2倍。截至2022年末，全国基本养老保险参保人数达10.5亿人，同比增加2430万人，失业、工伤保险参保人数分别为2.4亿人和2.9亿人。全国社会保障卡持卡人数13.68亿人，覆盖96.8％人口。电子社保卡领用人数7.15亿人，全年累计访问量112.85亿人次。我国已经建立起了世界上规模最大的、覆盖城乡的老年社会保障和服务安全网，自2022年起，企业职工基本养老保险全国统筹正式实施，人人"老有所养""病有所医"基本得以实现。

老年社会救助制度保障水平持续提高，2018年，全国4526万城乡低保对象中有老年人1493.2万人，其中，180.3万老年人享受城市低保，1312.9万老年人享受农村低保。老年人在低保对象中的占比从29.2％增长至33.0％，全国城市低保平均标准从251.2元/（人·月）增长至579.7元/（人·月），全国农村低保平均标准从1404.0元/（人·年）增长至4833.4元/（人·年）。同时，老年人照护服务保障制度快速发展，全国各地陆续出台了高龄津（补）贴制度，截至2021年底，全国享受高龄补贴的老年人3184.1万人，享受护理补贴的老年人104.7万人，享受养老服务补贴的老年人511.8万人，享受其他老龄补贴的老年人76.1万人。部分省市开展了政策性长期护理保险试点工作。

（四）社会养老服务体系转型中发展，结构和功能不断优化

以居家为基础、社区为依托、机构为补充、医养相结合的养老服务格局基本形成，养老服务供给能力增速显著。截至2021年底，各类养老机构和设施总数达35.7万个、床位813.5万张，床位总数是2012年的2倍，全国设区市新建居住区达标配建养老服务设施达到61.6％，专业化服务能力有所提升。养老机构的规范化管理和标准化管理不断加强，2014年民政部出台了《关于加强养老服务标准化工作的指导意见》，这是国家第一次对于养老服务标准化建设工作的进行整体部署。养老服务体系建设重点向社区居家养老发展，以社区为依托，采取全托、日托、上门等方式，为社区或居家生活的老年人提供包含生活照料、康复护理、助餐助行、紧急救援、精神慰藉等服务和产品的养老服务模式。社区居家养老服务项目不断创新，专业服务能力提升。2022年，民政部公布《民政部、市场监管总局关于全面推进新时代民政标准化工作的意见》，提出加强社会工作方法、社会工作服务等领域标准研制，强化对低收入人口、精神障碍患者、留守儿童、妇女、老年人等的人文关怀、精神慰藉和心理健康服务。在居家社区养老、机构养老、农村养老、智慧养老等领域，推动制定一批与国际接轨、体现中国特色、适应服务管理需要的养老服务标准，促进适老化改造标准研制与实施推广。

（五）老年健康服务和医养结合纳入健康中国发展战略

2015年国务院办公厅发文，明确了医养结合工作目标、重点任务和保障措施，标志着我国医养结合工作的正式开展。截至2019年底，全国报告两证齐全的医养结合机构4795家，其中养老服务机构举办医疗卫生机构的3172家，医疗卫生机构开展养老服务的1623家；医疗卫生机构与养老服务机构开展签约合作的有5.64万对。老年医疗服务注重加强老年临床医学和安宁疗护，基于全生命周期的老年健康促进服务逐步开展。2022年，国务院发布《关于进一步推进医养结合发展的指导意见》，提出要发展居家社区医养结合服务、推动机构深入开展医养结合服务、优化服务衔接、完善支持政策、多渠道引才育才、强化服务监管等六方面。

（六）养老服务市场全面放开，多元主体参与养老产业链发展

多元社会主体布局发展养老产业，截至2020年初，全国96家央企中有18家已布局养老产业，至少有17家险资已进入养老产业，住房销售排行前200名的房企中有91公司进入养老产业，其中排名前20名的房企进入养老产业的有17家、进入率达到85%。境外投资者相继进入中国蓬勃发展的老年保健和照护服务行业。随着中国2014年鼓励外国投资者在华设立营利性养老机构从事养老服务政策的出台，国际上大批养老和医疗保健企业或集团进入中国。在养老机构方面，社会力量已占据主体地位。产业发展呈现多类模式，区域性产业龙头逐步出现，养老产业投资兼并与重组频繁，资本运作加快产业步伐，产业基金、政策性贷款等融资方式促进社会资本加速布局，养老用地性质逐步明确，产业边界日益明朗。

（七）康养融合发展，地方推动培育战略性支柱产业

在老龄化发展的同时，我国社会经济也在转型，房地产业已从扩张式高增长进入到高质量转型发展阶段，"大健康""养老+"正在成为地方政府培育的战略性支柱产业，在"健康中国""国家积极应对人口老龄化中长期规划"战略引领下，多产业融合成为我国康养产业主基调。"养老服务"+老年人用品产品、"养老服务"+金融、"养老服务"+教育、"养老服务"+文化、"养老服务"+旅游、"养老服务"+餐饮、"养老服务"+物业等服务新业态正在融合发展。

四、技术背景

智慧养老是以"大、智、移、物、云、区"（即大数据、人工智能、移动计算、物联网、云计算、区块链）等新一代信息技术为支撑的现代服务新业态，主要以解决老年人在生活照料、身体健康、学习娱乐、人文关怀等方面的需求，为老年人提供丰富的、优质的、差异化的养老服务。

（一）大数据技术

大数据研究机构 Gartner 将大数据定义为需要新处理模式才能具有更强的决策力、洞察发现力和流程优化能力来适应海量、高增长率和多样化的信息资产。

麦肯锡全球研究所对大数据给出的定义：一种规模大到在获取、存储、管理、分析方面大大超出了传统数据库软件工具能力范围的数据集合，具有海量的数据规模、快速的数据流转、多样的数据类型和价值密度低四大特征。

国际数据中心（IDC）给出的大数据定义：大数据描述了一个技术和体系的新时代，被设计用于从大规模、多样化的数据中通过高速捕获、发现和分析技术提取数据的价值。该定义刻画了大数据的四个显著特点，即容量（Volume）、多样性（Variety）、速度（Velocity）和价值（Value），这个由"4V"描述的大数据定义使用得最为广泛。

在智慧养老应用中，大数据技术可以用于弥补传统医疗保健服务的不足，提高医疗保健服务的个性化、精准化、便捷化；可用于高效整合家人、邻居、社区、社工机构的生活照料服务资源，及时、准确地对老年人的生活照料服务需求，包括精神需求、陪伴需求以及其他客观的生活照料服务需求等，给予回应；可用于整合老人身边最近、最优、最合适的紧急救助资源为其提供救助服务；也可用于整合老年人的家庭关系、朋辈关系等，为老人提供积极、个性、便捷的情感慰藉服务，促进老人身心健康发展。

（二）人工智能技术

人工智能（Artificial Intelligence）简称 AI，也称作机器智能，是指由人工制造出来的系统所表现出来的智能。关于人工智能有一个比较流行的定义，也是该领域较早的定义，是由当时在麻省理工学院的约翰·麦卡锡在 1956 年的达特茅斯会议上提出的：人工智能就是要让机器的行为看起来就像是人所表现出的智能行为一样。人工智能的另一个定义是指人造机器所表现出来的智能。总体来讲，目前对人工智能的定义大多可划分为四类，即机器"像人一样思考""像人一样行动""理性地思考""理性地行动"。

在智慧养老应用中，可以利用智能机器人完成SOS远程智能呼叫、智能看护、亲情互动、健康数据动态监测，并通过自主学习，为老年人提供更加贴合的居家养老服务。

（三）移动计算技术

移动计算（Mobile Computing）是随着移动通信、互联网、数据库、分布式计算等技术的发展而兴起的新技术，是指计算节点处于移动状态下或非预定状态下的网络计算技术，是使人们能在任何时间、任何地点、运动过程中不间断地访问网络服务（数据）的技术统称。

在智慧养老应用中，可以基于可穿戴设备和移动计算技术，实时、连续、长时间地监测老年人的心电、呼吸、体温等体征数据，并将数据及时传输到云端，进一步分析老年人的身体状况，从而实现个性化养老服务。

（四）物联网技术

物联网（Internet of Things，IoT）概念于1999年提出。物联网技术旨在将所有物品通过射频识别等信息传感设备与互联网连接起来，实现智能化识别和管理。也就是说，物联网是指各类传感器和现有的互联网相互衔接的一类新技术，具体包括传感器技术、射频识别（RFID）技术、嵌入式技术、智能技术等。

在智慧养老应用中，可以利用物联网技术实现老年人的身份识别与定位、室内定位、健康监测、健康护理等服务。

（五）云计算技术

云计算（Cloud Computing）是分布式计算的一种，旨在通过网络"云"将巨大的数据计算处理程序分解成无数个小程序，再通过多台服务器组成的系统进行处理和分析这些小程序得到结果，最后将整合后的结果返回给用户。云计算具有计算资源虚拟化、动态可扩展、按需部署、高灵活性、高可靠性、高性价比等优点。

在智慧养老应用中，可以利用云计算技术将不同部门、不同领域的为老服务整合到一个统一的体系中，形成最具效率的结构，从而满足不同老年人的不同需求。

（六）区块链技术

区块链（Block Chain）是分布式数据存储、点对点传输、共识机制、加密算法等计算机技术的新型应用模式，从应用视角看，区块链是一个分布式的共享账本和数据库，具有去中心化、不可篡改、全程留痕、可以追溯、集体维护、公开透明等特点。

在智慧养老应用中，可以利用区块链技术将医院、疗养机构、医生、药品配送企业和老年人连成数据网，实现线上线下互动、远程服务和可穿戴设备的连接，便捷地为老人提供一站式健康管理服务。

第三节 智慧养老的分类与功能

一、养老模式的定义与分类

（一）养老模式的定义

养老模式也称为养老方式，是指人们进入老年阶段后如何安度晚年生活的制度安排和机制保障，包括经济保障、医疗保障、服务保障和精神保障四个层次。经济保障用于满足老年人的衣食住行等基本生活需求；医疗保障用于满足老年人的健康教育和慢性病防治需求；服务保障用于满足老年人在身体机能、自理能力下降的情况下的照料服务需求；精神保障用于满足老年人在独居、无子女、患病、家庭变故、社交少等情况下的精神慰藉服务需求。

（二）养老模式的分类

基于上述关于养老模式的定义，养老模式有以下几种典型的分类方法。

1.按照养老资金来源分类

上述养老模式定义中，经济保障是构建养老模式的基石，因此，从养老资金来源视角，养老模式可分为自我养老、家庭养老、社会养老三种模式。

（1）自我养老：一种经济自立的养老模式，即每个人都是解决自身养老问题的关键责任主体，因而个人必须通过自我劳动积累足够的、能自我支配的养老资金，以实现前半生养后半生。自我养老的本质是老年人自己为自己提供保障，其生活质量、家庭地位、自我价值都会因为自我养老而提升。然而对低收入老龄化群体而言，其收入相对微薄，无法全面覆盖所需养老支出。

（2）家庭养老：一种以血缘关系为纽带，由家庭成员提供养老资金的养老模式。家庭养老是中国传统养老模式之一，一般由子女承担，在我国广大农村地区优势较为突出。随着老龄人口与新生人口比例不断增长，家庭养老的经济压力开始凸显，少子家庭对家庭养老的支持意愿较低。

（3）社会养老：又称社会化养老，指在遵循政府主导和社会力量参与相结合的原则下，通过社会途径，由包括政府、市场、社区、家庭等在内的多元服务主体为满足全体老年人的养老服务需求，共担养老服务职能的养老方式。社会化养老强调养老资源由传统的家庭、政府的一元或二元主体向包括社区、社会组织、养老机构等在内的多元主体的转化。

2.按照养老地点分类

老年人退休后一般会基于自身健康状况和经济状况在不同的养老阶段选择不同的养老模式。从养老地点视角，养老模式可分为居家养老、家庭养老、机构养老、旅居养老等模式。

（1）居家养老：一般指以社区为依托、以专业化服务为依靠，为独自居住在家的老年人提供以解决日常生活困难为主要内容的养老模式。服务内容包括生活照料、医疗服务以及精神关爱服务。其主要形式有两种：由经过专业培训的服务人员上门为老年人开展照料服务；在社区创办老年人日间服务中心，为老年人提供日托服务。该模式适合无子女或者子女无暇照顾，有一定自理能力且不愿意离开原有居住环境的老年人。

（2）家庭养老：老年人居住在自己或子女家中，主要由具有血缘关系的家庭成员对老年人提供赡养服务的养老模式。这种模式适合不愿意脱离熟悉环境且子女有经济能力、闲暇时间、照顾精力和照顾意愿的老年人。家庭养老模式能促进代际交流，给予老年人安全感、亲情感和精神归属感，保留了老年人整个生命历程的印记。

（3）机构养老：将老人集中在专门的养老机构中养老的模式。养老机构一般是指为老年人提供饮食起居、清洁卫生、生活护理、健康管理和文体娱乐活动等综合性服务的机构。它可以是独立的法人机构，也可以是附属于医疗机构、企事业单位、社会团体或组织、综合性社会福利机构的一个部门或者分支机构。常见的养老机构包括养老院、护理院、临终关怀机构等。机构养老模式适合年龄偏大、身体健康状况欠佳的老年人，具有较为明显的公益性。

（4）旅居养老：以旅行或度假方式在不同的季节、不同的地方度过老年时光的养老模式。旅居养老是一种新型的养老方式，是居家养老和机构养老的补充。与一般的旅游不同，旅居养老的旅行时间较长、节奏较慢，一般在一个地方要住几周、几个月甚至更长时间，所需的服务也较简单，最基本的服务只需要安排好交通和住宿。旅居养老具体的模式有候鸟式旅居、疗养式旅居，主要适合低龄、健康状况良好的老年人。

3. 按照养老服务的技术支持分类

随着社会的不断发展，科技产品及其服务对于提升人们的生活品质发挥了越来越大的作用，老年人的日常生活、健康保障和精神抚慰等方面也越来越多地引入了智能化、智慧化科技产品。从养老服务的技术支持视角，养老模式可分为传统养老模式、科技养老模式、智慧养老模式三类。

（1）传统养老模式：指以人工服务为主，辅以简单器具，以满足老年人的基本生活需求为主要内容的养老模式。具体的传统养老服务模式主要有：点对点服务模式，即老年人在家中接受钟点工或保姆的一对一上门服务，该模式针对性较强，能够满足老年人的个性化需求，但成本较高且需要较多的人力服务资源；包对包服务模式，即将老年人集中在一起，提供统一的养老服务，该模式能够实现规模效应，但服务半径有限并且难以满足不同老年人的养老需求。

（2）科技养老模式：指在传统养老模式基础上，借助辅助起床系统、辅助翻身系统、紧急呼叫器等机械或电子设备，使老年人的生活更方便、质量更高，同时减轻服务人员的劳动强度。该模式利用科技手段，全面提高了养老服务的质量和效率。

（3）智慧养老模式：指利用大数据、人工智能、移动计算、物联网、云计算、边缘计算、区块链等现代科技，提高老年人的物质生活和情感生活质量，同时支持老年人的知识、经验、技能得到有效挖掘和使用的养老模式。在该模式的支持下，老年人将生活得更加幸福、更有尊严、更有价值。

以上介绍了三种主流的养老模式分类，在老年人具体的养老过程中，往往会综合运用这些模式，多渠道筹措资金，多方式安排适合自己的养老生活。尤其在现代信息社会，更加需要依靠智慧化信息技术来提高养老服务水平和生活品质。

二、智慧养老的分类

智慧养老是信息技术时代的产物，5G、人工智能、大数据、云计算等新一代信息技术的融合应用，促使养老服务和产品快速革新，形成了全新的智能硬件产品和智能养老信息平台，并与其他传统养老模式相结合，衍生出了一系列全新的养老模式。

（一）按照智能化养老服务模式分类

"政府机构+信息化平台+第三方服务企业"模式。该模式下，地方政府投入资金，进行统一信息化平台和社区养老服务站点的基础设施建设，并在政策和资源上，为第三方服务机构提供支持。第三方企业则在国家政策、资金、信息平台支持下，提升传统养老服务的智能化水平。

（1）"家庭+信息化平台+养老服务企业"模式：该模式下，信息化平台成为老人及其子女方便快捷对接养老服务企业的通道，降低了子女参与居家养老的难度，提升了老年人家庭寻求医疗护理、心理护理、康复护理和普通家政服务的能力，也提升了养老服务企业的服务效率。

（2）"信息化平台+医疗机构+健康保险机构"模式：该模式下，居家老年人在信息化平台支持下，自助采集自己的健康数据、疾病数据，并上传至信息平台，使医疗机构能够及时获取老人相关数据，以提升医疗救助质量和效率。同时，医疗保险机构也能及时从信息平台获取老人健康数据，辅助其建立适合该老年人的保险品种，合理确定保费，简化理赔、偿付手续。

（3）"家庭+信息化平台+智能终端制造商"模式：该模式下，老人或其子女向信息平台提出个性化的家居环境适老化改造需求，信息平台汇总用户需求，并向智能终端设备制造商提出定制化设备需求，从而改变了老年人及其家庭在养老服务市场中被动接受者的地位，使老年人获得更好的养老生活。

（二）按照智慧养老服务内容分类

智慧养老是传统养老服务与现代信息技术彼此融合的新兴产业，按照为老年人提供服务内容的视角，智慧养老可分为智慧生活照料、智慧健康管理、智慧精神慰藉、智慧价值发展四种。

（1）智慧生活照料服务：在信息化平台支持下，对整个社区乃至地区的失能老人生活照料服务进行统一的调度，对高龄、失能、失智等身体状况较差，生活自理困难的老年人实现"定期打包式养老服务"，为老年人提供保洁、餐饮、陪伴、代购、取件等综合家政服务。

（2）智慧健康管理服务：在信息化平台和线下社区健康服务站、养老院健康检测设备、居家可穿戴检测设备的支持下，定期对老年人心率、呼吸及其变异性、健康风险、情绪健康等进行检查，并通过网络信息系统将信息反馈给社区养老服务站卫生健康管理人员和老年人的家庭医生，使服务人员能及时掌握老人生理、心理健康状况，经过分析评估后，及时对老人实施健康干预。

（3）智慧精神慰藉服务：在网络信息平台、智能交互终端设备的支持下，为老年人提供在线健康咨询、语音聊天、影音点播、互动游戏等服务。

（4）智慧价值发展服务：在信息平台支撑下，为老年人参加文化知识与经验咨询、开展科技开发和应用服务、从事经营和生产活动、参与社区公益服务活动和家庭服务活动提供信息支持服务。

三、智慧养老的功能需求

智慧养老是新技术支撑下为满足老年人对幸福养老生活的需求所形成的养老新形态。随着信息技术的不断发展，老年人生活环境的数字化、网络化、智能化水平也将逐步提高，传统养老模式遇到的一些难题可以利用信息技术得到解决，甚至比传统养老方式效果更好，因此，智慧养老的发展空间巨大，新的智慧养老应用将会随着技术进步和养老需求升级不断发展。

（一）老年人需求分析

参照马斯洛需求层次理论，老年人的需求可以分析归纳如表1.1所示。

表1.1　老年人的需求分类

层次	具体需求
生理	饮食、衣着、住房、护理、购物、日常生活照料、陪护、出行
安全	居家安全防护设施、体检、看病、治疗、健康保健知识与产品、医疗保险、养老保险、福利政策、法律咨询
情感	家庭温情、亲友邻里友情、相伴爱情、心理情感干预、社区老年文化活动、网络社区交流
尊重	自信自尊、家庭成员尊重、社区邻里尊重、社会交往尊重、公共服务敬重
自我实现	完善自我、发挥余热、奉献社会、体现价值

（二）老年人信息需求层次模型

从表1.1可以看出，除了一般人的需求外，由于老年人生理机能相对退化，由此产生的行动障碍、心理危机会使老年人产生一些新的需求。下面基于马斯洛需求层次理论，对老年人的需求层次模型进行分析，老年人信息需求层次模型如图1.2所示。

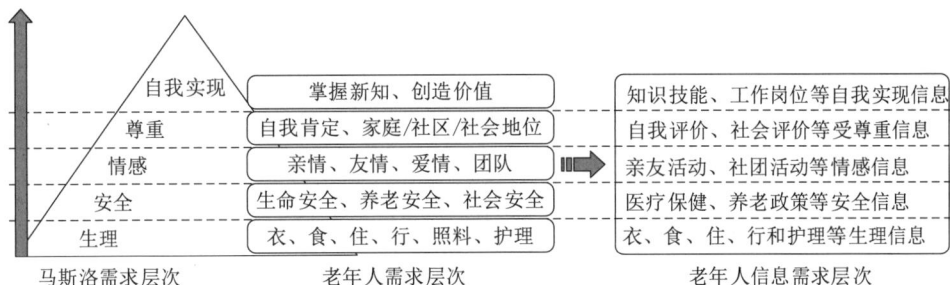

图1.2　老年人信息需求层次模型

1.衣、食、住、行和护理等生理信息需求

马斯洛需求层次理论的第一层生理需求是人的基本需求。对于老年人而言，除了衣、食、住、行等基本的需求外，由于生理机能老化或疾病等原因，较难独自保障自身的生命安全，因此，老年人还有接受护理的需求。相应地，老年人为获得衣、食、住、行和护理等服务而需要的信息平台和信息技术产品构成了老年人的生理信息需求。

2. 医疗保健、养老政策等安全信息需求

马斯洛需求层次理论的第二层是安全需求。对于老年人而言，安全需求包括生命安全、养老安全和社会安全三方面。其中，生命安全需求主要体现在对医疗保障的需求，养老安全需求主要体现在国家政策和制度对于老有所养的保障，社会安全需求主要体现在社会对老年人所形成的公共安全、法律援助等安全保障制度。因此，老年人为获得医疗保健、养老保障而需要的信息平台和信息技术产品构成了老年人的安全信息需求。

3. 亲友交流、社团活动等情感信息需求

马斯洛需求层次理论的第三层是情感需求。对于老年人而言，情感需求包括两方面，一是包括亲情、友情、爱情在内的爱的需求，二是包括老年大学、社区活动团体在内的团队归属的需求。相应地，老年人为开展聊天交流或参加团队活动所需要的信息平台和信息技术产品构成了老年人的情感信息需求。

4. 自我评价、社会评价等受尊重信息需求

马斯洛需求层次理论的第四层是受尊重需求，一般人受尊重的需求可分为内部尊重和外部尊重，对于老年人而言，内部尊重主要是指自尊，即老年人对自己实力充满信心、具有独立自主能力的需求；外部尊重是指个人希望外界对其尊重的需求。相应地，老年人为获得个人评价和外部评价所需的信息平台和信息技术产品构成了老年人的受尊重信息需求。

5. 知识技能、工作岗位等自我实现信息需求

马斯洛需求层次理论的第五层自我实现需求是最高层次的需求。老年人在退休前积累的知识、经验和技能是宝贵的社会财富，如果老年人愿意在退休以后继续为社会做出贡献，社会就应该积极为老年人提供所需的信息和工作环境。因此，老年人为获得知识技能训练、工作岗位所需的信息，以及为社会提供服务所需的信息化环境构成了老年人的自我实现信息需求。

第二章

智慧养老系统概述

本章要点

1. 如何理解智慧养老系统概念？

2. 智慧养老系统有哪些特点？

3. 智慧养老相关技术主要有哪些？

4. 智慧养老相关技术在智慧养老中的典型应用有哪些？

5. 如何进行智慧养老系统的需求分析？

6. 如何进行智慧养老系统的顶层设计？

7. 智慧养老系统可以分成哪几类？

8. 不同类别的智慧养老系统各有什么内容？

9. 智慧养老系统有哪些典型应用场景？

引入案例

随着生活和医疗水平的提高，人们的预期寿命也不断提高，我国老龄化进程亦在加快中。加快的老龄化进程和越来越长的寿命必然催生巨大的老年人生活辅助、看护、医疗、康复等相关需求。环顾全球，随着老龄化社会的来临，全球主要工业化国家都面临人口老龄化和养老护理资源不足的问题，各国政府、非营利组织都在积极地探索新的养老模式，寻找新兴技术助力解决养老问题。目前，中国的养老方式主要有三种：家庭养老、社区养老和机构养老。根据媒体报道，我国约90%的老年人在家居家养老；有特殊贡献和特别困难的老年人由政府托底养老，约占7%；剩下约3%的老年人选择企业经营的老年公寓和家庭健康服务公司等。对中国老年人来说，居家养老和社区养老模式比较适合中国现状，能够让老年人在熟悉的居住环境下，保持原有的生活习惯，更有益于老年人身体和精神健康。不过，随着家庭结构的日趋小型化，传统的家庭养老模式已难以为继。根据民政部养老服务司数据，截至2022年第一季度，全国各类养老服务机构和设施数为36万个，床位达到812.6万张。虽然发展很快，但是这一数字还是远远低于发达国家每百名老年人5～7张养老床位的平均水平，另外，许多养老机构还存在养老服务设施不完善等情况。而社区养老服务的建设比较滞后，主要表现为住宅设计不符合老年人的生活模式，养老服务专业性不足，难以满足个性化需求等。在合格的养老社区、养老场所、护理人员等资源严重不足的情况下，人工智能、互联网等新兴技术助力养老就显得格外重要。

第一节　智慧养老系统的概念

一、智慧养老系统的定义

中国人口老龄化加剧，对养老服务的需求日益旺盛。随着物联网、大数据、人工智能等技术的不断发展和应用的不断深入，以此为基础的养老服务产业的智慧化趋势越来越明显，从而形成了智慧养老的相关探讨和实践。目前，由于智慧养老尚处在探索和发展阶段，因此，对于智慧养老系统也尚没有一个明确的定义。本书将会根据现有的一些讨论与实践，定义本书所探讨的智慧养老系统。

（一）智慧养老系统对象

智慧养老系统主要面向老年人、老年人的子女、养老机构、医护人员以及相关政府部门。其中，老年人是智慧养老系统的主要服务对象；老年人的子女是智慧养老系统的主要联络对象，也是实现智慧孝老的主要参与者；养老机构和医护人员是智慧养老系统的服务提供者；相关政府部门是智慧养老系统的服务、监督和管理者。

（二）智慧养老系统主要内容

智慧养老根据其服务侧重点的不同，可以分为智慧助老服务、智慧用老服务、智慧孝老服务、智慧社区居家养老服务、智慧机构养老服务和智慧医养结合服务。其中智慧助老服务主要是指用信息技术等现代科学技术帮助老年人适应老人生活；智慧用老服务是指利用好老人的经验智慧，帮助老年实现晚年价值；智慧孝老服务主要是搭建为子女与老年人所用的平台；智慧社区居家养老服务、智慧机构养老服务和智慧医养结合服务则是根据老人身体状况不同所构建的分层养老服务模式体系。

（三）智慧养老系统的主要目的

智慧养老系统的主要目的是提供实时、快捷、高效、低成本的，数字化、物联化、互联化、智能化的养老服务，对老人的身体状态、安全情况和日常活动进行有效监控，满足老人在生活、健康、安全、娱乐等各方面的需求，提升社会整体养老服务水平，成为构建"智慧城市"的有利一环。

（四）智慧养老系统采取的技术

智慧养老系统的实现要利用信息化的技术和手段。目前，主要采取的方式是基于互联网和移动网络，采用人工智能、物联网、大数据等技术实现智慧养老系统的相关功能。随着未来技术的不断发展，智慧养老系统可以采取的信息化手段还将不断扩展。

综合上述讨论，本书给出智慧养老系统的定义：智慧养老系统是指采用先进的信息技术和手段（如人工智能、物联网、大数据等），面向老年人、老年人的子女、养老机构、医护人员以及相关政府部门，提供诸如智慧助老、智慧用老、智慧孝老、智慧社区居家养老、智慧机构养老和智慧医养结合等服务的信息化系统，其目的是提供实时、快捷、高效、低成本的，数字化、物联化、互联化的智慧养老服务，对老人的身体状态，安全情况和日常活动进行有效监控，满足老人在生活、健康、安全、娱乐等各方面的需求，提升社会整体养老服务水平。

二、智慧养老系统特点

（一）资源整合的有效性

通过建设智慧养老系统，整合线上、线下资源，实现了养老服务供给资源的集约化管理和供需有序衔接，实践中优势持续显现。互联网不但成为线下"交易"的前台，增加了供给，对接了需求，平衡了供需，而且拉近了供需双方距离。老年人可通过平台直接预约，足不出户享受便捷服务。

（二）数据采集的时效性

随着可穿戴设备、物联网、移动互联、无线传感等技术的成熟，一些老年服务终端平台已经可以实现对老人的地理位置、生理指标、活动能力等数据的实时采集和监控，自动提供相应的安全看护、健康监测、精神关爱和生活服务等。这不仅降低了监护成本，更重要的是，将老年人的安全管控服务前置，变疾病治疗为疾病预防，最大程度防范了老年人疾病突发性和治疗滞后性的问题。

（三）医养结合的目标性

实现医养结合的一个关键点是整合老年人信息资源和医疗资源。在一些地方实践中，依托老年服务平台，以社区为单位建设老年人基本信息、养老服务信息、电子健康档案、电子病历等数据库，为开展医养结合服务提供了重要的信息和技术支撑。

第二节　智慧养老系统的技术基础

一、物联网技术

（一）物联网概述

根据国际电信联盟（Interantional Telecommunication Union，ITU）的描述，在物联网时代，通过在各种各样的日常用品上嵌入一种短距离的移动收发器，人类在信息与通信世界里将获得一个新的沟通维度，从任何时间任何地点的人与人之间的沟通连接扩展到人与物和物与物之间的沟通连接。物联网是在计算机互联网的基础上，利用射频识别技术（RFID）、无线数据通信、全球定位系统、传感器等，构造一个覆盖世界上万事万物的"Internet of Things"。在这个网络中，物品（商品）能够彼此进行"交流"，而无需人的干预。

2005年11月17日，在突尼斯举行的信息社会世界峰会（WSIS）上，ITU发布了《ITU互联网报告2005：物联网》，正式提出了"物联网"的概念。报告指出，无所不在的"物联网"通信时代即将来临，世界上所有的物体——从轮胎到牙刷、从房屋到纸巾——都可以通过因特网主动进行交换。RFID、传感器技术、纳米技术、智能嵌入技术将到更加广泛的应用。

中国科学院基于传感器网络的物联网定义为：随机分布的集成有传感器、数据处理单元和通信单元的微小节点，通过一定的组织和通信方式构成的网络，是传感网，又叫物联网。

物联网用途广泛，遍及智能交通、环境保护、信息安全、智慧工业、智慧医疗、智慧农业、智慧物流等多个领域，被称为继计算机、互联网之后的"第三次信息技术革命"。

（二）物联网的原理

物联网，简单地说就是"物物相连的互联网"。目前国家传感网标准化工作组尚未给出一个统一的定义，但从物联网的应用角度来讲，它就是通过RFID、红外感应器、全球定位系统、激光扫描器等信息传感设备，按约定的协议，把任意物品与互联网连接起来，进行信息交换和通信，以实现智能化识别、定位、跟踪、监控和管理的一种网络。可以看出，物联网的核心和基础仍然是互联网，是在互联网基础上延伸和扩展的网络；而它的主要对象用户端延伸和扩展到了任意物品之间，进行信息交换和通信。

物联网的实质是利用RFID，通过计算机互联网实现物品（商品）的自动识别和信息的互联与共享。在物联网中，RFID标签中存储着规范而具有互用性的信息，通过无线数据通信网络把它们自动采集到中央信息系统，实现物品（商品）的识别，进而通过公开性的计算机网络实现信息交换和共享，实现对物品的"透明"管理。其主要工作过程可由以下三个步骤构成。

步骤1：对物体属性进行标识，属性包括静态和动态的属性，静态属性可以直接存储在标签中，动态属性需要先由传感器实时探测；

步骤2：识别设备，完成对物体属性的读取，并将信息转换为适合网络传输的数据格式；

步骤3：将物体的信息通过网络传输到信息处理中心（处理中心可能是分布式的，如家里的电脑或者手机，也可能是集中式的，如中国移动的IDC），由处理中心完成物体通信的相关计算。

传感网是感知的网络，是物和物的互联；移动通信网是信息传输网络，是人与人的互联；因特网是连接虚拟信息共享的网络；而物联网是连接现实物理世界的网络。实质上，物联网是传感网、因特网和移动通信网三网高效合一的产物。

"物联网"概念的问世，打破了之前的传统思维。过去的思路一直是将物理基础设施和IT基础设施分开：一方面是机场、公路、建筑物，另一方面是数据中心、个人电脑、宽带等。而在"物联网"时代，钢筋混凝土、电缆将与芯片、宽带整合为统一的基础设施，在此意义上，基础设施更像是一块新的地球工地，世界的运转就在它上面进行，其中包括经济管理、生产运行、社会管理乃至个人生活。

（三）物联网技术在智慧养老中的应用

物联网在智慧养老领域应用广泛，包括可穿戴设备、机器人、监护软件、多维度集成养老服务等。智慧养老设备与服务不断推陈出新，在健康风险预测、疾病应急响应、慢性病日常管理等方面为老年人群提供了高质量的创新服务，为我国大规模老年人群的养老服务模式的建立提供了有益的思路。物联网技术在智慧养老领域的典型应用表现有以下几种。

1. 体域网应用

体域网（Body Area NetWork，BAN）是由可穿戴的或者植入人体内部的若干生理、病理传感器组成的一个无线网络，是物联网在医疗、健康领域的具体应用。这些传感器采集血压、脉搏、血糖等人的生命体征信号，通过ZigBee或蓝牙等短距离无线通信技术实现自组织并与外部网络连接，将连续的生命体征数据向个人健康终端或者养老服务平台实时传送。

2. 个人健康智慧监测设备

个人健康智慧监测设备通常的解决方案是在现有个人健康监测设备的基础上，结合ZigBee、蓝牙、Wi-Fi等无线通信技术. 实现生命体征的监测，体现了便携式的特征，适合在家庭环境下使用。

3. 智能防走失设备

为防止失智老人走失，可以利用物联网技术给老人佩戴手环，在划定区域内对老人的实时位置进行定位，必要时及时汇报。在划定的安全区域内，老人可以自由活动，当老人走出此范围，存在走失风险时，手环就会立刻报警。

二、大数据技术

（一）大数据概述

数据价值的凸显和数据获取手段、数据处理技术的改进是"大数据"爆发的根源。而随着数据生产要素化，数据科学、数据科技的不断发展和数据价值的深度挖掘及应用，一场大数据革命正在进行，它将带动国家战略及区域经济发展，智慧城市建设，企业转型升级，社会管理及个人工作、生活等各个领域的创新和变革。如何真正应用好大数据，发挥大数据的威力，是当前所有人都在共同研究和探索的问题。

对于大数据的定义，权威机构们给出了不同的表述。

世界知名咨询企业Gartner给出的定义："大数据"是需要新处理模式才能具有更强的决策力、洞察发现力和流程优化能力来适应海量、高增长率和多样化的信息资产。

麦肯锡全球研究所给出的定义：一种规模大到在获取、存储、管理、分析方面大大超出了传统数据库软件工具能力范围的数据集合，具有海量的数据规模、快速的数据流转、多样的数据类型和价值密度低四大特征。

还有一些是这样表述的，大数据是指"无法在一定时间范围内用常规软件工具进行捕捉、存储、共享、分析和处理的，海量的、复杂的数据集合"。

（二）大数据的关键技术

根据大数据的生命周期特性，大数据技术处理的关键技术主要有大数据采集技术、大数据存储技术、大数据分析技术、大数据可视化技术等。

1.大数据采集技术

在大数据的生命周期中，数据采集处于第一个环节。大数据的采集主要有四种来源：管理信息系统、Web信息系统、物理信息系统、科学实验系统。不同的数据集，可能存在不同的结构和模式，如文件、XML树、关系表等，表现为数据的异构性。对多个异构的数据集，需要做进一步集成处理或整合处理，将来自不同数据集的数据收集、整理、清洗、转换后，生成到一个新的数据集中，为后续查询和分析处理提供统一的数据视图。针对管理信息系统中异构数据库集成技术、Web信息系统中的实体识别技术和DeepWeb集成技术、传感器网络数据融合技术已经有很多研究工作，取得了较大的进展，推出了多种数据清洗和质量控制工具，例如，美国SAS公司的Data Flux、美国IBM公司的Data Stage、美国Informatica公司的Informatica Power Center。

2. 大数据存储技术

传统的数据存储和管理以结构化数据为主，因此关系数据库管理系统（RDBMS）可以满足各类应用需求。大数据往往是以半结构化和非结构化数据为主，结构化数据为辅，而且各种大数据应用通常是对不同类型的数据内容检索、交叉比对、深度挖掘与综合分析。面对这类应用需求，传统数据库无论在技术上还是功能上都难以为继。因此，近几年出现了OldSQL、NoSQL与NewSQL并存的局面。总体上，按数据类型的不同，大数据的存储和管理采用不同的技术路线，大致可以分为三类。第一类主要面对的是大规模的结构化数据。针对这类大数据，通常采用新型数据库集群。它们通过列存储或行列混合存储以及粗粒度索引等技术，结合MPP（Massive Parallel Processing）架构高效的分布式计算模式，实现对PB（1PB=1024TB）量级数据的存储和管理。这类集群具有高性能和高扩展性的特点，在企业分析类应用领域已获得广泛应用。第二类主要面对的是半结构化和非结构化数据。应对这类应用场景，基于Hadoop开源体系的系统平台更为擅长。它们通过对Hadoop生态体系的技术扩展和封装，实现对半结构化和非结构化数据的存储和管理。第三类面对的是结构化和非结构化混合的大数据，因此采用MPP并行数据库集群与Hadoop集群的混合来实现对百PB量级、EB（1EB=1024PB）量级数据的存储和管理。一方面，用MPP来管理计算高质量的结构化数据，提供强大的SQL和OLTP型服务；另一方面，用Hadoop实现对半结构化和非结构化数据的处理，以支持诸如内容检索、深度挖掘与综合分析等新型应用。这类混合模式将是未来大数据存储和管理发展的趋势。

3. 大数据分析技术

在大数据时代，人们迫切希望在由普通机器组成的大规模集群上实现高性能的以机器学习算法为核心的数据分析，为实际业务提供服务和指导，进而实现数据的最终变现。与传统的在线联机分析处理OLAP不同，对大数据的深度分析主要基于大规模的机器学习和深度学习技术，一般而言，机器学习和深度学习模型的训练过程可以归结为最优化定义于大规模训练数据上的目标函数，并且通过一个循环迭代的算法实现。传统的分布式计算框架MPI（Message Passing Interface，信息传递接口）虽然编程接口灵活功能强大，但由于编程接口复杂且容错性不高，无法支撑在大规模数据上的复杂操作，研究人员转而开发了一系列接口简单容错性强的分布式计算框架服务于大数据分析算法，以MapReduce、Spark和参数服务器Parameter Server等为代表。

4. 大数据可视化技术

数据可视化是研究数据展示、数据处理、决策分析等一系列问题的综合技术。目前正在飞速发展的虚拟现实技术也是以图形图像的可视化技术为依托的数据可视化技术。可视化能够把大数据变为直观的、以图形图像信息表示的、随时间和空间变化的物理现象或物理量呈现在研究者面前，帮助数据挖掘模拟和计算。微软公司在其云计算平台Azure上开发了大规模机器学习可视化平台Azure Machine Learning，将大数据分析任务形式转为有向无环图并以数据流图的方式向用户展示，取得了比较好的效果。在国内，阿里巴巴旗下的大数据分析平台御膳房也采用了类似的方式，为业务人员提供互动式大数据分析平台。

（三）大数据技术在智慧养老中的应用

由于老年群体个体特征分化严重，养老服务与医疗救治之间关联紧密，需要一个基于大数据的软性环境平台，来合理配置、整合养老服务。智慧养老平台采集老人睡、行、住、吃等多维度大数据后，对于老人突发疾病预警、失踪寻找、风险纠纷，以及养老机构的精确营销等都能更加便捷有效。大数据技术在智慧养老中的典型应用表现有以下几种。

1. 数据采集存储

老人在社区智慧养老服务系统中主要通过操作要求极低的手机应用，来完成不同项目间的互动。通过手机应用终端可以收集到老人使用时产生的大量信息，比如，进行理疗的次数、理疗的项目、就医时的病情以及使用的药品等。采集过的数据将会实时存储在为每个老人单独建立的数据库中。

2. 数据分析

按照老年人对不同类型服务需求层次的高低进行分类，为服务商提供数据参考。如通过设备识别老人站、立、走、蹲、摔、吃饭、睡觉等动作，继而将动作连贯成行为，然后把时间、位置、行为等要素还原成生活场景，分析老人生活的不同场景。

3. 数据挖掘

通过数据挖掘可以找到老人潜在的需求或未来发展的趋势。例如，服务中心人员通过对老人长期测量高血压的数值进行分析，判断老人未来高血压情况发生的可能性，并为相关医护人员提供信息，提前做好预防措施。

4. 数据可视化

数据可视化能够把大量数据按不同分类要求转变为直观的图形或图像信息呈现在不同需求的利益相关者面前。提高信息传达的效率，进而为不同利益相关者间建立更为密切的联系。例如，数据平台将老人身体健康状况分析图表传送给老人、老人的子女、养老服务中心和医院，老人会根据分析图表找到自己生活中疏忽的地方，老人的子女会更快速地发现老人某方面的身体变化，养老服务中心会针对老人身体健康分析图表为老人推送相关的服务，医院会根据分析图表，提供医疗建议，并对其保持长期关注。

三、人工智能技术

（一）人工智能概述

人工智能是研究、开发用于模拟、延伸和扩展人的智能的理论、方法、技术及应用系统的一门技术科学。人工智能是计算机科学的一个分支，它旨在了解智能的实质，并生产出一种新的能以与人类智能相似的方式做出反应的智能机器。该领域的研究包括机器人、语言识别、图像识别、自然语言处理和专家系统等。1956年，麦卡赛、明斯基、罗切斯特等科学家在聚会上共同探讨、交流机器模拟智能等设想，首次提出了"人工智能"，就此"人工智能"这门新兴学科正式诞生。在20世纪中晚期人工智能已经成为世界三大尖端技术之一。

尼尔逊教授对人工智能下了这样一个定义："人工智能是关于知识的学科——怎样表示知识以及怎样获得知识并使用知识的科学。"

美国麻省理工学院的温斯顿教授认为："人工智能就是研究如何使计算机去做

过去只有人才能做的智能工作。"

这些说法反映了人工智能学科的基本思想和基本内容，即人工智能是研究人类智能活动的规律，构造具有一定智能的人工系统，研究如何让计算机去完成以往需要人的智力才能胜任的工作，也就是研究如何应用计算机的软硬件来模拟人类某些智能行为的基本理论、方法和技术。

（二）人工智能原理

人工智能的主要基础就是计算机。人工智能是研究用计算机来模拟人的某些思维过程和智能行为（如学习、推理、思考、规划等）的学科，主要包括计算机实现智能的原理、制造类似于人脑智能的计算机，使计算机能实现更高层次的应用。人类的思维不仅仅是数学逻辑，还有细腻的情感思维，生动的形象思维，以及迸发的灵感思维。计算机技术拥有强大的计算能力、丰富的数据储备能力、高效的运转速度，它给了人工智能实现逻辑思维的目的，但是要想真正模拟人类智能，必须借助数学工具扩展研究领域。人工智能与思维科学的关系是实践和理论的关系，人工智能处于思维科学的技术应用层次，是它的一个应用分支。除了计算机科学，人工智能研究还涉及生物学、心理学、信息论、自动化控制、数学逻辑、语言学、医学等多门学科，这些学科相互交错，促进人工智能的研究发展。现今，人工智能的学术理论和实际研究已经十分丰富，应用领域也在不断扩大。

（三）人工智能技术在智慧养老中的应用

在人工智能技术赋能下，智能养老服务模式"系统+服务+老人+终端"，以养老机构为依托、以健康大数据服务平台为支撑、以智能机器人为纽带、整合社会资源，倾力打造以"人机交互、居家照料、健康服务、健康档案管理"为中心的智能养老服务网络，可有效为人工智能养老场景落地提供有效支撑。人工智能在智慧养老中的典型应用表现有以下几种。

1. AI + 智能摄像头

随着智能分析、人脸识别、热成像等视频技术的应用，当出现异常情况，如老人摔倒等，智能监控设备会主动报警，提醒监护人，采取紧急救援措施，防止意外进一步发生。人工智能摄像机现在看起来或许还不太高级，然而经过大数据的深度挖掘和学习，未来人工智能为老人提供的服务将越来越全面和细致。

2. AI + 可穿戴设备

随着科技的进步，各种适用于智能健康养老终端的低功耗、微型化智能传感技术，室内外高精度定位技术，大容量、微型化供能技术，低功耗、高性能微处理器和轻量操作系统等都会得到长足发展。结合人工智能、大数据、无创生命传感、通信、定位、物联网、互联网、云计算、智能穿戴等技术，进行自动实时检测、评估和记录用户生命体征（包括血压、心率、呼吸、体温等）、行为习惯（包括饮食、睡眠、情绪、运动等）及其他医学指标（包括血氧、皮电、心电、脉率等），对生命安全和身体健康进行分级管理，并提供健康报告、健康咨询、寻医问诊、绿色通道、自动报警、手动报警、应急救援等针对性服务。

3. AI + 智慧监护系统

针对独居的老人及行动不便者，智能居家新一代远程养老监护系统只需连接到房间内的传感器，经由内部核心算法，使用者便可获得24小时全天安全保护。同时，该平台还通过二维码、微信公众平台、绑定亲属手机等方式，让完全不会使用智能手机的老年人也能得到便捷快速的服务。基本信息入库后，每个老年人可以生成一个专属二维码。根据系统产生的需求评估结论，云端会自动匹配服务项目，对应的服务机构即可按服务计划通过派工软件及时为老年人提供服务。与此同时，老年人也可根据需要自主进行呼叫服务，通过手机应用软件，与后台服务中心约定时间，获取准点上门服务。

4. 陪伴机器人

智慧养老技术演进的一大突破点是家用型服务机器人，如养老陪伴机器人等陪伴产品逐步成为智慧养老服务企业研发的重点产品方向。随着信息技术的进步，服务机器人将变得越来越智能，功能越来越强大，价格也会变得越来越亲民。目前大部分陪伴机器人都可以和孤独老人对话，甚至还可以和老人跳舞、玩游戏等。例如，机器人Pepper能阅读，还能识别人的情绪；类似于Amazon Alex和Google Home的人工智能助手具有提醒吃药等功能；而"天猫精灵火眼"还具有识别药盒的能力——只要用"火眼"扫一扫药盒，就能播报药品药名、功效和过期日期等信息，可识别超过40000种药盒。可以预见的是，面向中老年的服务机器人，除了人机互动、亲情语聊功能之外，将具备更多娱乐教育特质。如由比利时一家机器人公司开发的卓拉，其身上装有摄像机、扩音器和麦克风，可以模拟人的一些动作和表情，能够通过眨眼睛、眼神接触、点头摇头等简单肢体语言与人进行互动。另外，卓拉会上体操课，还会走动、说话、唱歌、跳舞，以此点亮老年人的生活。

四、其他相关技术

（一）区块链技术

区块链技术是利用块链式数据结构来验证与存储数据、利用分布式节点共识算法来生成和更新数据、利用密码学的方式保证数据传输和访问的安全、利用自动化脚本代码组成的智能合约来编程和操作数据的一种全新的分布式基础架构与计算范式。区块链技术并不是全新创造出来的单一信息技术，而是基于现有信息技术的积累，加以组合创新，从而呈现出一些新的技术和业务特性。区块链技术不仅能够对大量的数据信息进行存储，还能用去中心化的特质简化办事流程，实现数据的可追溯。

区块链能实现对健康数字资产全生命周期的完整记录并永久保存，无论是老人的健康记录还是医护人员的医疗服务，所有记录清晰可见。通过建立养老大数据，打通医养结合，实现数据的完整，使得互相不了解的多方实现可信任的、对等的价值传输，对全龄段养老服务具有很好的支撑作用，也有效解决了养老数据丢失、传输不安全等问题。未来，通过区块链开发的应用场景将越来越多，如区块链药品溯源、区块链养老保险、区块链养老金融、区块链病历等，实现基于区块链技术的智慧养老。

（二）VR 与 AR

虚拟现实技术（Virtual Reality，VR）是一种可以创建和体验虚拟世界的计算机仿真系统，它利用计算机生成一种模拟环境，使用户沉浸到该环境中。虚拟现实技术就是利用现实生活中的数据，通过计算机技术产生的电子信号，将其与各种输出设备结合，使其转化为能够让人们感受到的现象，这些现象可以是现实中真真切切的物体，也可以是我们肉眼所看不到的物质，再通过三维模型表现出来。因为这些现象不是我们直接所能看到的，而是通过计算机技术模拟出来的世界，故称为虚拟现实。

现实增强技术（Augmented Reality，AR）是指将真实世界信息和虚拟世界信息"无缝"集成的新技术，是把原本在现实世界里一定时间、空间范围内很难体验到的实体信息（视觉信息、声音、味道、触觉等），通过电脑等科学技术，模拟仿真后再叠加，将虚拟的信息应用到真实世界，被人类感官所感知，从而达到超越现实的感官体验。真实的环境和虚拟的物体同时叠加到了同一个画面或空间上。

VR/AR技术应用于智慧养老可以给予老年人优质的心理护理。VR/AR智慧养老能让老人足不出户进行VR/AR全景旅游、看VR/AR电影和短片。VR/AR亲子互动，通过全景VR/AR，让身在异地的子女能够打破时空限制深入了解父母目前现状和居住环境，解决子女和父母相距甚远，无法时时见面的问题。VR/AR技术还可以帮助老年群体虚拟体验看病挂号流程，学习安全教育知识等，宣传防诈骗信息，给予老年群体最大的关爱，释放老年人群心理压力，活跃大脑思维，使他们有更好的精神面貌。VR/AR技术可以为失能和半失能的老年人模拟一个更广阔的世界，创建供老年人体验的计算机仿真系统，生成动态的模拟环境，使老年人沉浸到该环境中。

（三）5G通信技术

5G移动网络与早期的2G、3G和4G移动网络一样，5G网络是数字蜂窝网络，在这种网络中，供应商覆盖的服务区域被划分为许多被称为蜂窝的小地理区域。表示声音和图像的模拟信号在手机中被数字化，由模数转换器转换并作为比特流传输。蜂窝中的所有5G无线设备通过无线电波与蜂窝中的本地天线阵和低功率自动收发器（发射机和接收机）进行通信。收发器从公共频率池分配频道，这些频道在地理上分离的蜂窝中可以重复使用。本地天线通过高带宽光纤或无线回程连接与电话网络和互联网连接，与现有的手机一样，当用户从一个蜂窝穿越到另一个蜂窝时，他们的移动设备将自动"切换"到新蜂窝中的天线。

5G网络的主要优势在于，数据传输速率远远高于以前的蜂窝网络，最高可达10 Gbit/s，比当前的有线互联网要快，比先前的4GLTE蜂窝网络快100倍。另一个优点是较低的网络延迟（更快的响应时间）——低于1毫秒，而4G为30毫秒至70毫秒。由于数据传输更快，5G网络不仅能为手机提供服务，还能为一般性的家庭和办公提供服务，与有线网络提供商竞争。以前的蜂窝网络提供了适用于手机的低数据率互联网接入，但是一个手机发射塔不能经济地提供足够的带宽为家用计算机提供网络服务。

5G通信技术主要用来支持快速的物联网通信、高清视频等大量数据的接入和传输。另外，未来使用越来越广泛的低功耗局域网技术NB-IoT、LoRa等的应用将使得万物互联的成本变得更低。互联网和通信技术的发展使得新的养老、医疗模式成为现实，比如在物联网平台上实现网上医疗，老年人可以在家里接受医生的问诊等服务。因此，以"5G智慧养老、智慧医疗"平台为基础，可以提高老年人就医及养老服务体验，实现医养资源上下贯通，开启医养结合的养老新模式。

第三节　智慧养老系统的需求分析和顶层设计

一、智慧养老系统的需求分析

（一）智慧养老服务不同内容需求分析

1. 日常生活照料服务

进入老龄阶段，人的生活自理能力逐渐下降，老年人尤其是高龄老人对日常生活照料的服务需求尤为明显。大部分老年人在日常生活中，需要一些暂时性和非持续性的服务。智慧养老服务的智慧之处在于老人获取服务的方式是智能化的先进科技手段，工作人员仅通过监控就可以达到更高效的服务目的。采用电子监控接收处理器等先进的科技手段来获取老人的想法，借助互联网这一便利的先进手段实现老人与外界商户的连通，足不出户就可以获得想要的物件，增添老人的幸福感和获得感。

2. 健康服务及监控服务

人随着年龄增长，身体机能不断衰弱，较易得一些慢性病或者其他激发性的疾病，这使得医疗健康在老年人的生活中越来越流行。智慧养老提供的健康服务及监控服务主要是基于社区或机构设置的专门的"护理院"，通过引进多普勒超声系统、全自动生化分析仪等设备，结合每名老年人的电子健康档案，定期对老年人的身体状况进行系统分析，并通过准确的监控，得到老人健康方面的指标的实时数据，尽可能全面地使老年人对健康的需求达到内心的期许值。为能够实时地掌握老人在健康方面的动态，必须采用先进的信息化数字系统来实现。通过建立养老服务信息平台，对老年人的健康状况进行跟踪和总结，并通过平台与专业医务人员共享日常生活中收集的健康数据。

3. 智能社交服务

老人退休后便是老年时代的开端，内心会产生"我已失去使用价值"的想法，再加上缺少下一代的陪伴，导致老人萌生出无用的想法，情感上有所缺失，很孤独无助。利用先进的信息技术手段建立的智能化社交系统，为老人使用该系统与自己贴心的人互通有无变为现实，只要老人想念自己的亲人了就打开语音或者视频进行通话，这样的好处一是使老人在情感上得到改善，减弱了其内心孤独的感受，二是使老人认识更多的人，也从不同的角度减弱了其内心的孤独，增加了一项能够创新的技能。

（二）智慧养老服务不同人群需求分析

1. 生活困难老人的服务需求

生活困难老人是我们应该重点关注的群体，他们对于起居的需求更迫切。智慧养老的发展可以使困难老人足不出户地获得相应服务，老年人只需要借助先进信息化的设备，一键开启便能体验到个性化的服务。对于老年人的日常需求，社区主要工作在于安排专业的人员到居民家，实现日间照料，也就是起居方面的项目，让老人一天之内体验到专业化及日常化的自由转换，安享晚年。

2. 孤寡老人的服务需求

老人的下一代有自己的事业要去经营，这也增添了老人内心对孤独的感受，这时候，对心灵健康的照顾是智慧养老服务应该重视的方面。智慧养老引进的通信设备使得老年人在老年时期仍然广交朋友变为可能，也就慢慢地减少了他们对于孤独的记忆。老年人依靠智能终端，可以随时随地联系朋友和家人，从而降低了老年人的孤独感。还有一项功能就是亲人可以掌握老年人的状态，知晓其身体状况。

3. 退休健康老人的服务需求

对退休人员而言，他们对老年服务有更高的要求，包括高质量的日常起居以及高品质的娱乐活动。但就他们来说，智能养老社区是他们不二选择，既能达到高水准的目标，又能符合他们原本的消费水平。智能养老社区设备齐全高端，符合这一类老人，不仅配套设施品质高，人员配备也优良，由内而外地符合他们的需求。

二、智慧养老系统的顶层设计

健康养老服务平台建设主要包括以下几部分：首先，通过传感器或健康检测设备采集用户或居住场所的数据；其次，通过网络将健康和家居数据关联、融合、处理、分析为信息；然后，通过充分共享、智能挖掘将信息变成知识；最后，结合信息技术，把知识应用到各行各业形成智慧。智慧养老的层次设计如图2.1所示。

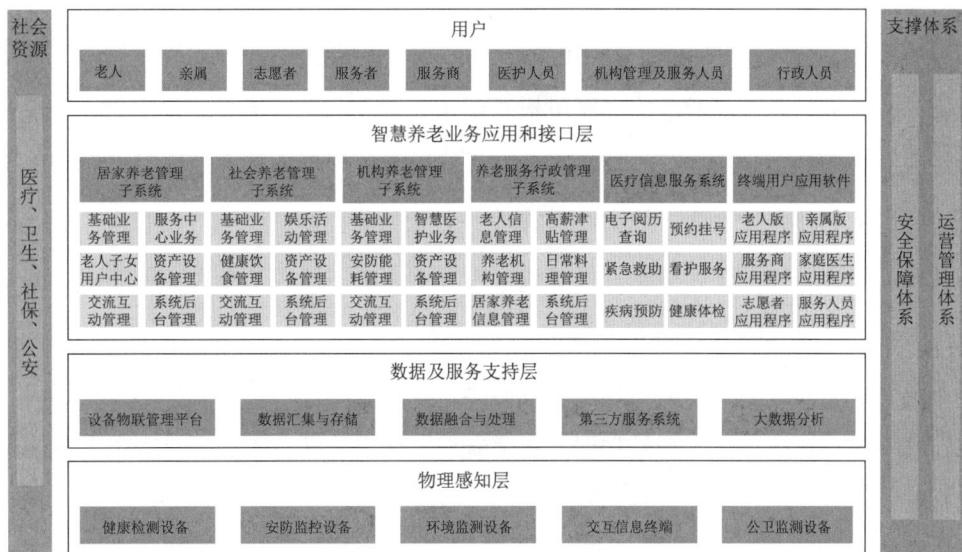

图2.1　智慧养老顶层设计

（一）物理感知层

物理感知层提供对家居环境的智能感知能力，通过各种环境检测设备、安防监控设备、智能养老交互信息终端、家庭健康检测设备、可穿戴设备、公卫设备、大型医疗健康设备等实现对老人身体的检查和家居环境等方面的信息采集、检测。

（二）基础设施层

基础设施层包含安全审计、存储、服务器/操作系统、机房/配电等基础设施，为智慧家庭健康养老服务平台提供基础硬件支持及承载。

（三）网络通信层

网络通信层通过广泛互联，以互联网、电信网、广播电视网以及传输介质为光纤的城市专用网作为骨干传输网络，以接入家庭的宽带网络、移动网络等为主要接入网，组成网络通信基础设施。

（四）数据及服务支撑层

数据及服务支撑层整合软件资源、计算资源和存储资源，利用网络通信、云计算、大数据、即时通信等技术，通过数据和服务的融合，对接第三方服务，实现健康养老平台与基层医疗健康机构间的数据共享，支撑承载智慧养老应用层中的相关应用，提供应用所需的各种服务和共享资源。

（五）智慧养老业务应用和接口层

基于智慧家庭养老服务平台不同用户角色群体，提供不同的业务应用及北向南向接口。居家养老管理子系统主要包括基础业务管理、老人子女用户中心、交流互动管理、服务中心业务、资产设备管理、系统后台管理等功能；社区养老管理子系统主要包括基础业务管理、健康饮食管理、交流互动管理、娱乐活动管理、资产设备管理、系统后台管理等功能；养老机构管理子系统主要包括基础业务管理、安全能耗管理、交流互动管理、智能看护业务、资产设备管理、系统后台管理等功能；养老服务行政管理子系统主要包括老人信息管理、养老机构管理、居家养老信息管理、高龄津贴管理、社区养老管理、系统后台管理等功能；医疗信息服务系统主要包括电子病历查询、预约挂号、紧急救助、看护服务、疾病预防等功能；终端用户应用软件主要包括面向老人、亲属、志愿者、家庭医生及服务站的应用软件。

（六）支撑体系

1.安全保障体系

为智慧养老建设构建统一的安全平台，实现统一入口、统一认证、统一授权、日志记录服务。注重身份安全、网络安全、系统安全、数据安全、传输安全等方面的工作。

2.运营管理体系

运营管理体系为智慧养老系统提供整体的运营、运维管理机制，确保智慧养老系统的可管理和可持续运行。

3. 社会资源

社会资源可以为智慧养老系统提供服务及支撑，包含但不限于医疗资源、卫生资源、社保资源、公安资源等。

第四节　智慧养老系统的分类

一、智慧助老系统

（一）智慧助老系统概述

在进入老龄化社会的同时，我国的社会信息化程度越来越高，互联网的应用已经渗透到城市生活的方方面面。既然我国已经进入了老龄化社会，大多数互联网应用就不应该离开老年人。根据2020年中国社会科学院和腾讯社会研究中心合作完成的《中老年互联网生活研究报告》显示，信息素养越高的老年人，其互联网行动能力越显著。在当下移动互联网时代，老年人的互联网应用水平与他们的生活品质密切相关。因此，如何在老龄化社会中构建互联网助老平台，从而帮助老年人更好地掌握与生活密切相关的各种互联网应用，具有深刻的现实意义。2022年，国家卫生健康委和全国老龄办联合印发《关于全面加强老年健康服务工作的通知》，提出深入开展2022年"智慧助老"行动，聚焦中老年人的实际需求，帮助老年人提升智能技术运用能力。此举对于助力老年人跨越"数字鸿沟"，更充分享受数字化、智能化所带来的便利具有重要意义。

从某种意义上来说，智慧助老系统是指采用各种先进的信息技术推动老龄社会信息无障碍建设，帮助老年人掌握基本生活技能，融入信息社会的各种系统应用，从而提升老年人运用智能技术方面的获得感、幸福感、安全感。

（二）智慧助老系统内容

1. 面向老年人的智能家居产品

伴随着科学技术的迅猛发展，智能家居慢慢出现在大众的视野中。智能家居也被叫作智能住宅，其通过物联网技术将家中的各种设备连接到一起，不仅具有传统的居住功能，还具有许多智能化的功能，如语音控制、智能灯光控制、远程报警等，为人们提供了一个舒适、方便的居住环境。智能家居系统在设计时应考虑居住者的具体需求，还要考虑能源的消耗、系统的合理性以及稳定性等问题。随着社会老龄化的不断发展，不仅是智能家居行业，众多其他行业也将开辟适老化道路，生产适老化产品。因此智能家居也应该重视老年人市场，针对老年人的特殊需要开发设计出适老化的产品，提高老年人的生活便捷程度和安全水平，为老年人享受优质生活提供相应的服务。

2. 面向老年人的在线游戏产品

社会活动理论认为，老年人保持较高的活动水平，积极参与社会生活，对防止老年人大脑退化具有良好的作用。游戏是一种健康、快乐的活动，是一种能发挥不同功能的工具。老年人通过游戏，不仅能愉悦身心、锻炼身体，还能够加深人际沟通，加深相互认识，提高自信心，培养团队合作能力。由于老年人年老体弱、行动缓慢、反应迟钝，许多速度快、刺激、新奇、复杂的游戏并不适合在老人活动中运用。因此，可以开发适合老年人的在线游戏产品，帮助老年人保持脑力运动，愉悦身心。

3. 助老平台及助老智能机器人

我国目前已进入老龄化社会，社会压力的增大使许多子女无暇照顾老人，助老平台和助老智能机器人服务已经成为一种新的迫切的社会需求。助老平台主要采用信息化技术搭建网站平台或app、小程序等，将与老年人相关的场景应用融合其中，帮助老年人更好地进行衣食住行等日常生活。助老智能机器人主要采用人机交互技术、无线传感技术、人工智能技术等，实现与老人进行智能交互、帮助老年人完成相关日常操作等相关功能应用。

4. 面向老年人的在线教育产品

随着互联网不断发展，老年教育的形式早已不再局限于传统的课堂场景。老年教育机构还可以尝试利用互联网平台，建立老年大学网上学校，推进线上线下一体化教学，让广大老年人足不出户就可以共享老年教育资源。同时，也可以将加强老年人运用智能技术能力列为老年教育的重点内容，通过体验学习、尝试应用、经验交流、互助帮扶等，引导老年人了解新事物、体验新科技，积极融入智慧社会。

二、智慧用老系统

（一）智慧用老系统概述

截至2022年底，全国60岁及以上老年人口数量达2.67亿，占总人口的19.8%；65岁及以上老年人口数量达2亿以上，占总人口的14.9%。相对而言，他们对于本行业务知识技术熟练，经验丰富；知识阅历丰富，有较强的适应性和应变能力。因此，从社会利益考虑，让低龄老人继续发挥余热，不仅能为社会创造精神和物质的财富，还可以让他们实现人生价值，获得成就感和满足感，从而过得更快乐、更健康。老年人力资源的开发利用，有利于经济发展、缓解人才供需矛盾。从老年人口年龄结构来看，我国低龄老人占比大，开发这一群体老年人力资源的潜力较大。一方面，通过积极的激励政策和引导举措，充分发掘低龄老年人的潜力，提高劳动参与率，可为未来经济持续稳定发展提供新活力。另一方面，在推进共同富裕的进程中，充分开发低龄老年人的人力资源，可有效激发低龄老年人参与社会的积极性，让低龄老年人成为共同富裕社会建设的参与者，也成为经济社会发展成果的共享者，让共同富裕更多惠及全体老年人。

简单来说，智慧用老系统就是借助信息技术等现代科技，用好老年人的经验、技能和知识，深层含义是帮助老年人老有所为，充分发挥其价值和余热，最终提高主观幸福度的系统和应用。

（二）智慧用老系统内容

1.面向老年人的再就业平台

中共中央、国务院《关于加强新时代老龄工作的意见》提出，把老有所为同老有所养结合起来，鼓励各地建立老年人才信息库，为有劳动意愿的老年人提供职业介绍、职业技能培训和创新创业指导服务。因此，各机构和社会团体构建面向老年人的再就业信息服务平台，以服务老年人再就业。以中国老龄协会构建的中国老年人才网（https://www.zglnrc.org.cn）为例，该网站的上线标志着我国老年人才信息库和老年人才信息服务平台启动建设，将为老年人再就业拓宽渠道、搭建平台，推动老龄人力资源开发。

2. 面向老年人的志愿服务平台

很多老年志愿者都是因为退休后希望"老有所为""老有所乐",不与社会脱节,从而加入志愿服务队伍。通过参与志愿活动,既得到了社会对个人的尊重,又体现了个人对社会的责任和贡献,充分体现了老年人的社会价值。因此面向老年人的志愿服务平台也可以作为智慧用老系统建设的一部分。

3. 面向老年人的兴趣社交平台

新一代老年人对满足精神需求提出了更高的要求。许多老年人在退休前已有兴趣爱好,只是工作繁忙无暇顾及,退休后正可利用闲暇时间充分享受这一乐趣。即便先前没有兴趣爱好的,退休后也应该有意识地培养一些,以丰富和充实自己的生活。同时通过社交平台可以找到共同兴趣爱好的人群,基于共同兴趣形成老年社交,从而丰富老年的精神生活。

三、智慧孝老系统

(一)智慧孝老系统概述

孝老爱亲,孝亲敬老,是中华传统美德。儿女孝顺,是老年人的最大幸福。不论时代如何变化,不论经济社会如何变化,不论生活格局和生活方式如何变化,孝老敬老都是需要弘扬传承的文化传统。尤其是在我国进入老龄化社会的背景下,大力弘扬中华孝道文化,更具有重要的现实意义。根据时代发展的需要和社会主义核心价值观的要求,应坚持"物质赡养与精神慰藉并重"原则,结合个人与家庭实际,努力践行"六字诀",即敬、立、养、悌、助、祭。"敬",就是在心理上、精神上,尊敬和敬重父母;"立",就是生活自理,自食其力;"养",就是在物质上赡养父母,身体上关照父母;"睦",就是夫妻和睦,兄妹团结,彼此和睦相处;"助",就是要了解父母的人生理想与凤愿,帮助父母去实现尚未完成的心愿;"祭",就是父母去世后要经常缅怀和追念父母。

结合对孝老含义的理解,智慧孝老系统是指采用各种信息技术,帮助实现"敬、立、养、悌、助、祭"等的系统和应用。智慧孝老系统可以帮助老人和儿女更好地沟通和联系,帮助老人安度晚年,提升幸福感。

（二）智慧孝老系统内容

1.面向老年人的陪伴产品

让懂知识、会学习的陪伴机器人进入家庭，且数字虚拟人能够自我学习和进化。人工智能进入家庭除了要像亲人一样地陪伴，更需要有交互能力、动作能力。加强机器人的研发，支持多模感知、情感计算、主动对话、虚拟形象等关键技术与陪伴机器人产品研发，让机器人走进每个家庭，以解决老年人的养老、情感陪伴、健康管理等问题。

2.逝去老年人的缅怀系统

随着民政部、国家发展和改革委员会印发《"十四五"民政事业发展规划》，全国的殡葬改革将迎来新的浪潮，"减少土葬土地占用、禁止明火烧祭、降低现场人流密度、减少资源浪费、弘扬民族文化"是其中的内核。智能缅怀祭拜系统的核心是弘扬中华博大精深的祭祀文化，通过现代的科技手段，去复现这种仪式流程，强化祭拜的仪式感，从文化和科技的角度引导群众更加自然地接受文明低碳祭拜，将追思缅怀逝者与弘扬优良家教家风有机结合起来，增强文化自信，增强家国情怀。

四、智慧社区居家养老系统

（一）智慧社区居家养老系统概述

社区居家养老是指老年人按照生活习惯，选择居住在家庭中安度晚年生活的养老方式。社区居家养老以社区为平台，整合社区内各种服务资源为老年人提供诸如助餐、助洁、助浴、助医等养老服务。老年人住在自己家中或长期生活的社区里，在继续得到家人照顾的同时，由社区的养老机构或相关组织提供服务。社区居家养老介于家庭养老和机构养老之间，利用社区资源开展养老照顾，由正规服务机构、社区志愿者及社会支持网络共同支撑，为有需要的老人提供帮助和支援，使他们能在熟悉的环境中维持自己的生活。由于城市化的不断发展，城市人口老龄化程度更为严重。社区是城市老年人生活和日常活动的主要场所，社区居家养老作为一种新型的养老方式，保留了传统在家养老的形式，利用个人、家庭、社区和社会的力量和资源，向老年人提供就近而又便利的服务，满足老年人养老的心理和物质需求，让老年人拥有稳定、良好的生活状态，减轻其子女的日常照料负担，弥补社会养老机构的不足，能较好地解决老年居民的实际问题，顺应了人口老龄化的客观要求。从目前的统计数据显示，智慧社区居家养老是中国养老模式中占比最高的一种，是中国最主流的养老模式。

智慧社区居家养老系统是指以社区为依托，通过云计算数据平台、互联网、传感器等技术把社区老年人、社区资源、社会组织整合，采集社区信息、分析社区需求、提供针对性服务、监督服务质量、汇集服务反馈，形成线上线下互动的数字化服务，提供专业的需求服务。这种方式打破了传统的"碎片化"养老模式，实现了养老服务内容、方式、渠道的整合。

（二）智慧社区居家养老系统内容

1. 面向老年人的社区管理

面向老年人的社区管理主要包括老人信息管理、社区服务管理、社区信息管理、紧急事件服务、居家老人亲属关怀、老人居家安全管理等。社区管理主要是提供面向老人养老服务的社区应用，包括信息采集和应急响应。

2. 面向老年人的社区医疗

结合社区医院系统，实现远程医疗服务，从功能实现上包括：预约挂号、诊疗结果、咨询服务、健康资讯、远程健康监控五个部分。

3. 面向老年人的民生服务

提供面向老年人的民生服务，诸如就餐助餐、日间照料、文化娱乐、保健康复、家政便民等居家和社区养老服务。

五、智慧机构养老系统

（一）智慧机构养老系统概述

养老机构是社会养老专有名词，是指为老年人提供饮食起居、清洁卫生、生活护理、健康管理和文体娱乐活动等综合性服务的机构。养老机构的养老服务是一种全人、全员、全程服务。所谓"全人"服务是指养老机构不仅要满足老人的衣、食、住、行等基本生活照料需求，还要满足老人医疗保健、疾病预防、护理与康复以及精神文化、心理与社会等需求。要满足入住老人上述需求，需要养老机构全体工作人员共同努力，这就是所谓的"全员"服务。绝大多数入住老人是把养老机构作为其人生最后的归宿，从老人入住那天开始，养老机构工作人员就要做好陪伴老人走完人生最后里程的准备，这就是所谓的"全程"服务。

结合养老机构的特性，智慧机构养老系统一般指面向养老机构，采用各种信息技术实现养老机构管理和服务的整合与贯穿，提升养老服务的智能化和个性化，提升机构养老的智能化管理和服务水平。

（二）智慧机构养老系统内容

1.面向机构养老的基本信息管理

老人动态档案管理、老人评估系统、会员服务管理、体质辨识、充值积分管理等，以便对老人信息（基本信息、健康信息、亲属信息等）动态管理，并对老人活动能力、中医体质等进行评估，以此对老人制定服务计划，进行个性化的服务管理。

2.面向机构养老的智慧照护服务

智慧照护服务包括呼叫服务、人员定位（室内定位和室外定位）、电子围栏、主动报警、紧急救助、睡眠监测、照护计划、独居监护、健康监测等。老人一键呼叫，服务快速响应；随时随地预约，操作方便快捷；订单全程跟踪，保障服务质量；健康安全监测，降低独居风险；数据精准分析，指导运营决策；子女实时查看，加强双方沟通。

3.面向机构养老的智慧健康服务

智慧健康服务有多款健康检测设备接入、海量客户健康数据动态管理、智能生成健康报告、健康安全数据精准管理，能有效预防安全隐患和意外事故发生，医疗机构健康数据联动实现从"有病治病"到"没病早防"。

4.面向机构养老的智慧增值服务

智慧增值服务包括主动关怀、家庭医生、电商（商城）、护理服务、订单服务、健康管理服务、志愿者、时间银行、助洁服务、助行服务等。

5.面向机构养老的智慧园区服务

智慧园区服务包括定位到老人在哪栋楼，哪一层，哪个房间；紧急情况下打开报警位置的现场视频；床头呼叫和护理手机信息同步；节省办公电话投入，平台融合办公电话功能；室内外安防融为一体，巡更安防更智能；院区实时数据一览无余。

6.面向机构养老的信息管理

信息管理包括接待管理、收费管理、餐饮管理、入住管理、房态图、护理管理、室内人员定位、用药管理、人事管理、门禁管理、库存管理、固定资产管理、院内商城管理等。

六、智慧医养结合系统

（一）智慧医养结合系统概述

自2015年起，国家相继出台了一系列配套政策，着力推进医养结合模式，这些配套政策都为发展智慧医养结合服务模式提供了制度支持，使老年人的多样化需求得到满足，权益得到保障。运用互联网大数据分析，准确对接供需矛盾，动态调动现有服务资源，提高老年人生活质量。由传统的医养结合模式向智慧医养模式转变，是智能化、信息化社会飞速发展的必然要求，也是应对人口老龄化的必然选择。对于老年人来说，医疗与养护始终是结合在一起的，是密不可分的。好的养护是对医疗的极大支持，好的医疗可以有力地给养护提供保障。

与传统养老服务模式相比，智慧医养服务模式是升级与创新。智慧医养结合系统以完善医保体系、实现信息共享为核心，以互联网思维为手段，改变传统的医养结合服务模式，发展智慧医疗与养老结合的模式的信息系统和应用。智慧医养结合系统能使老年人获得全新的养老和就医体验，整合优质资源，提高机构的服务效率和质量，拉动潜在需求，带来更多的经济利益，同时有利于扩大基本医疗保障覆盖面。

（二）智慧医养结合系统的内容

智慧医养结合系统在智慧机构养老服务系统基础之上，着重添加了面向老年人的医疗管理服务，具体有以下几个模块。门诊挂号模块：包括患者登记、门诊挂号等五个菜单，该模块是患者登记信息和安排医生诊断的功能模块，患者根据病情挂号对应的医生；门诊医生模块：包括门诊就诊、处方查询、已诊病人查询三个菜单，用于医生诊疗病人，挂号单号是根据门诊挂号自动生成的，可打印门诊记录、处方单和检验单；门诊收费模块：包括门诊收费和收费查询两个菜单，用于门诊患者收费；出入院管理模块：包括入院登记、按金管理、出院结算等五个菜单，用于管理需要入院治疗的病人，所有病人的出入院信息、病情情况、医嘱情况等都有详细记录；护士站模块：包括查对医嘱、床位一览、门诊护士执行单、床位信息查询等七个菜单，用于护士执行医嘱、分配床位、用药等，保证门诊患者和住院患者能按照医嘱得到治疗，护士所有工作都在该功能模块下完成；住院医生模块：包括医嘱管理和医嘱查询两个菜单，用于住院医生为住院患者开具诊断和治疗方法；药房管理模块：包括门诊发药/退药、住院发药、住院退药、药品库存查询四个菜单，护士和患者可在此领取药品，也可查询医院和病人用药信息，以及库存情况；药库管理模块：包括采购入库、出库管理、库存查询等六个菜单，用于对医药采购药品进行出入库操作，可查询相关药品库存信息，对医院药品情况做到全面掌握。

案例思考

阿里巴巴的"智联网养老"

2017年12月，在世界互联网大会上，阿里巴巴集团宣布旗下"AI Labs"正在北京试点"智联网养老"，随后，阿里巴巴集团的智联网样板间也对外开放。这个智联网样板间主要以智能音箱"天猫精灵"作为中控枢纽，可以使用语音控制技术对室内的智能开关、智能窗帘、智能家电、无线摄像头等设备进行操作，让老年人能方便地使用居所的智能设备，并通过摄像头随时与子女、医生或其他人保持联系。另外，智联网养老系统还可以通过安装在室内的各种传感器来搜集室内温度、湿度、光照等环境数据，并根据搜集到的数据自动调节室内温湿度与光照，让室内环境保持在舒适的状态。该系统在养老院使用时还可以与养老院的各种智能设备、医疗看护体系等相连接，让老年人可以用语音这种最简单的方式呼叫和使用看护服务；也可以为每位用户建立个体化电子健康档案，进行生活方式、健康状况、疾病分析、药物效果追踪和评估等；对外，则可以连接医院，并整合医生与专家的意见为老年人量身定制医护服务。

智联网养老样板间主要有以下几个特点。

1.以阿里云计算和人工智能为中心，延伸到养老各种场景

"天猫精灵，打开客厅窗帘"，当北京普乐园爱心养老院的老人说出这句话后，窗帘拉开，明媚的阳光透射进来，仿佛也打开了全国首个智联网养老院的大门。

智能开关：腿脚不便的老人，无需起身，即可呼唤天猫精灵帮忙开关灯、电视、空调等，还能语音购物、手机充值、叫外卖、开关窗帘等。

智能灯光：能实现灯光智能管理，比如老人半夜起床，灯光会调节得更柔和。

智能传感器：环境监测传感能监测室内温度，联动空调开关进行调温；进门处，门窗感应器将知晓门窗开关情况，若意外打开将发出警报，窗帘还能定时开启关闭。

无线高清摄像头：兼具双向语音通话和视频的功能，对子女而言，这或成为了解父母在养老院生活状况的途径。

2.智能养老样板房不仅是展示的，更重要的，是作为养老数据采集的收集器

对人工智能，最重要的就是数据。就像人类生存离不开食物，没有数据AI也不能发展。充分的数据，会使AI变得越来越聪明。在样板房里可以看到，很多大大小小的传感器正记录着屋里的指标数据。阿里正在收集和记录养老产生的各种大数据，再提供给人工智能进行挖掘和深度学习。这样，很快，人工智能就将成为"养老通"。

3.智能养老虽然刚刚起步，但已经显示出节约人力、降低费用的趋势

目前护工缺口高达千万，工资待遇相对低。而使用智能系统，不仅能降低人力成本，硬件成本也能有所下降。如用双向语音摄像头，护工能通过屏幕观测老人情况，并可语言交流，判断事情重要紧急程度，优先处理紧急情况。而布置整套智能设备，包括冰箱、空调等电器价格为一两万元，单独的传感器、控制设备成本较低，比如天猫精灵智能音箱售价499元，其余传感器百元左右。

思考题：请结合案例和本章内容，说明面向智慧养老的典型技术和典型应用有哪些，智慧养老系统的特点有哪些。

第五节　智慧养老系统的组成与应用场景

一、智慧养老系统的组成

智慧养老依赖智能化网络信息平台，将老人、社区、护理人员、养老机构、医疗机构、政府部门等养老服务相关人员与机构有机连接，为老人提供上节所述各类便捷、高效、物联化、互联化、智能化的养老服务。因此，智慧养老系统包括了构成智能化网络信息平台的软硬件系统和产品，以及以信息平台为载体开展的各类信息服务和线下服务。

（一）智慧养老网络信息平台

智慧养老网络信息平台包括软件系统和智能终端设备。智能终端设备安装在老人住所处，或穿戴在老人身上，用于获取老人发出的各项服务指令或各项生命指标数据，并接收系统控制指令，自动完成养老服务相关任务。软件系统包括现场设备端或移动端的应用软件，以及部署在网络服务器中的养老服务系统。

典型的养老智能终端设备包括智能床垫、蓝牙血氧仪、无线血压计、智能输液器、定位终端、智能手环、环境检测终端等。典型的养老服务平台包括养老信息服务系统、养老院管理系统、养老监管系统等。

（二）智慧养老服务

智慧养老服务包括为老年人提供的各类网络信息服务以及线下养老服务。网络信息服务主要提供政府养老政策、养老顾问、养老服务商、养老服务设施、健康医疗、衣食住行、社区邻里生活、技能培训、社会服务等信息。线下服务主要包括生活照护、医疗护理、娱乐互动等服务。

二、智慧养老系统的应用场景

智慧养老系统提供的养老产品与服务主要是以"赋能"老年人为目标，增强老年人的自理能力，典型应用场景包括安全防护、健康服务、综合服务等类型。

（一）安全防护场景

1.老年人防跌倒

跌倒是我国 65 岁以上老年人因伤致死的主要原因。据统计，老年人发生创伤性骨折的主要原因是跌倒，年龄越大，发生跌倒及因跌倒而受伤或死亡的风险越高。在老年人居家生活、外出活动和机构养老中，需要综合采取适老化改造、自我锻炼、加强巡视、使用辅具等多种措施预防老年人跌倒，降低老年人跌倒的概率，减缓伤害程度。

防跌倒应用场景：针对有轻度行动障碍或发生跌倒事故风险较大的老年人，通过使用可穿戴设备、助行机器人等各类跌倒防护产品，帮助老年人在居家或外出时独立行动，当老年人发生跌倒事故时能够大幅降低对身体的伤害。产品应轻便易用，保护效果好，价格可承受。产品方或服务方应为老年人或家属提供相应的使用培训服务。

2. 老年人紧急救援

老年人独自在家时如身体出现异常情况，可能无法行动或拨打手机，需要能快速、便捷地发出呼叫信息，和医院或家属紧急联系。此外，对于发生意外失去知觉的老年人，要能够第一时间监测到意外情况，及时向监护人或其他指定人员发出报警信息。

紧急救援应用场景：在自主救援场景中，提供老年人使用方便、操作简单、服务精准、收费不高的紧急救助整体解决方案。重点解决老年人不愿意安装或佩戴设备、设备使用过于复杂、设备功能单一、紧急呼叫后续服务不完善等问题。随身佩戴的手环、手表类设备应具备较长的电池续航时间，"一键通"电话机等固定安装设备宜具备语音唤醒和呼救语音识别等功能。

在无感监测报警场景中，针对老年人无人看护时的监测报警需求，老年人发生卒中、跌倒、心梗等意外情况时，能及时监测、发出报警信息并通知到监护人或其他指定人员，便于第一时间实施救助。要求设备检测准确率高，误报率低，便于安装，能保护老年人隐私，价格适中，并能解决供电、通信等问题。

3. 认知障碍老人防走失

无论是居家还是在养老机构，部分失智老年人容易发生走失行为，失智老年人自身安全受到很大威胁，给机构工作人员和家属也带来很大困扰。

防走失应用场景：最普及的防走失设备就是智能手表和手环。高级智能手表可以拨打电话、检测各项体能生理指标，如遇危险可直接按下手表一侧的"SOS"键发送求救信号，令家人和警方第一时间定位老年人的位置。老年人的子女也可通过相关联的app、网站来监测父母的心率、血压，随时了解他们的身体健康状况。

4. 老年人卧床护理

随着人民生活水平的不断提高，传统护理床仅仅拥有的坐卧起身功能已经无法满足家庭、医院、社区、机构的护理需求。

卧床护理应用场景：智能化多功能护理床解决方案，具备大小便处理、辅助翻身、体位调整、生命体征监测及报警、预防压疮等功能。这样既可以提高老年人的生活质量，促进老年人康复，避免压疮等疾病，又可以减轻护理员的负担。

5. 机构智能查房

根据养老机构管理要求，为避免夜间老年人出现危险，机构应建立定时查房制度，定时巡视老年人状态是否正常。按照《养老机构服务安全基本规范》强制性国家标准要求，要防止出现噎食、食品药品误食、压疮、烫伤、坠床、跌倒、他伤和自伤、走失、文娱活动意外等风险。按照每两小时查房一次计算，机构需配备一定数量的护理员夜间不间断值班。

智能查房应用场景：能保障老年人夜间看护安全，降低各类突发事件风险，弥补护理员夜间巡查人力不足的智能查房解决方案。通过应用智能床垫、人体雷达、生命体征探测等设备，实时搜集并传输分析各种状态数据，可供夜间值班人员大范围监控养老机构房间及入住老年人状态。可实现老年人跌倒、生病、人员冲突、违反安全规定等多场景监控，需重点解决状态采集准确性、老年人居室隐私保护、智能报警等问题。

（二）健康服务场景

1. 老年人慢性病用药

老年慢性病造成老年人身体功能受限，影响了老年人的日常生活能力，需要长期服用药物。高龄老年人的活动能力、反应能力、健康状况在普遍下降，一部分老年人视力不好或失明，部分老年人记忆力差，导致经常有老年病人忘记吃药的量和时间的现象，特别是高龄独居老年人没有家属提醒，容易发生危险。

慢性病用药应用场景：应用"互联网+"技术，提供老年人每日开药、取药和服药的一站式解决方案。例如可在老年人家庭、养老机构或家门口服务点配备智能药箱，采用人脸识别等技术供多个老年人取药、用药，具备界面友好、简单易用的自动分药和用药提醒功能。此外，在具备条件的场所（如养老机构），缺少药物时能够报警并远程对接内设医疗机构或社区医疗机构，实现远程开药、远程刷医保卡买药、对接医药企业送药上门。

2. 老年人智能相伴

老年人在日常生活中，普遍希望能学习、了解各类智能化产品，能灵活便捷地获取各类养老相关信息资源，排解孤单感，丰富晚年生活。

智能相伴应用场景：在居家、社区、机构等各种养老服务场景中，应用各类智能化、信息化手段，为老年人提供触手可及、便捷易用的养老信息资源服务和智能陪伴，提高老年人的生活质量，丰富老年人的社会参与。例如在综合为老服务中心、日间照护机构等社区养老场所，利用电视机、音频设备、触摸屏、机器人等智能化、信息化设备，为老年人提供视频、图像、音频等智能互动服务，让老年人便捷获取养老服务信息和智能陪伴服务。

（三）综合服务场景

1. 高龄独居老年人智慧照护综合场景

随着社会发展节奏加快，四世同堂画风渐被改写。追求自由、健康状况良好、拥有独立经济基础的"独居"成为老年人的常态，越来越多的老年人开始从"被动独居"走向"主动独居"，家庭结构一再趋于小型化与核心化，老年人养老居住问题备受关注。

智慧照护综合应用场景：根据不同场景分别设计功能，设置告警设备。

为避免老年人因遗忘钥匙无法进门，可安装"门磁告警器"，屋门使用指纹解锁，"门磁告警器"可实时记录开关门的时间和次数。一旦老年人因故忘记关门，设备会把告警信息推送到后端平台，并告知提前设定好的紧急联络人，提醒出现异常情况。

厨房安装"燃气告警器"和"烟雾告警器"，一旦监测到燃气泄漏或火灾烟雾险情，系统同样会将情况汇报至后台，并通知紧急联络人。

卫生间里配备"水浸告警器"，当探头感知到卫生间地面出现积水并持续一定时间后，便会将情况通知到后台和紧急联络人处，用以应对下水道堵塞、忘关水龙头等意外事件。

淋浴间安装"拉绳式报警器"，考虑到老年人在洗澡时不便携带手机或智能设备，一旦发生摔倒等意外，只需拉一下绳子，后台即可自动报警。

另外，还可设置全屋智能操控系统，安装在客厅、卧室里。设置门厅灯、指引灯的开关，"回家模式""离家模式"等，一次开启或关闭屋内灯光。从卧室到卫生间的地面上可以配置地面指引灯，方便老年人夜间在屋中行走，墙壁上还可装有扶手等适老化产品，为老年人保驾护航。许多高龄老年人最怕的就是摔跤，为此可配备监测摄像头，通过毫米波生物监测器等智能技术，实时获取老年人在全屋内的活动情况，一旦老年人在屋中倒地，可监测到并后台报警，通知紧急联络人。

2. 养老服务商城应用

随着老年人及其家属养老服务消费理念的升级以及支付能力的增强，对于养老服务和产品需求逐步增加。如何鼓励和支持社会力量参与到养老服务领域，并基于老年人的身体状况和个人经历、爱好等差异，提供满足老年人的多层次、多样化的养老产品和服务需求是当前亟须解决的问题。

商城应用场景：建设或者在已有的电商平台搭建养老服务供需对接专区，借助"互联网＋"技术为养老服务提供者以及需求方提供供需对接和交易平台，提升养老服务的易及性。同时，降低社会力量参与养老服务门槛，鼓励和引导养老服务产业的良性竞争，最终为老年人提供更加个性化、性价比高的养老服务，满足其多层次、多样化的养老服务需求。

3. 老龄人力资源服务

《关于加强新时代老龄工作的意见》明确提出："把老有所为同老有所养结合起来，完善就业、志愿服务、社区治理等政策措施，充分发挥低龄老年人作用。在学校、医院等单位和社区家政服务、公共场所服务管理等行业，探索适合老年人灵活就业的模式。"为了更好地为那些想要发挥专长和能量的老年人提供就业、支援服务，智慧养老系统也应包含老年人才服务子系统。

人力资源服务场景：建设老年人才服务子系统，设置涵盖老年人关心的人才政策、调查研究、人才知识、招聘信息、志愿公益、老年教育等方面内容的功能模块，为老年人才、涉老组织、为老服务机构及用人单位提供老年人才信息服务。

案例思考

智慧养老，何以见"人"见"智"

随着物联网、大数据、人工智能等信息技术的发展，越来越多智能产品正为老年人提供着高效便捷的养老服务。"基于大数据云平台的智慧养老，通过深度学习模型及训练，实现人工智能与养老服务深度融合，从而满足老年人多样化、多层次的服务需求。"在国家康复辅具研究中心（以下简称"国康中心"）主任李增勇看来，智慧养老正推动形成新的养老模式，让便捷服务触手可及。

从居住环境监测到无感知连续追踪设备

"打个电话，隔一会儿就有人上门给我换煤气，24小时都有人接听。"谈到"老省心"智慧养老服务中心的居家上门服务，家住浙江台州的刘奶奶十分满意。

"2018年起，作为从传统养老到智慧养老的转型试点，我们积极探索'智能连接+居家养老+健康管理'的新型养老模式，初步构建了'老省心'智慧养老监管与服务体系。"浙江台州智慧养老服务中心主任朱宁的另一个身份是中国移动台州分公司行业总监。"我们与民政等15个部门开展业务合作，与阳光厨房等14个数源系统开展数据协同，构建了养老领域智能化监管、老年人助配餐体系、养老机构安全监管、老年人养老领域预防诈骗4个子场景。"朱宁说。

"老人可通过现场录音、服务内容拍照等方式对服务质量进行评价，养老机构可对上门服务情况进行抽查和回访，民政部门可对服务记录进行查看、审核，将居家上门服务满意度作为政府补贴的重要依据。"朱宁介绍道。得益于信息技术的发展和物联网智能硬件产品的成熟，现在的智能监测及可穿戴产品更加精准和便捷，产品品类更加丰富，从安全到健康、从居住环境监测到无感知连续追踪设备，均可应用在实际场景中并取得成效。

智慧养老，以老年人需求为中心

"智慧养老，一定要以老年人的需求为中心。只有接地气的智能技术和产品，才能解决现实养老问题。"李增勇说。

据了解，2020年6月起，国康中心在3个地区开展了智慧养老领域实验工作。"我们通过对社区、养老机构和企业的实地调研，厘清不同场景下老年人智慧养老的需求、认知度和技术产品现状。再通过跟踪对比，调查人工智能应用对老年人幸福感、养老服务质量和护理工作的影响。"

相关数据显示，当下老年人需求量最大的是健康管理类养老服务和产品，占到了参与调查的老年人的71.72%，其余依次是安全监控类、生活照护类、情感慰藉类、移动助行类和康复照护类。老年人特别关注智慧养老产品的交互方式，对语音交互的需求占比达7成。此外，智慧养老产品的操作性、安全性和价格也是老年人重点关注的因素。

智慧养老归根到底要落在优化服务上

在使用过程中，越来越多的用户反馈，目前很多智慧养老产品存在适老性差、故障率高等问题，技术成熟度与社会大众的期望存在较大差距，以致产品和服务的体验感不佳，甚至存在一定的照护风险，如智能床垫、全自动照护床等，就曾被指出带电不安全、长期使用有辐射等问题。

"应该加快行业标准规范体系建设。"李增勇建议，尽快建立统一的智慧健康养老行业标准，包括智慧养老产品质量控制标准、智慧养老信息平台运营标准和智慧养老服务标准等；加快建立科学完善的智慧养老技术标准体系，统一设备接口、数据格式、传输协议等标准，实现不同设备间的数据信息开放共享。

标准建设主要做好两方面的工作：一是基于人工智能算法的深度数据挖掘。李增勇举例说，国康中心实验组在武汉市武昌区四美塘社区居家养老服务中心发现，该中心智能手环、智能温度湿度检测仪、AI守护监测垫、AI守护智能眼等设施配备齐全，可以使用服务平台联系所服务老人并收集各智能终端报警信息，但目前的设施设备仅做到了收集老年人健康、生活信息，未对收集到的血氧、心率、生活作息规律等数据进行深度的人工智能学习，未挖掘出老年人的个性化健康和生活特征，难以满足老年人的养老需求。二是提高产品和服务定价机制普惠性。老年人对智慧养老产品和服务的支付能力偏低，本质是智慧养老产品尚未形成合理的价格序列。"在完善价格补贴机制、制定分级分项定价机制外，可以探索建立自主点单、自主搭配的app式购买服务系统，使老年人及其家人可以根据实际情况像'点外卖'一样自主选择所需购买的产品和服务，从而提升满意度和消费意愿。"李增勇说。

思考题：请结合案例和本章内容，简要说明老年人对智慧养老的需求主要体现在哪些方面，以及如何进一步优化智慧养老。

第三章

智慧助老系统

引入案例

"每天刷智能手机大概要两三个小时,各种手机app让生活变得非常便捷,我经常网购、社交聊天,现在玩得最好的是抖音,最想学的是用手机修图。"近日,年逾七旬的市民程阿姨向记者展示了当下老年人新潮的数字生活。她告诉记者,进入数字化时代,运用智能技术不只是年轻人的专利,跟老年人生活也息息相关,她乐在其中。

智能技术日新月异,"互联网+"、数字技术的广泛应用极大地改变了人们的生活方式,突如其来的疫情也让数字生活按下了"快进键"。医院看病挂号、逛超市付款、地铁扫码进入、预约出租车……现如今,很多生活场景都离不开数字技术。但在澎湃的数字经济浪潮前,老龄群体"触网"负担增加,面临的"数字鸿沟"难题也愈发凸显。

根据有关调查,全国还有1亿多老年人在运用智能技术方面存在困难,如何帮老年人迈过"数字鸿沟"成为一道新考题。2020年11月,国务院办公厅印发《关于切实解决老年人运用智能技术困难的实施方案》,聚焦老年人日常生活涉及的高频事项,坚持传统服务与智能创新相结合、普遍适用与分类推进相结合、线上服务与线下渠道相结合、解决突出问题与形成长效机制相结合,做实做细为老年人服务的各项工作,让老年人在信息化发展中有更多获得感、幸福感、安全感。

第一节　智慧助老系统概述

一、智慧助老系统的定义

随着我国互联网、大数据、人工智能等信息技术的快速发展，智能化服务得到广泛应用，深刻改变了人们的生产生活方式，提高了社会治理和服务效能。但同时，我国老龄人口数量快速增长，不少老年人不会上网、不会使用智能手机，在出行、就医、消费等日常生活中遇到不便，无法充分享受智能化服务带来的便利，老年人面临的"数字鸿沟"问题日益凸显。因此，智慧助老系统将采用各种先进的信息技术，帮助老年人跨越"数字鸿沟"，引导老年人了解新事物、体验新科技，积极融入智慧社会。从上述描述中，本书认为智慧助老系统至少包含以下几个层面。

智慧助老系统主要面向的对象是老年人，因此智慧助老系统需要紧贴老年人需求特点，加强技术创新，提供更多智能化适老产品和服务，促进智能技术有效推广应用，让老年人能用、会用、敢用、想用，帮助老年人更好地跨越"数字鸿沟"，进一步融入智慧社会。

智慧助老系统主要采取互联网、大数据、人工智能等先进的信息技术，并通过线上线下相结合的方式更好地服务老年人的需求。

智慧助老系统主要运用在围绕老年人出行、就医、消费、文娱、办事等高频事项和服务场景，促进老年人更加普遍地享受智能化服务。

因此，根据上述讨论，本书给出的"智慧助老系统"的定义是：智慧助老系统是指以采用各种先进的信息技术为手段，帮助老年人更好地实现出行、就医、消费、文娱、办事等日常活动的各种系统和软件应用。

二、智慧助老系统的特点

（一）场景聚焦化

智慧助老系统应该聚焦在老年人日常生活涉及的高频事项，做实做细为老年人服务的各项工作的信息化，增进包括老年人在内的全体人民福祉，让老年人在信息化发展中有更多获得感、幸福感、安全感。

（二）智能创新化

紧贴老年人需求特点，加强技术创新，提供更多智能化适老产品和服务，促进智能技术有效推广应用，让老年人能用、会用、敢用、想用。

（三）操作易用化

老年人毕竟年岁已高，学习能力和接受新事物的能力不比年轻人，很多老年人还没有或很难掌握年轻人认为简单至极的基本科技知识或技能。因此，智能助老系统在聚焦核心功能的基础上，要做到界面简单，操作易用，符合老年人的使用习惯。

（四）线上线下相结合

线上服务更加突出人性化，充分考虑老年人习惯，便利老年人使用；线下渠道进一步优化流程、简化手续，不断改善老年人服务体验，与线上服务融合发展、互为补充，有效发挥智慧助老系统的作用。

第二节　智慧助老系统的规划与设计

一、智慧助老系统的需求分析

智慧助老需求是智慧养老中最基础的一环。美国著名的人本主义心理学家马斯洛把人的各种需求归纳为五个层次：生理需求、安全需求、尊重需求、归属与爱的需求和自我实现的需求。因此，根据马斯洛需求层次理论，本书认为智慧助老系统需要满足老年人以下几方面的需求。

（一）生理需求

这是一切需求中最基本、最优先的一种。它包括人对食物、水、空气、衣服、排泄及性的需要等，如果这一类需要不能得到满足，人类将无法生存下去。老年人也有这些基本的需要，以满足其生存，但老年人的生理需要有其特殊之处。在食物方面，老年人更注重保健，对饮水和空气环境的需求也更讲求洁净、新鲜、卫生；在服装方面，老年人需求与自己年龄相符的服饰，讲求宽松、轻便、保暖、透气和适用；由于其身体机能的衰退，老年人更需要方便、舒适、无障碍的卫生间；老年人对性的需求虽已不像中青年那样强烈，但依然是一种本能的需求。在人口老龄化最严重的日本，目前已经开发出专门的洗头机器人、洗澡机器人和喂饭机器人，类似的护理机器还有很多，比如常见的护理床、轮椅车等。

（二）安全需求

在人们的生理需要相对满足后，就会产生保护自己的肉体和精神，使之不受威胁、免于伤害、保证安全的欲求。如防御生理损伤、疾病，预防外来的袭击、掠夺、盗窃，避免战乱、失业的危害，以及在丧失劳动力之后希望有所依靠，等等。老年人的安全需要较之其他人群更为迫切，尤为集中在医、住和行这样三个方面。在医疗康复保健方面，老年人希望老有所医、老有所乐、健康长寿。一旦生病，希望能及时得到治疗，能就近看病和看好病；还希望生病期间身边有人护理和照顾；另外也希望有人指导他们科学加强平时的健康保健，使其不生病或少生病。老年人的居室要求稍宽敞一些，以便于行走和活动，室内要求通风、干燥、透光；老年人出行的安全尤其重要，一般需要有伴护，保障老年人出行的安全。人工智能机器人已经可以初步做到自动监测烟雾、煤气等异常情况，提示老年人避开可能的障碍物，还可以实现关门窗、关煤气等管家服务。老人如果出现滑倒、晕厥等危急情况，机器人可以自动检测出异常，第一时间将求助信息通过app推送到子女手机，或协助呼叫120。

（三）归属需求

一个人在社会生活中，总希望在友谊、情爱、关心等各方面与他人交流，希望得到他人或社会群体的接纳和重视，如结交朋友、互通情感，追求爱情、亲情，参加各种社会团体及其活动，等等。老年人的这些需求也是强烈的。首先，他们需要家庭的温暖，子女的孝顺，享受天伦之乐；其次，老年人也需要参与社会活动，渴望与邻里、亲朋好友的接触和交流，害怕孤寂；还有，老年人也有爱情需求，特别是一些丧偶老人，希望能有一个伴侣与之相濡以沫，共度晚年。由于语音识别的优秀表现，智能机器人的陪伴和娱乐功能似乎先行于护理功能。陪伴机器人能够通过面部表情和语音识别人类的情绪并作出回应，可以在很大程度上弥补空巢老人生活的空虚感。除了聊天谈心，陪伴机器人还可以检测老年人的健康状况，例如呼吸频率、心率等，从而及时通知子女，成为老年人健康生活的好伙伴。

（四）尊重需求

一个人在社会上总希望自己有稳定、牢固、强于他人的社会地位，需要自尊和得到他人的尊重。老年人能得到家人、他人的尊敬，会让他们产生积极的心理。老年人的人格尊严是老年人权益的核心，应该受到家庭、社会和国家的充分尊重。让老年人活得有尊严，就是让他完整的人格不因衰老影响，能继续得到尊重。老年人对尊严的需求，无疑是其精神需求的核心所在。可以说任何形式的养老服务，归根结底，就是要保障老年人健康而有尊严地生活。对老年人的尊重，是基于他们在漫长的人生岁月中对国家、对社会、对家庭的巨大贡献，他们作为一分子，理应让他们共享社会、家庭的发展成果，也应该享受到人们对于他们做出的贡献的尊重。

（五）自我实现需求

自我实现的需要，是我们对于自身能力的提升和对自我价值的追求。人们希望实现自己的理想和抱负，充分发挥个人的聪明才智和潜在能力，取得一定的成就，对社会有较大的贡献。老年人也希望为社会做一些力所能及的事情，充分发挥自己的潜能和余热，实现自身的价值或未完成的心愿，也从中体验到成功的喜悦和满足感。近年来有越来越多的老年人在退休后选择了加入老年大学，学习一技之长，甚至有人在退休后通过自学考试获得了大学双学位。除了提升自身能力外，实现自我价值，做自己想做的事情也很重要。

二、智慧助老系统的设计

基于上述智慧助老需求分析，本书认为智慧助老系统主要包括以下几个模块，如图3.1所示。

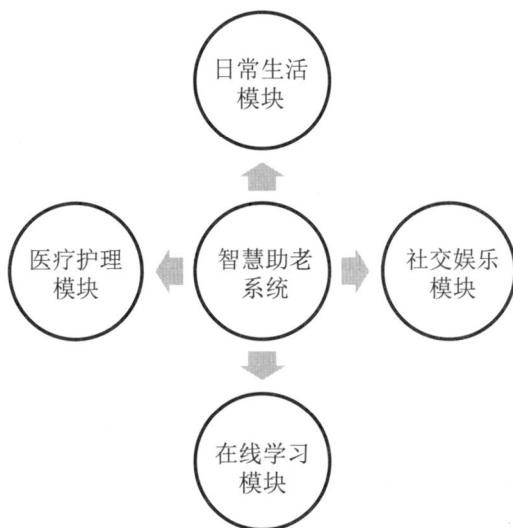

图 3.1　智慧助老系统所含模块

（一）日常生活模块

　　智慧助老系统的日常生活模块聚焦老年人的日常物质生活，主要满足老人的生理需求和安全需求，通过借助各种智能化硬件和数据化平台帮助老人跨越数字鸿沟，更好地实现衣、食、住、行等日常需求。

（二）社交娱乐模块

　　智慧助老系统的社交娱乐模块主要聚焦老年人的精神生活，满足老人的归属需求和尊重需求，提供老人的社交、游戏、旅游、体育运动等方面的功能应用。

（三）在线学习模块

　　智慧助老系统的在线学习模块主要聚焦老年人的终身学习，满足老人的自我实现需求，帮助老人根据兴趣爱好进行在线学习，并能对老人使用智能化产品进行培训，从而使老人适应智能生活。

（四）医疗护理模块

　　智慧助老系统的医疗护理模块主要面向非健康状态下的老人，为老人提供医疗和护理方面的帮助。

第三节　智慧助老系统的实现

一、智慧助老系统硬件层面的实现

（一）适老智能家居终端

智能家居服务终端是以智能家居为基础的现代化家庭智能服务系统，它是以住宅为平台，利用综合布线技术、网络通信技术、安全防范技术、自动控制技术、音视频技术将家居生活有关的设施集成，构建高效的住宅设施与家庭日常事务的管理系统，提升家居安全性、便利性、舒适性、艺术性。随着科技的进步及发展，智能家居产品的出现为解决空巢、独居老人的养老问题提供了新的方法，智能家居服务终端可以很好地辅助老年人安全、方便、高效地使用家居产品，从而使老年人特别是空巢老人更好地享受老年生活。

1.适老智能家居终端设计理念

适老智能家居服务终端的主要目标用户是老年人，从老年心理学、生理学等方面对老年人展开细致研究，以此为智能家居服务终端的设计研究提供理论依据。因此，适老智能家居服务终端的设计理念主要遵循以下几点。

（1）易用性理念：对于许多老年人来说，产品的易用性是非常重要的。例如目前有些老年人对智能手机的认识还停留在那个按键手机时代，对于一些新出现的智能手机，老年人对它的操作还是一头雾水，不知道该如何使用，以至于现在出现了一种专门针对于老年人的大屏按键手机。而现代的智能家居服务系统也是如此，由于融合了多个系统，虽然功能性增强了，但操作性也复杂了很多，人机交互性也有所下降。对于智能家居服务终端的设计我们要避免此类问题的出现。

（2）可靠性理念：在人们日常生活中，智能家居服务终端的可靠性必须有所保证。当老年人操作家庭设施的时候必须保证系统的正常运行，售后服务、安装维护问题也要引起我们的高度重视，当产品出现问题的时候，应该以最高效的方式来解决处理此类问题。

（3）标准化理念：适老智能家居服务终端的设计应该以国家的标准或一个行业

标准来进行，没有标准化的产品，其产品质量是很难保证的，其可靠性也是必然不能保证的。

（4）人性化理念：从老年生理学角度来看，随着年龄的增长，老年人的认知和接受能力越来越差，特别是接受新鲜事物的能力。现代家电类产品对于老年人来说更是难以操作，而智能家居服务终端便可以很好地解决这个问题。

2.适老智能家居终端主要功能

适老智能家居服务终端以智能家居系统为基础，通过各类传感器、计算机网络系统及网络通信系统等应用来为老年人提供一个健康、安全、舒适、环保、便捷的生活环境。主要功能性体现在以下几方面。

（1）智能提醒功能：例如老年人独自在家坐在沙发上看电视时很容易睡着，当达到一定时间后，沙发上的压力传感器自动反馈给终端系统，终端系统会发出提醒，让老年人回到床上进行休息。

（2）智能化控制家电（调节环境）：如空调的智能化控制、灯光的智能化控制、加湿器和空气净化器的智能化控制。当室内温度或湿度达到设定值时，智能家居服务终端可智能化地控制空调、空气净化器和加湿器来增加温度或湿度。

（3）自动检测报警功能：当房间烟雾浓度达到一定值时，服务终端会自动联网报警并且及时通知监护人。

（4）人机交互智能控制：通过压力传感器、温度传感器、语音、动作识别技术等识别方式，实现服务终端对老年人操作家电设施的主动性响应。由于多数老年人对现代智能家电的认知能力不够，这就很容易导致一些事故的发生，而智能家居服务终端可在老年人操作家电设施的同时提醒老年人该如何操作该产品及操作时的注意事项，这就给老年人带来很大的便利性及安全性。

（5）系统自动维护：通过家庭Wi-Fi自动下载驱动程序或系统补丁，自动安装维护系统，当系统出现问题时自动发送信息通知维修人员。

（二）助老智能机器人

近些年来得益于人工智能技术的发展，各行各业都开始引入智能化设备，用于提高生产效率，降低人力成本。现在越来越多的企业瞄准市场需求，开始借助智能技术来解决养老问题，研发智能机器人作为护理陪伴老人的好帮手。近年来兴起的智慧养老，将各种现代科技与养老服务相结合，致力于全面提高养老服务的体验与效率。

助老智能机器人是智慧养老的一个分支，不过目前对于养老机器人的概念没有严格的界定，助老智能机器人的起始时间要追溯到20世纪下半叶，最早是从医疗、军事、工业等领域发展，到20世纪90年代各研究机构开始察觉到老年人生活的各方面需求都可以通过机器人解决，才开始往老年人群的需求上逐渐聚焦。

1. 助老智能机器人分类

咨询公司AgeClub根据机器人能够解决的老年人需求类型进行划分，将养老机器人主要分为康复机器人、护理机器人和陪伴机器人。

（1）康复机器人：康复机器人研究起步阶段在20世纪60年代。设计康复机器人最初的一个目的就是在残疾人和环境之间放置一个机械臂，通过这个机械臂来部分或全部地实现操作功能。最早实现商业化的康复机器人是由英国Mike Topping公司1987年研制的Handy1，至今已有三十多年的发展历史。如图3.2所示，Handy1机器人帮助一位11岁脑瘫儿童进食。2000年瑞士HOCOMA公司的Lokomat初版研发出来后，康复机器人便进入了全面发展时期，如图3.3所示为Lokomat康复机器人。康复机器人的服务对象主要是脑卒中、脊髓损伤等神经系统损伤的半失能老人。康复机器人可以通过多次训练数据，最终以报告的形式反馈给医师，提高康复方案的准确性和康复率。随着各国对康复医疗领域的逐渐重视以及消费者对轻型康复医疗设备的巨大需求，可穿戴康复+辅助行走的外骨骼机器人横空出世。如图3.4所示为以色列外骨骼机器人公司Rewalk推出的外骨骼机器人。2022年3月，科大讯飞发布"讯飞超脑2030计划"，表示将于2023年至2025年期间，实现外骨骼机器人的自适应运动功能，帮助行动不便的老年人独立行走。

图 3.2　Handy1 机器人

图 3.3　Lokomat 康复机器人

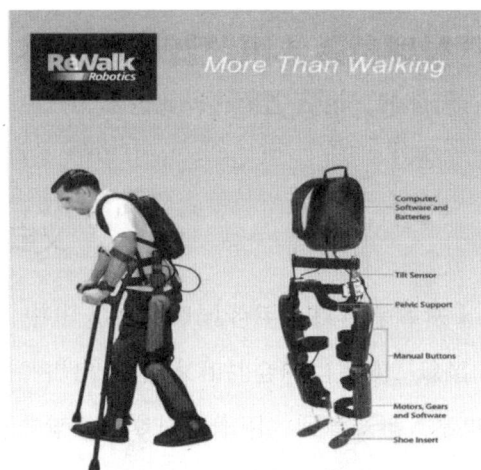

图 3.4　Rewalk 外骨骼机器人

（2）护理机器人：护理机器人从20世纪80年代开始发展。最初美国TRC公司研发医院用的服务机器人对护士工作进行辅助，后来由于养老护理的巨大需求，更多关于失能老人护理的机器人被研发出来。护理机器人以帮助老年人日常起居为目标，主要解决通便、翻身、警报、健康监测等问题。除此之外，还出现了一些为护理人员提供帮助的机器人，以减轻他们的工作负担和工作强度，甚至可以实现多人、全方位管理，并为患者提供更加细致的服务。目前主要研究方向一方面是将老人需求细分后开发更具针对性的机器人，另一方面在于提高护理人员的看护管理效率。2008年，台湾交通大学研究团队研发完成居家照护智能机器人"ROLA"，ROLA拥有语音辨识和自然对话功能。ROLA听到主人的命令后，寻声辨位，通过人脸追踪和监测功能，辨识主人身份和所在位置，如影随形地跟着主人。通过主人身上佩戴的实时人体辨识系统，ROLA 也可追踪监测主人发生跌倒等意外，在第一时间赶到主人身旁的同时，自动通过无线网络通信系统或手机，发出求救信号给在外工作的家人，并把现场影像传送到家人手机上。此外，通过室内无线感测网络，ROLA 也可接收主人佩戴的各种生理监测器信号，若有异常状况发生，会发送警信给家人或医生。ROLA 机器人如图 3.5 所示。浙江大学软件学院"大三合创业团队"发明的智能卫生护理机器人，能帮助老年人、残疾人和短期行动不便病人自动清理大小便。机器人身上有一个 O 型感应器，这个部位直接和人体接触，平常处于待机状态，当人的大便降临，它能第一时间感应到，把大便收入脏物收集桶，并且第一时间进行清洗和温水烘干处理。除了处理"便便"这个功能，智能卫生护理机器人还能进行按摩护理，有局部的，也有全身的，通过推、拉、揉、捏等动作，防止病人皮肤溃烂，长压疮。如图 3.6 所示为典型的智能卫生护理机器人。

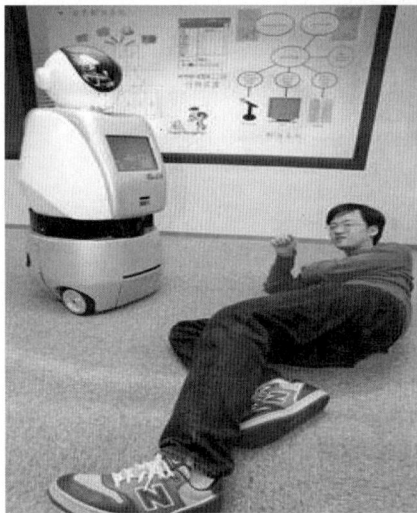

图 3.5　ROLA 机器人

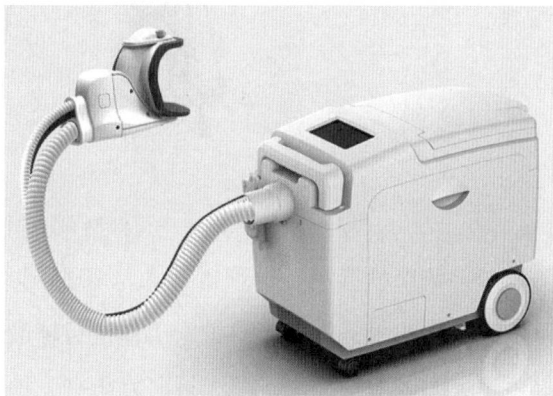

图 3.6　智能卫生护理机器人

（3）陪伴机器人：陪伴机器人从 20 世纪 90 年代自英、美发达国家开始逐渐发展。随着人工智能技术的逐渐成熟，从简单的交流机器人逐渐发展为伴侣机器人，目前上市的产品大部分是泛年龄段使用的产品，专门针对老年人开发的陪伴机器人比较少。养老陪伴机器主要通过语音交流，以人工智能、语音语义交互理解为技术基础，可以部分地满足老年人特别是空巢老人的心理需求。除了陪伴逗乐功能外，也会承担一定的健康、生活助理的职责，例如吃药提醒、智能家居等功能。优必选科技曾与中国老龄协会老年人才信息中心、中国中医药科技开发交流中心联合成立"智慧康养服务机器人研究院"，开发了面向家庭的智慧康养陪护机器人——笑宝。这款具备舞蹈、运动、播放音乐戏曲、主动问候、闲谈聊天等功能的机器人，针对老年人精神需求设计，得到了许多老人的认可。如图3.7所示为笑宝机器人。目前，陪伴机器人在发展的过程中不断通过功能强化产品价值，进阶陪伴机器人在各个场景下的家居联动功能，升级智能生态系统，使机器人成为环境的一部分。例如加入更大的屏幕，更强的移动灵活性，量血压、提醒吃药等更灵活的护理照护功能，又例如提供居家安防、智能AIoT、一键呼救、视频语音通话等功能，可24小时跟踪并陪伴老年人的起居生活，还可与医院等机构实现远程诊断医疗。

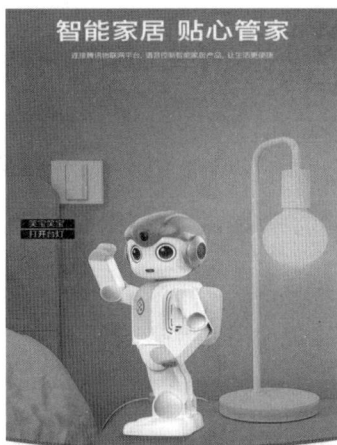

图 3.7　笑宝机器人

1. 助老智能机器人主要功能

结合国内外目前已经研发出来的助老机器人以及在研项目情况，可以看出现阶段助老机器人的功能主要包括运动状态监测、健康护理、行动辅助、交流娱乐等。

（1）运动状态监测：对老人的运动状态进行实时监测和实时数据分析。对老人的异常行为进行报警，并提出建议。

（2）健康护理：对正常状态的老人进行日常的健康护理，记录老人的健康数据，并能对老人的健康状况进行预警分析。

（3）行动辅助：对行动不便的老人提供行动辅助功能，帮助老人更好地行走、躺卧等。

（4）交流娱乐：能和老人进行智能语音交流，并能与老人进行游戏对战等，丰富老人的晚年生活。

（三）适老可穿戴设备

可穿戴设备是指可以穿戴或者可以融入生活配件中的电子设备，它可以感知人体活动和生命体征信息，然后将信息传递到云端计算机系统进行处理，再经由设备反馈给使用者的高智能计算机设备。可穿戴设备可以记录大量人体健康数据和环境监控数据，对各个时间点的数据进行比对并预测，还可以将数据发送给私人医生、社区、医疗部门等相关个人和机构。这些特点恰好可以适应老人日常生活的健康监控、行为分析以及出行定位等需求。

1.适老可穿戴设备分类

（1）老人防丢器：目前，市面上的防走丢可穿戴设备品种繁多，比较普遍的还是兼具通话功能的智能手表和智能手环。这些手环都需要在其中插入SIM卡才能使用，通过加入运营商网络，再配合卫星定位，从而获知老人或儿童的位置，监护人在手机上下载app就可以随时查看佩戴者所处的位置、所处位置的时长、历史轨迹、运动步数等，同时这些智能手表也兼具远程监听和一键呼叫等功能。目前，市面上专门为老年人设计的防走丢设备还比较少。以e陪伴为例，该设备是一个类似于项链的装置，老人可以佩戴在脖子上，子女或者其他监护人通过手机查看老人所处的位置，设置吃药提醒等，远程协助老人生活，具有摔倒自动报警和运动分析等功能。

（2）健康预警设备：与其他可穿戴设备主要监控老人的活动路线、防止老人走丢不同，健康预警设备把重点放在了密切追踪老年人所做的事上，专门测量老年人健康状况和与年龄有关的行为活动，注意健康问题的早期状况，如发现异常马上向护理人员报警。该设备主要监测场景是老人的家里，通过房间信号灯或传感器追踪老人在房间内的活动。最后，这些数据会传到一个通信集线器，经过分析后推送到监护人的手机及相关移动设备上。设备会记录下老人的呼吸、心率、睡眠时间和睡眠质量等数据，一旦老人的行为出现异常，就会发出警报，比如老人一天刷牙好多次，那么可能是出现了记忆力减退的情况，如果老人不再去做以前喜欢的事情，可能是身体不舒服或者心理出现问题。

（3）吃药提醒装置：通过手机app，家人或监护人员可以为老人设定好服药的种类、时间和药量，到了服药时间，药盒会通过响铃、震动的方式提醒老人该吃药了，老人打开药盒找到指示灯亮的格子，就能找到该吃的药了。老人服药后，app会自动记录下服药情况并储备在云端，如果老年人不知道自己服没服药，只要在手机上查询数据就可以了，这大大方便了子女和医护人员监控老人的服药状况。

1. 适老可穿戴设备特点和作用

可穿戴设备本身价值并不大，关键在于其获得的数据与提供的服务，数据越垂直、越深度，往往价值越大。对于可穿戴设备产品本身来说，其面对不同的群体应该有不同的设计侧重要求。老年人作为一类特殊群体，对于可穿戴设备的一些功能需求不大，例如娱乐社交、卡路里计算、体脂消耗计算等。可穿戴设备应该满足老年人群体的生理、心理特征和需求，产品设计方面不能像针对年轻人用户一样追求外表时尚、功能强大和高性能，使用方式应该考虑到老年人的生理机能极度衰退的特点，尽量做到"傻瓜式操作"。从可穿戴设备与网络信息数据的交互能力来说，可穿戴设备将用户身体和行为数据进行数字化和可视化，将数据通过互联网进行信息交流和反馈。这种将信息转化为互联网数据的方式，对于老年人来说，为子女省去了贴身照料自己的时间和精力，减轻了自己的心理压力；对于子女来说，可以对老人的健康状况和行为进行分析和跟踪，进行即时监护；对于社区来说，为应对社区内老年人突发状况的发生提供了可靠的信息保障。

简单来说，可穿戴设备在智慧助老体系中体现了以下作用。

（1）对老年人的生活提供实时监控，包括身体健康状况、日常行为分析、突发情况信息反馈和出行位置追踪等；

（2）为老人和其子女减轻压力和负担，老人不必再担心给子女增加负担，也在一定程度上减轻了子女抚养老人的精神压力；

（3）减轻了养老服务的压力，通过可穿戴设备反馈的信息，方便对老人的各种信息进行数字化管理，对老人的各种即时状况了如指掌，不会在遇到突发状况时手忙脚乱，也可以对老人的身体健康进行数据管理；

（4）增强了老人独自生活的自信心，可穿戴设备作为一种现代科技工具，有针对性地为老年人提供服务，提高了老年人的生活质量，间接地保护了老年人的身体健康安全，为老年人日常生活提供了更多的安全保障。

二、智慧助老系统软件层面的实现

（一）助老综合服务平台

智慧助老综合服务平台主要由网站子系统、运营管理子系统两大部分组成。

1. 网站子系统

包括老人定位子系统、日常生活护理子系统、社交娱乐子系统、在线教育子系统、医疗护理子系统、紧急救援子系统等。老人定位子系统主要对老人进行实时定位，并为老人提供基于定位的服务；日常生活护理子系统主要响应老人的日常生活需求，如货物配送、家电维修、家政服务等；社交娱乐子系统主要响应用户的休闲娱乐活动，如广场舞等健身运动的组织、象棋等在线游戏对抗、兴趣交友等；在线教育子系统主要响应用户的在线教育活动，如摄影、花草、艺术等老人兴趣教育和智能产品的普及化教育；医疗护理子系统主要响应用户的医疗护理需求，如购买药物、陪伴就医、病床护理等；紧急援救子系统主要响应用户的紧急情况，优先级最高，如急救、火警等。

2. 运营管理子系统

包括为老服务应用子系统、呼叫中心及CRM子系统、业务管理支撑系统（即后台管理系统）、接口程序等部分。通过接口程序，调用或者衔接的相关应用系统还有GIS（地理信息系统）、BDS（北斗卫星导航系统）、LBS（移动基站定位系统）、SMS（短信接口）或MAS（移动应用服务器）、TTS（语音合成系统）、手机程序（客户端软件）等。

（二）老年人在线娱乐平台

随着在线娱乐平台应用发展的不断垂直深化，面向老年人的在线娱乐平台逐渐成为在线娱乐应用发展的一个方向。老年人在线娱乐平台可以涵盖各种娱乐活动应用。目前，老年人在线娱乐平台的典型应用有以下几种。

1. 唱歌类平台

如"全民K歌"，其家族设计让中老年用户找到了强烈的归属感。全民K歌用户中，年轻人贡献优质内容和现金流，而中老年人则贡献黏性和在线时长。全民K歌算是腾讯的拳头产品，加上强大的社交属性迅速圈老年粉无数，如图3.8所示为面向中老年人的全民K歌app界面。

图3.8　全民K歌

2. 游戏类平台

如棋牌类和"消消乐"等游戏，靠着容易理解、上手简单的特点，快速笼络了一大批中老年人。如果说棋牌类是中老年男性的天下，那消消乐就是中老年女性的乐园。

3. 健身类平台

如"糖豆"，让中老年人通过糖豆广场舞获得健康和快乐。广场舞是部分中老年人的主要健身活动，"糖豆"就从此切入。为了让中老年人更快学会舞蹈，"糖豆"自制了大量适合中老年人的舞蹈教学视频内容，教授舞友学习舞蹈并制作舞蹈视频。同时，糖豆广场舞不断加强建设自身内容生态，针对优秀的舞蹈达人视频进行奖励，鼓励更多人分享原创内容。这些举措，为广大中老年舞蹈爱好者带来了更多便捷，生活也变得更加丰富有趣。如图3.9所示为"糖豆"app。

图 3.9 "糖豆"app

4. 其他类平台

面向老年人用户的直播平台、购物平台等也在进一步酝酿和发展中。

（三）老年人在线学习平台

随着互联网不断发展，老年学习的形式早已不再局限于传统的课堂场景。老年教育机构还可以尝试利用互联网平台，建立老年大学网上学校，推进线上线下一体化教学，让广大老年人足不出户就可以共享老年教育资源。为满足市场需求，流行的在线学习模式也已开始切入老年教育市场。如图 3.10 所示，支付宝推出了老年大学课堂板块，主要通过线上网课的形式向老年人提供相关的教育服务，课程包括手机支付、无接触乘车、保险理财常识、网红直播体验等。目前，老年群体的知识付费主要集中在养生、声乐、美术、书法、乐器等方面。调查发现，专业度高的课程往往更加受老年人欢迎，付费意愿也更强烈。比如古筝课，相对来说偏静态，却能在线上直播课程中收获很好的反馈。究其原因，这类课程不仅仅满足老年用户娱乐、打发时间的需求，更满足自我成长的学习需求，用户也有一定专业基础，是发自内心的喜欢。因此，老年学员在观看的时候更加认真，互动也更加积极，进而逐步养成老年用户的知识付费习惯。

图 3.10　支付宝老年大学课堂　　　　图 3.11　"轻龄"app

（四）老年人在线交友平台

老年人也有自己的社交需求，因此结合老年人交友特性的在线交友平台也成为智慧助老的一部分。如图 3.11，"轻龄"app是一款专为老年人打造的互动交友平台，是以让老年人退休后都能拥有轻龄生活为目标，从老年人的兴趣爱好出发，以坚守年轻、保持成长、优雅变老为策划理念，通过兴趣爱好展示、线上教育、线上社交，为老年人培养一个爱好，找到一帮老友，享受美好时光。

第四节　智慧助老系统的典型解决方案

一、NEC 智慧助老解决方案

NEC智慧助老解决方案是结合大数据挖掘、云计算、传感等技术，搭载NEC的精准定位系统、人脸识别系统、PBX呼叫中心等系统，和医院的HIS、LIS、PACS等系统结合运用，打造互联网+智慧助老+医养结合的智慧养老运营信息化解决方案。

NEC推出的老人安全智能看护解决方案，基于传感技术、数据挖掘及分析技术，提供智能化的老人日间/夜间实时安全看护服务。此套解决方案，重点聚焦在安全层面，采用无感化设计，老年人无使用负担，同时保护隐私。老人无论在室内还是室外，其身体健康状态、安全系数，甚至一些突发情况等，都能被平台第一时间获知，并及时提供帮助，让子女实时了解老人的状况。在智能硬件方面，NEC推出智慧枕头及智慧床垫等一套居家安全系统，为老人居家养老保驾护航。除此之外，NEC还为养老设施运营者提供信息化管理运营平台，从下单、管理、收费、平台维护等各个环节为其提供解决方案，形成成熟的商业运营体系。

针对助老机构运营者，NEC推出智慧助老运营信息管理平台NEC i-Care Platform，如图3.12所示，包含建筑设施智能化系统、物业管理智能化系统、健康管理智能化系统、生活服务智能化系统、老年照护智能化系统、文化服务智能化系统等，涵盖养老机构、老人和运营者的所有需求。

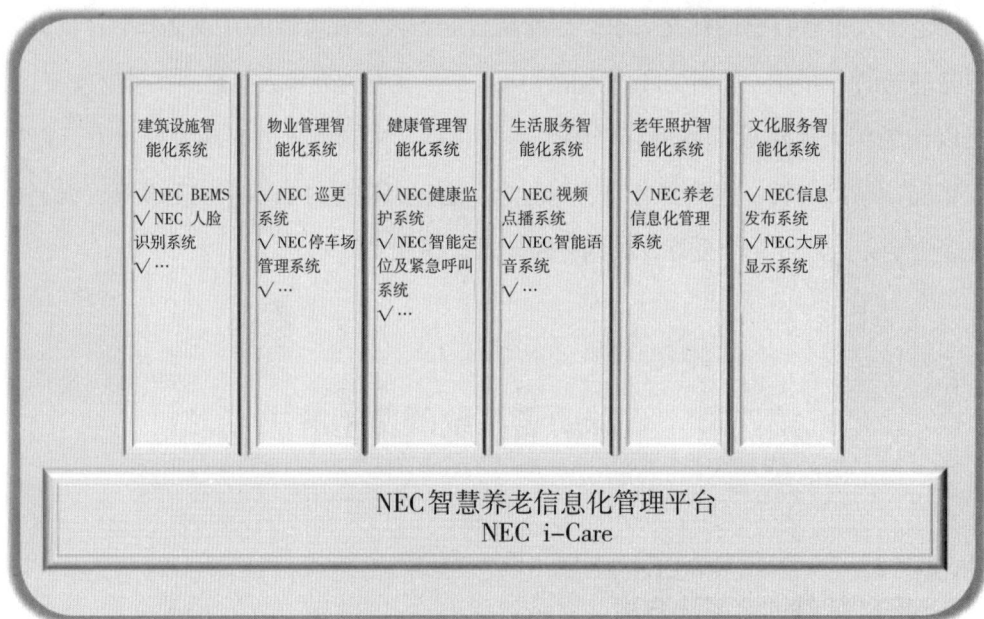

建筑设施智能化系统	物业管理智能化系统	健康管理智能化系统	生活服务智能化系统	老年照护智能化系统	文化服务智能化系统
√ NEC BEMS √ NEC 人脸识别系统 √ …	√ NEC 巡更系统 √ NEC停车场管理系统 √ …	√ NEC健康监护系统 √ NEC智能定位及紧急呼叫系统 √ …	√ NEC 视频点播系统 √ NEC智能语音系统 √ …	√ NEC养老信息化管理系统	√ NEC信息发布系统 √ NEC大屏显示系统

NEC智慧养老信息化管理平台
NEC i-Care

图 3.12　NEC i-Care Platform

NEC智能养老信息化管理系统、NEC健康监护系统和NEC智能定位及紧急呼叫系统等是最为核心的系统。其中，NEC智能定位系统采用一种超声波定位技术，可以实现对老人的定位管理，甚至可以精确到厘米级，不管在老人卫生间、客厅还是卧室都能够精准地定位到。与其他定位技术不同的是，超声波的波段对老人佩戴的仪器没有干扰，经过国家验证，这个波段对老人的身体也没有伤害。另外，为了让老人的紧急呼叫得到第一时间的响应，NEC i-Care还与门禁系统相连。当医务人员接到呼叫后，通往救护现场的路上所有门禁都会自动打开，还会为医护人员配备一个自动指路系统。

NEC i-Care还把紧急呼叫系统与医院的信息化管理系统相连，当老人发出紧急呼叫以后，在医生的平板电脑上或者桌面电脑上弹出紧急呼叫的信息之外，还会弹出老人的详细信息，其中包括老人以往的病历，有没有潜在健康危险。救护人员会带着最可能需要的一些药和急救包快速赶到现场。

NEC i-Care平台在底层搭建了一个通用的基础架构，使用统一的数据库和操作系统，所有应用的接口都开放，杜绝了未来的"竖井"出现。因此，当养老机构希望加入新应用时，就可以在NEC i-Care平台快速无缝地植入，经过设置就能重新导入工作流并运营起来了。

二、罗格朗智慧助老健康解决方案

罗格朗推出"居家助老解决方案——新建适老社区""居家助老解决方案——已建成熟社区""机构助老解决方案""失智老人看护"等四种解决方案。

在居家助老照护系统里面，罗格朗为居家老人提供了一台一键通照护电话和小巧轻便的腕表式报警器。在发生紧急情况时，老人无论在哪里，只要按下腕表式的按钮，报警信息就会根据预先设定呼叫养老服务中心或子女电话，并可进行免提式语音通话。如果老人选择了特定的养老服务供应商，平时按下按钮后即可接通服务平台享受助医、助餐、助洁、助浴、助购、上门维修等养老服务。一键求助系统如图3.13所示。

图 3.13 一键求助系统

罗格朗照护电话有多个版本支持不同的网络模式，如固话、IP网络、GSM等，通过专业的智能app，也可为听障人士提供服务。老人外出时还可使用罗格朗移动照护电话进行紧急报警或联系自己的养老平台寻求服务帮助。

同时，罗格朗还为居家老人提供多种感应设备，如跌倒感应、门磁感应、红外动作感应、煤燃气泄漏感应、漏水感应、温度感应等，所有这些感应设备都和罗格朗照护电话兼容，它们发出的警报信息都会被照护电话接收并传送到后台系统。感应设备如图3.14所示。

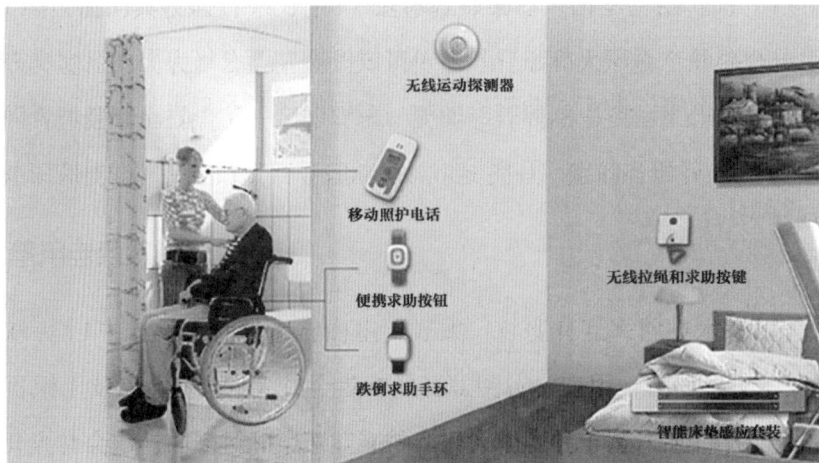

图 3.14 感应设备

三、麦麦助老解决方案

麦麦助老是一个专为中高端助老机构定制研发智慧照护解决方案的互联网+创业公司。目前麦麦机构养老V1.0产品以健康云为核心，由长者终端、护士终端、子女终端和管理平台构成，以软硬件结合的解决方案帮助养老机构实现全面智能化管理。同时，通过与国内中高端养老巨头的战略合作，不断优化产品，推出适用于社区助老和居家助老的智慧助老解决方案。

在机构内：通过智能报警定位系统，在机构园区内（室内/室外）进行精确定位，紧急/日常呼叫服务。根据长者日常活动轨迹，通过云端AI算法实现精准定位，合理分配并监督照护区域第一时间服务响应。在机构助老的解决方案中，麦麦助老的产品核心是健康云。围绕健康云，麦麦助老构建了长者终端、护士终端、子女终端以及管理平台四个部分。其中，长者终端由智能手环（手表）、无线固定呼叫器、挂式呼叫器、便携式呼叫器、智能网关、智能床垫构成，满足健康长者、半护理长者和失智失能长者的白天/夜间应用场景。护士终端由护士智能手环（手表）、护士Pad、健康采集一体机（血压、血糖等）构成，子女终端为手机微信应用，管理平台为TV端、手机H5和Web后台。

在社区内：根据"评估—照护计划—反馈"，通过AI照护计划算法合理制定照护方案及科学膳食。根据智能健康数据跟踪，修订长者照护计划及慢病管理方案，形成动态闭环。

在居家场景中：智能居家感知设备多维度监控12项长者远程照护场景，对跌倒、长时间未活动、生命体征（呼吸、心率）、房间溢水、燃气烟雾泄漏等重大居家风险，报警至社区服务中心以及120实施紧急救援，切实降低居家养老风险，实现"居家照护床位"改造。

子女沟通平台：强化子女在照护体系中的角色扮演，无论机构、社区、居家养老场景，实现长者关键照护信息实时同步，异常情况预警，让子女深入参与养老照护，切实缓解政府养老服务压力。

尽管涉及诸多硬件，麦麦助老的核心技术却并非硬件产品的简单罗列。所有智能硬件都只是收集数据的渠道，收集到的数据上传到云端，在云端通过智能学习算法，对基础数据进行分析和处理，输出的结果才是可以满足不同应用场景的产品功能，如"跌倒报警""走失定位""夜间离床未归报警"等。

案例思考

迈过数字鸿沟，与"老朋友"结伴前行

国家统计局数据显示，截至2022年底，全国60岁及以上老年人口数量达2.67亿，占总人口的19.8%；65岁及以上老年人口数量达2亿以上，占总人口的14.9%，这意味着中国正在加快迈入老龄化社会。因此，如何让占比越来越多的老年人更好地适应数字化生活，成为了一个热点话题。而近年来的新冠疫情，让银发一族在健康码、行程卡、线上购物等问题上屡屡遭遇困境，帮助老年人迈过"数字鸿沟"显得愈加迫切。

1. 携手"老朋友"迈过数字世界的门槛

为解决老龄群体面临的"数字困境"，北京老年开放大学开展了"百千万智慧助老"公益行动，2021年华为也结合自身在ICT领域的优势加入其中，双方联合开发"鹤颜学堂"，利用"线上＋线下"的教学模式，由北京智能生活馆资深学堂讲师给老年人讲解智能手机的基础功能，并传递生活服务、反诈等简洁实用的知识。"鹤颜学堂"中的基础课程主要介绍了如何调节字体大小、连接Wi-Fi和蓝牙、设置纯净模式等功能；实用场景内容则包括查询健康码、线上缴纳水电费、购物买菜、叫车出行等日常高频功能，帮助老年人顺利适应疫情下的新生活。"鹤颜学堂"中还有针对老年群体的反诈技巧，教老年人如何安全地下载、安装app，正确区分合法合规内容和诈骗信息、诱导性广告等。

2. 共创数字包容，助力老年人信息无障碍

2019年，华为提出TECH4ALL数字包容的倡议和行动，在公平优质教育、保护脆弱环境、促进健康福祉、推进均衡发展四个领域，用技术、应用和技能助力联合国可持续发展目标。而帮助老年人更好地融入数字世界是"促进健康福祉"的重要努力方向，深刻地融入华为终端产品的设计和服务体系中。在终端产品的研发规划之初，华为就将老年群体视为客户主体之一，把"适老化"作为一个指导性思想。字体和图标大小、操作界面、app的功能设置等交互路径也都做了精心优化，推出了智慧屏、手机的简易操作模式等。从保障老年人身体健康的角度出发，华为还开发了专业医疗器械等级的腕部心电血压监测设备，以及畅连通话、屏幕共享等适老化产品和功能。除此之外，华为终端拥有覆盖全国的庞大线下服务体系，这些门店既能成为"鹤颜学堂"的线下教学场所，还能为线上课程提供专业讲师。疫情之下不宜聚集，面向远程数字化协同办公的华为云WeLink也加入其中，提供线上直播所需的资源和平台。

3.转身拥抱"数字机遇",任重道远

快速发展的数字技术,不应该是老年群体享受数字时代红利面前的"鸿沟",而应该成为"桥梁",华为倡导ICT企业更加重视老年群体的话语权,关心他们的真实想法,让他们体验和感受到数字时代带来的价值。智能手机只是智能世界的入口之一,与智能手表、平板电脑、智能音箱、智能电视,甚至智能冰箱、智能门锁等设备协同交互,这些丰富多彩的应用和功能应该为老年人的生活提供更多的便捷。这需要集合更多社会力量针对老龄群体打造更加智慧的生活体验,增强老年人的获得感、幸福感。

思考题:请结合案例和本章内容,谈谈你所认为的智慧助老包含哪些方面,以及华为企业在智慧助老方面主要采取了哪些措施。

第四章

智慧用老系统

本章要点

1. 如何理解智慧用老系统概念?

2. 智慧用老系统有哪些特点?

3. 如何展开综合视角下的智慧用老规划分析?

4. 如何展开投资视角下的智慧用老规划分析?

5. 资源自用类智慧用老系统有哪些实现方式?

6. 资源专用类智慧用老系统有哪些实现方式?

7. 智慧用老系统的典型应用有哪些?

引入案例

2021年5月11日,时任国务院第七次全国人口普查领导小组副组长、国家统计局局长的宁吉喆介绍,我国60岁及以上老人有2.6亿人,占总人口数的18.70%,其中60至69岁的低龄老年人占55.83%,他们发挥余热和作用的潜力较大。一时间,老年人发挥余热成了热点话题。事实上,不只是"60后",其他年龄段的老者也都以适当的方式发挥着余热。

60至69岁的老年人大多具有知识、经验、技能的优势,身体状况还可以,发挥余热和作用的潜力较大。一个背包、一个行李箱,66岁的武汉大学退休教授刘伟,作为一名支教支研的银龄教师,多次奔赴滇西应用技术大学,一年内五次前往云南大理支教。退休前,刘伟就已决定退休后到西部地区支教,继续从事教学工作。无疑,他是"60后"发挥余热的代表之一。

相较于低龄老年人,70岁及以上的老年人在发挥余热时更贴近生活圈子,热衷公益活动。更多70岁以上的老年人,往往以志愿者的身份活跃在社区里。"善于调解邻里矛盾、喜欢从事宣传工作"是他们奉献余热的显著特点。

老年人力资源的开发利用，有利于经济发展、缓解人才供需矛盾。从老年人口年龄结构来看，我国低龄老年人占比大，开发这一群体老年人力资源的潜力较大。

一方面，通过积极的激励政策和引导举措，充分发掘低龄老年人的潜力，提高劳动参与率，可为未来经济持续稳定发展提供新活力。

另一方面，在推进共同富裕的进程中，充分开发低龄老年人的人力资源，有效激发低龄老年人参与社会的积极性，让低龄老年人成为共同富裕社会建设的参与者，也成为经济社会发展成果的共享者，让共同富裕更多惠及全体老年人。

第一节　智慧用老系统概述

一、智慧用老系统的定义

2015年修订后的《中华人民共和国老年人权益保障法》中第七章《参与社会发展》的第六十五条明确提出："国家和社会应当重视、珍惜老年人的知识、技能、经验和优良品德，发挥老年人的专长和作用，保障老年人参与经济、政治、文化和社会生活。"老年人在参与社会活动过程中能够通过分享技能和知识资源促进社会发展，而智慧用老就是通过计算机、互联网、移动计算等信息技术用好老人的经验、技能和知识，使老年人能够进行社会参与，充分发挥自己的价值和余热。

那老年人的社会参与究竟是什么？这个问题一直都是学者们讨论的焦点。目前，国内外学者多从角色、资源和目标等视角对老年人社会参与进行定义。有些学者按照参与者的社会角色不同，将社会参与分为正式角色社会参与和非正式角色社会参与。一些学者从资源视角将老年人社会参与定义为老年人向社会分享技能和知识资源的过程，还有一些学者从目标视角将社会参与定义为一种通过社会互动实现个人价值和社会价值的行为模式。

综合以上观点，我们发现学者们普遍认为社会参与是一种社会互动的过程，但是在进行定义时，又各自有不同的侧重点。因此，单一视角的定义不能全面地概括老年人的社会参与，也不利于对老年人社会参与的活动进行分类。例如，当按照角色视角对社会参与进行分类后，各子类依然可以按照目标视角继续进行分类。因此，我们采用角色、资源和目标的综合视角，将老年人社会参与定义为：老年人在社会互动过程中，通过对家庭和社会角色的扮演，获取或贡献资源，实现自身价值和社会价值的过程。

结合有关描述，本书认为智慧用老系统，表面指借助信息技术等现代科技用好老年人的经验、技能和知识，深层含义是指帮助老年人老有所为，充分发挥自己的价值和余热，最终提高自己的主观幸福度，实现自己的成功老化。

二、智慧用老的特点

（一）场景多元化

智慧用老应该既能够帮助一般老人和生活自理程度较差的老人实现日常文娱生活，又能够帮助拥有专业知识和技能的老人实现专业活动，帮助他们充分发挥自己的价值和余热，最终提高主观幸福度。

（二）服务创新化

老年人年岁已高，相比年轻人出行更困难，身体状况和精力都十分有限。智慧用老需充分考虑这一问题，加强技术创新，提供更多智能化服务，让老年人在保持身体健康的情况下，能更加便捷地参与社会活动。

（三）操作易用化

老年人学习能力和接受新事物的能力不比年轻人，很多老年人还没有或很难掌握年轻人认为简单至极的基本科技知识或技能。因此，智慧用老平台要做到界面简单，操作易用，符合老年人的使用习惯。

第二节　智慧用老系统的规划与设计

一、综合视角下的智慧用老规划分析

（一）老年人社会参与模型

为了更好地研究新型网络环境下老年人的社会参与，很有必要给出一个清晰的分类体系。根据对老年人社会参与的定义，采用角色、目标、资源以及信息技术渗透的综合视角，建立如图4.1所示的社会参与分类体系。在图4.1中，先采用角色视角，将社会参与活动分为家庭角色活动和社会角色活动。由于社会角色活动包含的内容十分丰富，因此进一步采用目标视角，将社会角色活动分为实现个人价值的利己活动和实现社会价值的利他活动。利己活动包括文娱活动和经济活动，利他活动包括志愿活动和政治活动。至此，我们得到了五类老年人社会参与活动：家庭角色活动、文娱活动、经济活动、志愿活动和政治活动。不难发现，这五类活动依然可以按照老年人在参与过程中贡献或获取的资源进行分类。因此，我们采用资源视角，将上述五类社会参与按照是否需要分享时间、技能和知识，再进一步细分。最终综合角色、目标和资源视角的三维度分类方法，得到老年人社会参与的若干具体活动。

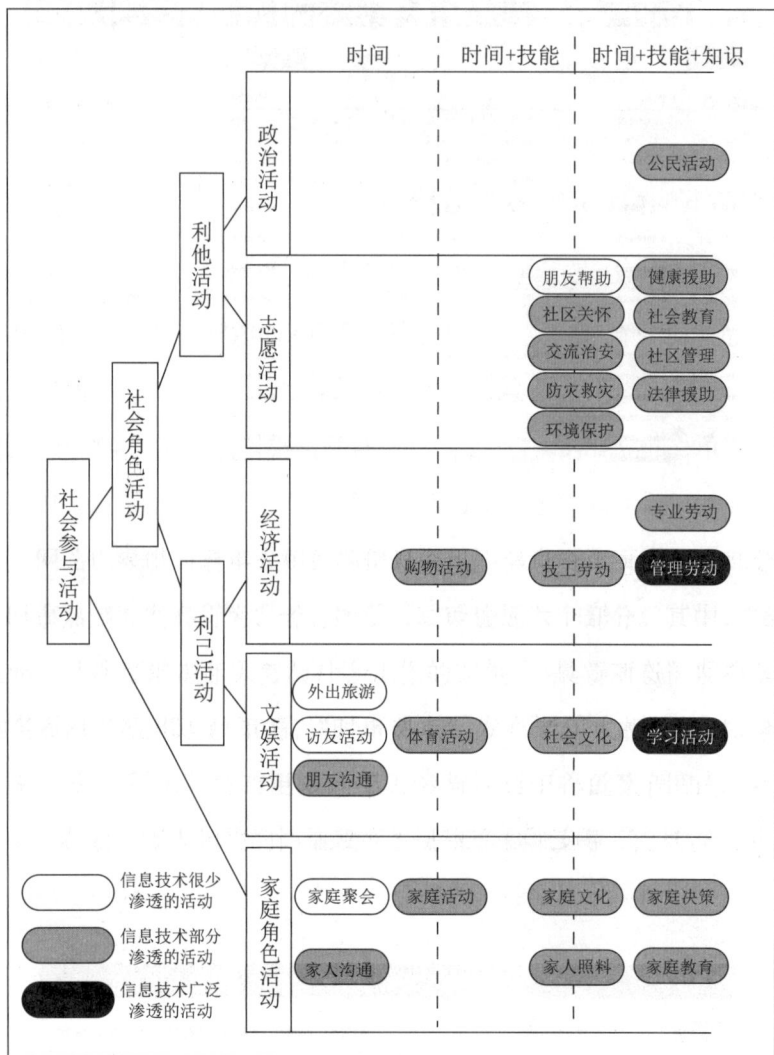

图 4.1 老年人社会参与分类模型

虽然以上分类方法具有比较清晰的内在逻辑，但是由于社会活动的复杂性，有些具体活动存在跨界的情况。例如，有些购物活动可能只需要老年人的时间，而有些购物活动还需要老年人的技能，这些活动将被置在分界线上。

在目前的新型网络环境中，信息技术已经越来越多地渗透到老年人的日常生活中，按照目前常用信息技术对社会参与活动的渗透程度，采用虚实背景将图 4.1 中的社会参与活动进一步区分为：信息技术很少渗透的活动；信息技术部分渗透的活动；信息技术广泛渗透的活动。

虽然我们只按照现阶段常用信息技术的渗透程度对社会参与进行分类，但不可否认的是，在未来随着新型信息技术的出现和普及，信息技术广泛渗透的活动将会越来越多。例如，在现阶段家庭聚会很少受到信息技术的渗透，但是随着虚拟现实技术的发展，也许老年人在未来可以足不出户，通过网络在虚拟世界中与家人聚会。又例如，对于一部分老人来说，已经会用手机上的地图软件制订出行计划，通过宾馆预订软件预订旅程中的住宿了。

（二）不同老年期的社会参与模式

进入老年期后，随着时间的积累，老年人会经历健康状态的转变，老年人社会参与模式的选择也受到了很大影响。为了对老年期进行合理分类，采用日常生活能力（Activity of Daily Living，ADL）量表来评定。ADL量表主要用于评定被试的日常生活能力，共有14项，包括两部分内容：一是躯体生活自理量表，共6项，即上厕所、进食、穿衣、梳洗、行走和洗澡；二是工具性日常生活能力量表，共8项，即打电话、购物、备餐、做家务、洗衣、使用交通工具、服药和自理经济。根据日常生活能力量表得到老年人的日常活动能力量表得分，再结合老年人的年龄，将老年期分为三个阶段。

（1）活力老人。日常活动能力很高、能够无障碍地开展各种日常生活活动的老人，以70岁以下的低龄老人为主，但不排除年龄更大但日常活动能力很高的少数老人存在。

（2）自理老人。日常活动能力一般、虽然有些困难但还可以进行基本的日常生活活动的老人，以70至79岁的中龄老人为主，但不排除一些年龄更大或更小但日常活动能力一般的老人存在。

（3）非自理老人。日常活动能力差、需要在外部帮助下进行日常生活活动或完全不能进行日常生活活动的老人，以80岁及以上的高龄老人为主，但不排除一些日常活动能力非常低但年纪较小的老人存在。

对于活力老人、自理老人和非自理老人这样三个阶段的老人来说，不同类型的老年人情况不同，适合采取的社会参与活动组合也不同。某一阶段的最佳社会参与模式应该适应该阶段老人的特点，并有助于达到该阶段的成功老化。根据访谈和观察，以及图4.1中对社会参与活动的归纳，我们将不同阶段老人经常参与的社会活动进行了划分，如图4.2所示。

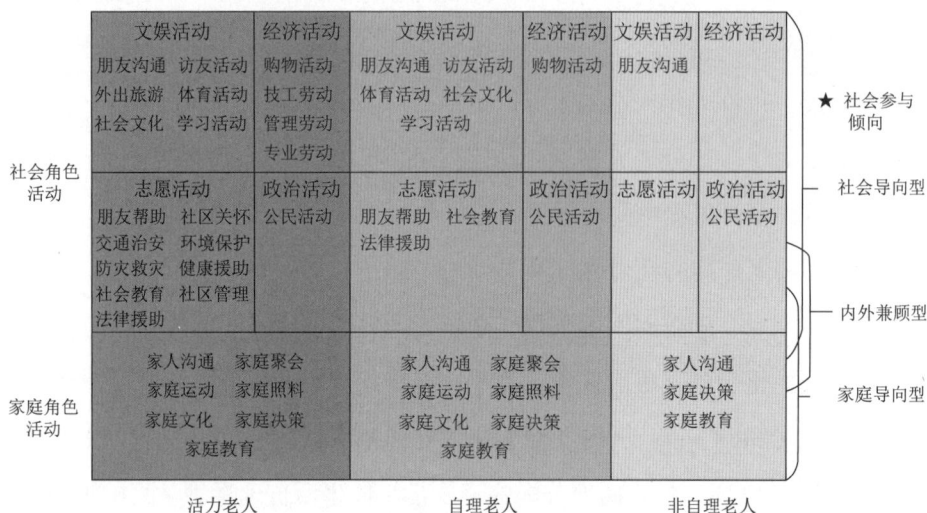

图 4.2 不同阶段老年人经常参与的社会活动框架示意

图4.2中纵坐标代表两种社会参与活动的分类，即社会角色活动和家庭角色活动，横坐标为三种老年人的类型。横坐标和纵坐标交叉的每一个方格内代表了该类老年人可以参与的社会活动类型，如非自理老人因其自身的健康状况较差，能够参与的家庭角色活动仅限于少数对身体条件要求不高的活动，如家人沟通、家庭决策、家庭教育等；社会活动也仅限于朋友沟通、公民活动等基本的活动。

根据老年人参与社会活动的主要倾向，可以将社会参与的类型分为社会导向型、家庭导向型和内外兼顾型三种。

（1）社会导向型参与是指老人更喜欢接触家庭外部的人，参与容易建立新的人际关系的社会活动。例如，喜欢参加文娱活动和志愿活动的老人，他们将群体活动当作自己快乐的源泉。

（2）家庭导向型参与是指老人更喜欢接触家庭内部的人，在比较固定的家庭圈中活动。例如，喜欢参加家庭角色活动和文娱活动的老人，他们将家庭作为自己活动的中心。

（3）内外兼顾型参与是指老人将家庭作为社会参与的基础，愿意尝试探索新的外部社会活动。例如，喜欢参与家庭角色活动和志愿活动的老人，他们在照顾好家庭的基础上，愿意更多地了解社会，尝试新事物。

基于图4.2的分类框架，在了解老年人所处的阶段以及社会参与的倾向的基础上，我们可以考虑利用合适的信息技术来支持老人的社会参与，让老人的经验、技能和知识得到更好的使用，即发挥智慧用老的作用。

二、投入资源视角下的智慧用老规划分析

采用角色、目标、资源以及信息技术渗透的综合视角建立的老年人社会参与的分类体系在投入的资源和实现的价值上相互渗透，存在跨界现象。因此，从具体的投入资源和实现价值角度来看，老年人开展社会参与的活动也不同。首先，从老年人能够投入的资源来看，可以分为有形资源、无形资源、有形＋无形资源。有形资源包括他们拥有的房产、车子、资金等，无形资源包括他们拥有的一般技能、专业技能、专业知识。根据资源应用的方式又可以细分为资源自用（即老年人亲自利用资源开展社会组织中的具体业务活动或开展创新创业活动）、资源转用（即老年人将资源提供给他人，通过他人对资源进行利用创造更多价值）。从利用资源的目的又分为有偿和无偿。另外，每种类型的活动对老年人的身体条件、知识技能及有形资产的基本要求可能不同，基于该概念框架，对老年人社会参与的主要途径进行总结，具体结果如表4.1所示。

表 4.1　老年人社会参与的途径和要求

应用方式			有形资源	无形资源	有形 + 无形资源
资源自用	有偿	途径	商品交易	业务劳动（专业劳动、管理劳动等）	创新活动（如科技创新、发明创造）；创业活动（如管理创业、技术创业）
		要求	身体非常健康；较多销售技能；较多物资	身体非常健康；较多专业知识、生活经验；较少物资	身体非常健康；较多专业知识、生活经验；一定物资
	无偿	途径	社会公益（如环境保护）	志愿活动（义诊、社区管理、交通治安等）；创新活动（理论创新、文学创作等）	自费公益；创新活动（如科技创新、发明创造）；创业活动（如创办公益事业）
		要求	身体非常健康；较少专业知识和技能，一定生活经验；较多物资	身体非常健康；较多专业知识、生活经验；较少物资	身体非常健康；较多专业知识、生活经验；一定物资

续表

应用方式			有形资源	无形资源	有形＋无形资源
资源转用	有偿	途径	资产租借	教育活动（大学教育等）；专家咨询（技术指导等）	资金理财；知识传播（如出版图书）
		要求	基本自理；资产管理；较多物资	身体较健康；较多专业知识、生活经验；一定物资	身体较健康；较多专业知识、资金管理能力、生活经验；一定物资
	无偿	途径	社会捐赠	教育活动（支教、指导青少年、师徒制等）；专家咨询（技术指导、法律援助等）	公益基金；知识传播（如出版图书）
		要求	基本自理；资产管理；较多物资	身体较健康；较多专业知识、生活经验；一定物资	身体较健康；较多专业知识、生活经验；一定物资

注：资源自用，指老年人亲自利用所拥有的资源、开展具体活动，创造资源之外的其他个人或社会价值；资源转用，指将老年人的资源提供给其他人使用，以扩大资源的价值；要求，指的是对老年人的身体、无形和有形资源的最低或者说基本要求。

（一）资源自用

资源自用主要指的是老年人亲自应用其拥有的有形或无形资源，执行或开展具体的、有益于社会或个人发展的各项活动。

1.有形资源自用

有偿活动，指的是老年人亲自利用有形资源从事一些具体的生产经营活动，获取经济利润。老年人从事商品交易工作就属于有偿的有形资源利用活动，老年人可以将个人资产或创造物进行销售，从事销售活动，以获得经济收益。我们经常见到的，老年人在路边贩卖一些小的工艺品就属于这类活动。这类商品交易活动要求老年人身体条件较好，能够外出亲自开展具体的商品交易业务，同时需要具有一定的销售技能完成商品交易获得收入，并且拥有较多的物资作为商品销售活动的基础。

无偿活动，指的是老年人亲自利用有形资源从事一些具体的社会公益活动，通过社会公益活动实现自己的老有所为、满足个人的精神需求。例如，"七旬老人植树30余年绿化荒山200亩"这类保护环境的公益活动就属于无偿的有形资源利用活动。这类公益活动要求老年人身体条件较好，能亲自开展具体的公益活动，并且拥有较多的物资作为基础。

2.无形资源自用

有偿活动，指的是老年人利用无形资源（如专业技能、专业知识）从事一些具体的经济活动，获得经济利润，主要的途径包括以下几种。一是专业劳动，例如全国离退休人才网报道的"卢芝高十八岁初中毕业后师从父辈从事古建筑嵌瓷壁画民间工艺，现年71岁的他仍坚持艺术创作"。二是管理劳动，例如全国离退休人才网报道的"退休后返聘社区党支部书记13年，将'脏乱差'社区变文明'窗口'"。不管是专业劳动还是管理劳动，都需要老年人具有较好的身体条件才能够亲自从事具体工作，这些具体工作的开展还要求老年人具有较高的专业知识和技能，但对物资要求较低。

无偿活动，指的是老年人利用无形资源从事一些具体的、无偿的社会公益活动，主要包括以下几种途径。一是志愿活动，主要指老年人利用无形资源从事一些具体的社会公益活动，获得精神需求的满足。例如义诊、社区管理、交通治安等。二是创新活动。文学创作，如"八旬患癌老人写19万字小说称能活就继续写"；理论创新，如"退休干部杨晓清从《数术记遗》中记载的'九宫算：五行参数，犹如循环'等论述得到启发，破解了一直没有被中外专家学者发现的九宫算法口诀，详解了'九宫算'的运算方法，并用实例加以运算，使已失传千年的九宫算法重现于世"。不管是志愿活动还是创新活动，都需要老年人具有较好的身体条件才能够亲自从事具体工作，部分志愿活动要求老年人具有一些基本技能即可，大多数志愿活动和创新活动的开展要求老年人具有较高的专业知识和技能，但对物资水平要求较低。

3. 有形和无形资源综合自用

有些具体的老有所为活动需要老年人同时利用其拥有的有形和无形资源。老年人可以通过这种方式获取经济利润，也可以进行纯公益行为。

有偿活动主要有以下途径。创新活动，包括科技创新和发明创造。例如，全国离退休人才网报道的"上海七旬老人研发逃生'神梯'26楼到1楼仅需90秒"，这个创新项目还获得了国家科学技术委员会（现科学技术部）"科技成果证书"；陈清钰研究发明的电脑汉字输入法—夫子码和字库—《夫子码外字集》于2008年获得国家专利；"天津退休老人研制自行车加速器"，该项目获得专利证书。创业活动，包括管理创业，如全国离退休人才网报道的"老人张治德于2013年合伙投资1000万元，创办了集生态观光、休闲度假的旅游景点为一体的重庆益山林农业开发有限公司"；技术创业，如全国离退休人才网报道的"向大林：七旬院士重新创业追寻'核电梦'"。不管是创新活动还是创业活动，都需要老年人具有较好的身体条件亲自从事具体工作，这些活动的开展要求老年人具有较高的专业知识和技能水平，同时也要求较多的物资。

无偿活动主要包括以下几种。自费公益，如全国离退休人才网报道的"六旬老人数年耗尽积蓄独自将毛坯路修成石子路"。创新活动，指老年人自己投入有形和无形资源，进行科技创新、发明创造等活动，例如"北京市朝阳区退休电子工程师金九皋，经过反复试验、解剖元器件，终于研制发明出一种节水器，取名'久节'"。创业活动，如创办公益事业，"87岁瑞典籍华人捐退休金建颐养院免费收养老人""退休教师创办公益书屋，坚守公益整五年""64岁退休女工办红色杂志专报道抗战老兵事迹"就是这类创业活动的案例。不管是自费公益、创新活动还是创业活动，都需要老年人具有较好的身体条件，这些活动的开展要求老年人具有较高的专业知识和技能水平，对物资要求也较多。

（二）资源转用

资源转用主要指的是老年人将其拥有的有形或无形资源提供给他人，由他人开展有益于社会或个人发展的具体活动，老年人自身从中可能获得经济利益，也可能是纯公益行为。

1. 有形资源转用

有偿活动。老年人可将其车子、房子、资金等有形资源租借出去，赚取额外利润。主要包括资产租借，例如老年人将房子出租换取租金，国家以房养老的政策也属于这种方式。以房养老是依据拥有资源，利用住房寿命周期和老年住户生存余命的差异，对广大老年人拥有的巨大房产资源，尤其是人们死亡后住房尚余存的价值，通过一定的金融或非金融机制以提前套现变现，实现价值上的流动，为老年人在其余存生命期间，建立起一笔长期、持续、稳定乃至延续终生的现金流入。资源租借等资源转用活动不需要老年人亲自参与具体工作，对老年人的身体条件要求相对较低一些，只要老年人能够实现基本生活自理即可，同时要求老年人具有一定的资产管理能力，以及较多的有形资产。

无偿活动。老年人将其车子、房子、资金等有形资源捐赠出去，为社会做出贡献。主要包括社会捐赠，老年人将有形资源捐赠出去，开展公益活动。例如，全国离退休人才网报道的"天津九旬夫妇省吃俭用20年攒100万元捐资助学款""退休官员捐近70万元图书仍穿20年前衣物""老人捐献的民国老物件记录民国历史"都是这类活动的代表案例。社会捐赠等资源转用活动不需要老年人亲自参与具体工作，只要老年人能够实现基本生活自理就能完成，但要求老年人具有较多的有形资产。

2.无形资源转用

无形资源转用主要指的是老年人将自己所拥有的无形资源有偿或无偿提供给他人使用的一类老有所为活动。

有偿活动，指的是老年人通过提供无形资源（技能或知识）给其他人，获得经济利润，主要包括以下两种。教育活动，例如"八旬浙大退休教授退休后继续从事大学教育活动""三江返聘优秀教师加强教学"。专家咨询，例如"高校教师退休后继续担任督导员为年轻老师提供教学提升指导服务"。教育活动和专家咨询等无形资源转用活动不需要老年人亲自参与具体工作，但要求老年人参与教育和咨询活动以达到知识分享的目的，对老年人的身体能力也有一定的要求，需要具有外出活动能力，同时还要求老年人具有较多专业知识，而对有形资产的需求较少。

无偿活动，指的是老年人将自己掌握的无形资源提供或传授给他人，通过从事一些具体的社会公益活动，获得精神需求的满足，主要的途径包括以下几种。教育活动：支教，全国离退休人才网报道的"夫妇齐上阵退休后携手支教"就属于这类活动；指导青少年，"南京退休老教师洪志建计划免费举办科技模型训练班，让中央门街道所有孩子都有机会学做科技模型""退休老人朱虹，精心策划寒暑假青少年活动中心讲革命故事、教唱革命传统歌曲、举办革命烈士故事会"等事件都是该种途径的代表；师徒制，如"退休社区居委会主任带领群众健身'徒弟'已过万""67岁退休女教师自编教材免费教苏州话"等老年人开展的社会教育活动可为社会做出重大贡献。专家咨询：技术指导，"退休教师刘杰传授手工艺：让120名姐妹有事可做""86岁的卢自德老人一生痴迷养蜂，鹤峰的每一座山头都留下过他寻找蜜源的脚印。成了养蜂专家后，卢自德又毫无保留，把技术无偿传授给村民"都是这类活动的代表。这些无形资源转用活动虽不需要老年人亲自参与具体工作，但要求老年人具有较健康的身体，能够外出进行支教、技术指导以将知识和技能传授给他人，同时要求老年人具有较多的专业知识和技能，而对有形资产的需求较少。

3. 有形和无形资源综合转用

有偿活动，指的是老年人利用无形资源、提供有形资源给其他人，获得经济利润。主要包括以下几种。资金理财，老年人可以利用其掌握的理财知识，将自己所积累的资金存到银行或通过其他理财产品的方式获得收入。知识传播，老年人可以利用自己的资金将自己所掌握的知识和技能出版成书或其他形式，通过出版物的传播适当获得一些经济收入。例如，"甘肃兰州退休教师王万宏《十体千字文》出版发行"等事件是老年人通过将累积的知识显性化后进行社会传播，获得个人经济和社会价值的重要活动方式。资金理财和知识传播等有形和无形资产的综合转用活动也要求老年人具有较好的身体条件，能够外出活动，同时具有一定的专业知识和技能、一定的资产管理能力，也要拥有一定的有形资产。

无偿活动，指的是老年人将自己掌握的有形和无形资源提供给他人，从事一些具体的社会公益活动，获得精神需求的满足。主要的途径包括以下几种。公益基金，老年人可以出资创办公益基金会，并利用自己所掌握的知识对基金会进行运营管理，为社会做出贡献。知识传播，老年人可以利用自己的资金将自己所掌握的知识和技能出版成书或其他形式，通过出版物的形式免费传播。例如，"退休老教师捐数十万字工作笔记作为遗产贡献给社会""退休干部埋头6年编村史""退休教授带癌7年编汉法词典收词11余万个""退休教师编写'国学雪糕竹简'40卷"等事件都是该类途径的代表。公益基金和知识传播等有形和无形资产的综合转用活动对老年人的身体健康也提出了一定的要求，要能够开展图书撰写工作，同时具有一定的专业知识和技能、一定的资产管理能力，也要拥有一定的有形资产。

三、智慧用老系统设计

针对表4.1中老年人社会参与的主要方式，对现有互联网技术应用进行分类，以识别可用于支持上述老年人社会参与的互联网技术应用。在信息技术的支持下，老年人开展社会参与的途径和渠道能够得到极大程度的丰富，他们不仅可以在互联网技术的帮助下更好地通过线下在本地实现上述形式的社会参与，还可以完全通过线上渠道实现异地的社会参与。因此，可根据老年人社会参与活动的具体实现场所是线下还是线上对智慧用老系统设计进行分类，如表4.2所示。

表 4.2　智慧用老系统的设计和要求

利用方式			有形资源	无形资源	有形＋无形资源
资源自用	线下	模式	线下交易；团购平台（美团团购）；外卖平台（饿了么、美团外卖）	线下劳动：人才匹配（Craigslist、智联招聘、*全国离退休人才网*等）；体力劳动共享（饿了么、美团等）；开车技能共享（Uber、滴滴）；志愿者服务（中国志愿服务网）	线下双创；创业平台（腾讯开放平台、Workingdom 等）
		要求	身体非常健康；销售技能、一定计算机能力；较多物资	身体非常健康；较多专业知识、一定计算机能力；较少物资	身体非常健康；较多专业知识、一定计算机能力；较少物资
	线上	模式	线上交易：商品交易网（亚马逊、淘宝等）	线上劳动；众包平台（Amazon MTurk、猪八戒网站等）	线上双创：众创平台（洛克等）；网络小说平台（晋江文学城等）
		要求	基本自理；资产管理、一定计算机能力；较多物资	线下分享：O2O[①]平台（在行等）；社交平台（微信、微博等，老友帮）	基本自理；较多专业知识、较高计算机能力；较少物资
	线下	模式	线下房屋租借；房屋短租(Airbnb、小猪短租)；房屋长租（我爱我家、链家等）	线下分享：O2O 平台（在行等）；社交平台（微信、微博等，老友帮等）	
		要求	基本自理；资产管理、一定计算机能力；较多物资	基本自理；较多专业知识、一定计算机能力；较少物资	

续　表

利用方式			有形资源	无形资源	有形＋无形资源
资源转用	线上	模式	线上资金管理：在线理财（余额宝、有利网、各大银行 app 等）；在线众筹（京东众筹等）；乐捐平台（腾讯公益乐捐平台等）	线上分享：共享经济平台（知乎等）；MOOC 平台（中国慕课，*老年云课堂*等）；小视频app(抖音等)；直播平台（斗鱼等）；社交平台（各类社交网、*老友帮*等）	
		要求	基本自理；资金管理、风险管理、较高计算机能力；较多物资	基本自理；较多专业知识、生活经验、较高计算机能力；较少物资	

① O2O：online to offline，离线商务模式。

注：斜体字内容表示面向老年人的信息技术应用。

第三节　智慧用老系统的实现

一、资源自用类智慧用老系统实现

（一）有形资源自用

针对有形资源的应用，目前可用的智慧用老模式如下。

1. 线下交易

线下交易即将个人资产或创造物通过面对面方式进行销售，通过线上渠道进行推广。例如，餐饮、服装等的销售可以通过美团等团购平台进行打折推广，吸引用户到线下店铺购买。这种模式为产品销售提供了更广泛的推广渠道，但仍需要老年人亲自参与到交易活动中，对老年人的身体健康状况、物资水平的要求都比较高，同时还提高了对老年人计算机能力的要求。为了适应这种模式，老年人需要学习使用手机、电脑等设备接入网络，还要学习团购平台的功能应用。这种模式为老年人带来机会的同时，也带来了挑战。

2.线上交易

线上交易即将个人资产或创造物在电子商务或拍卖网站上进行销售的模式。这种模式不需要进行线下活动，所有交易活动都可通过网络渠道进行。例如，通过亚马逊、eBay、淘宝、京东等交易网站进行商品销售。这种模式对老年人的身体健康要求较低，老年人能够基本生活自理即可，但对物资水平的要求比较高。同时对老年人的计算机应用能力提出了较高要求，要求老年人能够熟练使用互联网等各种技术手段，熟悉网上销售技巧。为了适应这种模式，老年人不仅需要学习使用手机、iPad、电脑等设备接入互联网，还需要学习网络销售和网络推广的方式与技巧。这种模式为老年人带来机会的同时，也带来了高度挑战。

（二）无形资源自用

针对无形资源的应用，目前可用的智慧用老模式如下。

1.线下劳动

线下劳动即通过线上渠道寻找工作，现场使用技能和知识执行具体任务。例如，通过Craigslist、智联招聘、58同城等人才匹配网站或应用，查看招聘启事，寻找与自己相匹配的工作，线下开展工作；通过加入Uber、滴滴、曹操出行等，继续发挥开车技能；通过本地社区网站、中国志愿服务网、上海时间银行登记志愿者服务信息，线下开展志愿者服务活动。这种模式对老年人的身体健康要求较高，但对物资水平的要求比较低，在给老年人带来工作机会的同时也带来了一定挑战。例如，对老年人的计算机能力要求较高，老年人不仅需要学习使用手机、iPad、电脑等设备接入网络，还要学习网络招聘、工作发布平台的使用。

2.线上劳动

线上劳动即通过在线平台寻找并开展微任务。例如，很多公司会通过Amazon MTurk、Upwork、猪八戒网站等众包平台发布一些任务，对任务感兴趣且具有相关技能的人可以通过平台接受任务、在线完成任务。这种模式对老年人的身体健康要求相对较低，能够基本生活自理即可，对物资水平的要求也比较低，但在给老年人带来工作机会的同时也带来了较大挑战。例如，对老年人的计算机能力要求非常高，老年人需要会使用手机、平板电脑、台式电脑等设备接入网络；需要学习使用各种类型的众包平台，能够在线搜寻任务并在线完成工作任务。

（三）有形 + 无形资源自用

针对有形和无形资源的共同应用，目前可用的智慧用老模式如下。

1. 线下双创

线下双创即线上获得创业资源，线下开展创新创业活动。例如，通过腾讯开放平台、Workingdom 等创业平台，创业者可以获得很多创业资源，如众创空间办公室、各种服务办理；通过线上渠道获取这些资源，线下开展具体活动。这种模式给老年人的创新创业活动带来了更多的资源获取和双创活动实现渠道，但也带来了许多挑战。这种模式对老年人的身体健康要求较高，对物资水平的要求也较高。要求老年人具有一定计算机能力，会使用手机、iPad、电脑等设备接入网络，还要学习创业平台的相关功能操作。

2. 线上双创

线上双创即在线开展创新创业活动。例如，通过洛客等众创平台进行产品设计，在线参与创新创业活动；通过晋江文学城等网络小说平台进行在线文学创作。这种方式为老年人创新创业活动带来了更多渠道和机会，降低了对老年人身体健康程度的要求，只要求他们能够具有创新意识、基本活动能力，不需要他们外出到实际工作场所进行工作。同时这种模式也对老年人的计算机能力提出更高要求，要求他们熟悉互联网环境，能够熟练使用各种计算机设备，通过各种平台进行在线创新创业活动。

二、资源转用类智慧用老系统实现

（一）有形资源转用

针对有形资源的转用，目前可用的智慧用老模式如下。

1. 线下租借和捐助

线下租借和捐助即通过线上发布资产（车子、房子等）租借或捐助信息，线下执行租借或捐助活动。例如，通过 Airbnb、小猪等平台进行房屋的短期出租信息宣传，线下出租房屋；通过链家、我爱我家等平台进行长租信息宣传，线下出租房屋。这种模式为老年人房屋出租提供了更多宣传渠道，带来了更多用户，要求老年人拥有房屋资产，而且能够生活自理，管理房屋。同时也要求老年人具备基本的计算机和网络应用能力，能够在出租平台上发布出租信息，同时还能够应对房屋租借过程中产生的各种纠纷。

2.线上资金管理

线上资金管理即通过在线工具租借资金，获得资金收入，或通过在线渠道进行社会捐资。例如，利用各大银行app进行在线理财；通过京东众筹、淘宝众筹等在线众筹平台向有需要的项目或人进行捐助；通过腾讯公益乐捐平台、蚂蚁金服公益平台等乐捐平台进行社会捐助。这种模式为老年人进行资金管理、社会捐助提供了更多机会和渠道，对老年人健康状况的要求不高，只要拥有一定资金即可。但对老年人的风险管理能力、信息技术能力提出了更高要求，要求老年人能够熟悉计算机和网络技术，能够使用各种理财工具、众筹平台和捐助平台，同时还要熟悉互联网环境下可能面临的各种风险，具有风险预防和应对能力。

（二）无形资源转用

针对无形资源的转用，目前可用的智慧用老模式如下。

1.线下分享

线下分享即通过线上渠道互动，之后再通过线下面对面方式传授知识和技能。例如，通过"在行"等O2O类知识共享平台进行在线交流互动，学员预约专家，然后线下进行更加详细的知识和技能分享；通过微信、QQ、微博、老友帮等社交平台进行线上互动，然后通过面对面的方式进行线下分享。这种模式能够为老年人提供更多社会互动的渠道，为其知识的分享和技能的传授提供更多机会。当然，由于需要线下活动，其对老年人的健康程度有一定的要求，要具有外出活动的能力，但资金需求较低。这种模式在给老年人社会参与带来机会的同时，也带来了一定的挑战，如需要他们熟悉计算机技术，能够通过各种计算机设备接入互联网，会使用各种知识分享平台、社交平台，同时还要熟悉互联网环境下可能面临的各种隐私风险。

2.线上分享

线上分享即通过线上渠道互动、线上渠道分享知识技能。例如，通过知乎等共享经济平台进行知识分享；通过中国慕课、老年云课堂等MOOC平台进行课程讲授；通过抖音等小视频app、斗鱼等直播平台进行生活小技能的分享。这些在线渠道为老年人分享知识和技能、参与社会、实现老有所为提供了多种可能和机遇，老年人足不出户就能与全世界分享自己的经验。但对老年人的计算机技能要求非常高，不仅要求老年人能够接入网络，还要利用平台与各种人群互动，获得关注，从而更大范围、更有效地传播知识和技能。

总的来说，目前可用于智慧用老的一般应用较多，也有较多身体健康、具有活力的老年人通过信息技术应用和在线平台参与社会活动，然而专为老年人设计的智慧用老应用较少。在这些少数的智慧用老应用中，也多以老年人社交网站为主。

第四节　智慧用老系统的典型解决方案

一、互联网解决方案

全国离退休人才网（http://www.ltxjob.com）是由浙江一网通信息科技有限公司主办的网站，自2005年开始筹划酝酿，于2009年正式投入运营。网站系全国老龄工作委员会办公室老年人才信息中心指定的承办单位，网站秉承"经验与智慧得以传承"的发展理念，积极践行国家各项老龄政策，成功打造了专业为离退休人才奉献余热的服务平台，为实现"老有所为、老有所乐、老有所用、老有所学"的健康老龄化、维护社会的和谐与稳定贡献着力量。全国离退休人才网首页如图4.3所示。

图 4.3　全国离退休人才网首页

全国离退休人才网分为主站（全国站）和各地分站（各省级行政区分站），可通过分站定位到自己想要选择的城市进行快速匹配。从导航栏可以看到，全国离退休人才网提供招聘企业的信息和退休人才信息，因此采用企业会员和个人会员模式，为老年人找到合适的工作岗位提供了精准信息。其中，招聘企业提供热门行业导航，对工作方式按照全职、兼职和顾问的形式进行分类，对薪资待遇也按照不同的等级划分，方便个人快速查找符合自己需求的岗位。另外，该页面也提供企业和岗位的快速搜索，提供企业名称，所招聘的职位名称，薪资待遇，以及其他企业与职位相关信息，如企业简介、职位所属行业和类型、职位的主要职责、任职资格要求等，可点击右侧查看去查询详情。退休人才库提供了人才的自我评价和专长、工作经历、求职意向和联系方式等。以上信息分别在个人会员和企业会员登录的情况下可以查看更详细的信息。招聘企业页面如图4.4所示。

图 4.4　招聘企业页面

　　另外，网站也提供与老年人相关的信息资讯。信息资讯页面包含部分案例、最新动态、时事热点、老有所为、老有所乐、政策法规六个部分。其中，"部分案例"收集和发布一些典型的老年人参与社会工作的案例，"最新动态"发布全国与老年人相关的各种社会资讯、政策等，"时事热点"发布老年人相关的时政热点，"老有所为"和"老有所乐"发布更多老年人参与社会工作的案例和事迹，"政策法规"发布全国各地老年人相关的详细政策法规和政策解读等。信息资讯页面如图4.5所示。

图 4.5　信息资讯页面

总体来说，全国离退休人才网为老年人参与社会活动提供了非常直接精准的企业和国家政策资讯，为智慧用老的典型互联网平台。从图4.3可以看到，网站也已经发布了全国离退休人才网手机app，为老年人寻找工作提供了更便捷的方式。

二、移动端解决方案

（一）"老友"app

"找乐子，找朋友，就上老友app"，这是老友app的口号。

老友app是首创中老年文娱交流平台，专门针对中老年群体打造的以提供优质兴趣爱好圈子、文娱活动、文娱/健康直播、健康养生内容、健康商城购物、分享赚佣等多种互联网时新功能和玩法的app应用软件。在这里可以找到各种各样的圈子，舞蹈、旗袍秀、健康养生、运动等，应有尽有。老年人可以轻松找到自己喜欢的、附近的朋友圈，找到兴趣相同的老友。也可以用自己的才艺建立一个圈子，让兴趣相同的老友加入圈子，学习才艺。在老友app可以随时随地开启直播，秀出才艺，收获粉丝和礼物；可以收看大咖老师的文娱直播，学习跳舞、旗袍走秀、太极、书画等文娱知识；还可以收看中医理疗、膳食养生等专家直播，学习更多健康养生知识。老友app首页如图4.6所示，三大模块如图4.7所示。

图 4.6　老友 app 首页　　　　图 4.7　老友 app 三大模块

老友app的核心功能如下。

1. 健康宝典

老友app针对常见的亚健康与退行性问题，提供成因、危害、养生调理、生活建议等汇集全国权威专家全方位的健康科普内容。老友app健康宝典功能界面如图4.8所示。

图4.8　老友 app 健康宝典功能

2. 老友圈

老友app还能以"圈子"形式帮助用户找到志同道合的"老友"，讨论相同的兴趣爱好话题，找到用户的附近朋友圈，建立属于自己的兴趣圈。老友圈功能界面如图4.9所示。

图4.9　老友 app 老友圈功能

3. 才艺 / 健康直播

该功能可以随时随地开启直播,同时还可以收看各领域的直播。才艺/健康直播功能界面如图4.10所示。

图 4.10 老友 app 才艺 / 健康直播功能

4. 文娱活动

该功能支持用户参加各种各样的活动,丰富生活。文娱活动功能界面如图4.11所示。

图 4.11 老友 app 文娱活动功能

5. 健康产品商城

老友商城是国内首个专注于健康产品在线网购的商城,一键下单,送货上门。健康产品商城功能界面如图4.12所示。

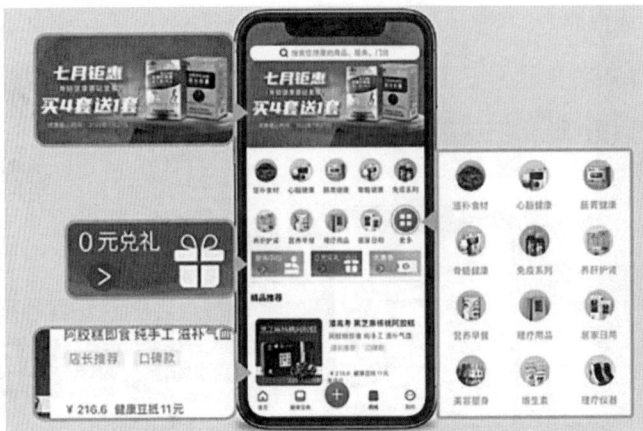

图 4.12　老友 app 健康产品商城功能

（二）网上老年大学 app

　　网上老年大学是在中国老年大学协会的领导下，以起点高、发展快为特点迅速成长起来，面向社会、面向基层，成为直接服务离退休干部及社会老年人的线上学习活动阵地。同时网上老年大学也是全国老年大学线上官方学习平台，为全国老年大学提供在线直播、建设5G智慧校园等服务。网上老年大学app启动页如图4.13所示，"让美好如期而至"是对老年人的美好祝福。

图 4.13　网上老年大学 app 启动页

网上老年大学主要职责：承担离退休老同志精神文化生活的组织和服务工作；承担全国老年线上教育事业发展的具体工作。其根据老年学员的互联网使用习惯量身打造，旨在为老年学员提供知识、资讯、娱乐、社交、健康等专属优质服务。

网上老年大学设有声乐系、器乐系、舞蹈系等12个系别，累计开设了120个专业，现在有在校学员近600万人，遍布国内外。学校创新"免费公益课+精品选修课"教学模式，积极打造"名师课堂"，邀请全国知名专家学者来校讲学，弘扬传统文化，开设了京剧、黄梅戏、书法、民间手工制作等一大批独具特色的课程。其办学模式深受广大中老年人喜爱，并获得人民日报、新华社等媒体点赞。

网上老年大学app包含"首页""聊天""同学圈""上课""我的"五个模块，不但可以上课学习，也可以交好友，丰富老年人的学习生活。如图4.14所示，该app提供12个系列的专业课程，全国900多所老年大学的网上课程全部共享开放，师资力量雄厚，并且支持直播的永久回放，为老年人的学习和交流提供了丰富的资源和强大的后台保障。

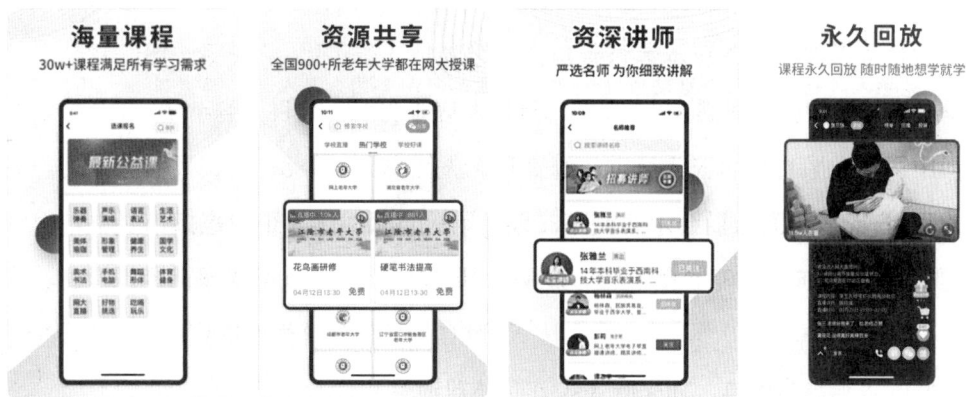

图 4.14　网上老年大学 app 的功能

案例思考

莫道桑榆晚，为霞尚满天

2022年8月24日中国老年人才网正式上线，标志着我国老年人才信息库和老年人才信息服务平台启动建设，将为老年人再就业拓宽渠道、搭建平台，推动老龄人力资源开发。

《中国发展报告2020：中国人口老龄化的发展趋势和政策》提到，自2000年迈入老龄化社会之后，我国人口老龄化的程度持续加深，到2050年，中国老龄化将达到峰值，中国65岁以上人口将占到总人口的27.9%。近年来，党中央、国务院相继出台了《加强新时代老龄工作的意见》《"十四五"国家老龄事业发展和养老服务体系规划》，将促进老年人社会参与、积极开发老龄人力资源作为重要任务进行部署。

"此次中国老龄协会上线中国老年人才网，标志着我国老年人才信息库和老年人才信息服务平台启动建设，旨在为老年人再就业拓宽渠道、搭建平台、奠定基础，加快老年人才集聚，打造老龄人力智库，推动老龄人力资源开发，积极应对人口老龄化，服务经济社会高质量发展，具有非常重要的意义。"国家卫生健康委党组成员、全国老龄办常务副主任、中国老龄协会会长王建军在致辞中指出。

中国老年人才信息服务平台以"一网一库一平台"相互依托，即"中国老年人才网""老年人才信息库""老龄人力资源平台"，其建设、运营工作，由中国老龄协会信息中心直属北京孝宇养老投资管理有限公司具体承担，信息中心老年人力资源开发服务处指导监督。

"中国老年人才网"（https://www.zglnrc.org.cn）在网站基础上建立全国老年人才信息库，构建新时代老龄人力资源服务平台，为新时代老年人参与社会发展创造条件、提供服务。网站设有大小栏目40余个，涵盖老年人关心的人才政策、调查研究、人才知识、招聘信息、志愿公益、老年教育等内容。

老年人才信息库同步启动建设。该信息库是面向全国老年人才、为老服务机构、各地用人单位的专业信息服务平台，具体包含老年人才库、老龄人力资源库、为老服务人才库、涉老组织精英库、老龄才艺人才库、尊老敬老影像库，既包括学术界的研究型人才，也包括产业界的实用型人才。老年人才信息库与各地老年人才信息库数据链接。

老龄人力资源平台，为深入挖掘老年人才数据资源价值，形成点（人才）、线（企业）、面（行业或产业）、体（城市或地区）的全方位综合分析，为政府实施老年人才战略提供决策依据，为企业和老年人才搭建供需对接的互动桥梁。据悉，该平台为便于老年人和用人单位等各类用户的使用，将同步开发移动客户端。

线下服务由人才服务中心与各地人才服务中心合作，或依托地市级老龄协会、涉老社团组织，指导各地设立老龄人才服务中心，为当地老年人才提供公益服务。

思考题：请结合案例和本章内容，谈谈智慧用老的意义和必然性。

第五章

智慧孝老系统

本章要点

1. 如何理解智慧孝老系统概念?

2. 如何理解智慧孝老的内涵?

3. 如何进行智慧孝老需求分析?

4. 如何理解智慧孝老系统的技术框架?

5. 智慧孝老系统实现主要体现在哪?

6. 智慧孝老系统的典型应用有哪些?

引入案例

32岁的小吕是个外企白领,家安在杭州,年迈的父母退休后住在金华老家。平时他们都通过智慧孝老app交流。最近,小吕从父母的健康报告中看出父亲每天的睡眠时间没超过五个小时已经一周了。于是,小吕登录专门为老年人开发的社交网络平台,利用以前为老人让座获得的敬老积分提了一个关于如何治疗失眠的问题,得到许多专家的回应,小吕决定买一个安睡枕头送给父亲。周五到了,智慧孝老app给小吕推送一条周末回家探望的提醒,同时,供老智慧支持模块显示老人家里的牛奶即将喝完,小吕在系统的推荐链接中选购了一箱高钙牛奶。周六一早,小吕便携家带口直奔金华。到家时,牛奶已经送到,老两口笑得合不拢嘴。

第一节　智慧孝老概述

一、智慧孝老系统的定义

智慧孝老系统是指用信息技术等现代科技孝敬老年人的系统应用。智慧孝老有明显的中华文化特色，是未来我们可以进行文化输出的领域。

每个人的一生，都要经历幼儿、少年、壮年、中年，最后步入老年。对老人尽孝，是尊重人生和社会发展规律的表现，也符合每个人的长远利益和要求。因此关心今天的老人，就是关心明天的自己。在中国传统伦理道德体系中，孝是最基本、最重要的道德。中国很早就有"孝悌为仁之本""百善孝为先"的说法。很多中国学者甚至将孝视为我国的根本文化，它反映了中国人特有的代际情感模式，是西方社会不具备的文化积淀。

我国明确提出要"积极应对人口老龄化，构建养老、孝老、敬老政策体系和社会环境，推进医养结合，加快老龄事业和产业发展"，从国家治理的层面把孝老、养老、敬老落到实处，把《中华人民共和国老年人权益保障法》落到实处，真正让老年人老有所养、老有所医、老有所为、老有所学、老有所乐。对于国家和社会而言，应做到"文化养老"，一方面，要大力弘扬与时俱进的孝养文化；另一方面，要对优化老年人群心理健康提供资源支持和制度安排。国家应该加快并完善老年服务体系的建设，多推出《夕阳红》这类老年人喜爱的电视节目，多建立服务老人的各级各类组织。另外，要重视社区对于老年人精神生活的服务，社区可以通过组织健身、娱乐、学习活动提高老年人的社区参与度，加强老年人的社会整合及情感归属引导。

（一）传统孝老的内涵

传统孝文化的起源可以追溯到夏、商、周时代，经过儒家学派的不断扩充，主要内涵如下。

供养父母：今之孝者，是谓能养。（参见《论语》）

陪伴父母：父母在，不远游，游必有方。（参见《论语》）

顺从长辈：不顺乎亲，不可以为子。（参见《孟子》）

尊敬长辈：孝有三——大孝尊亲，其次弗辱，其下能养。（参见《礼记》）

爱惜自身：身体发肤，受之父母，不敢毁伤，孝之始也。（参见《孝经》）

传宗接代：不孝有三，无后为大。（参见《孟子》）

光宗耀祖：立身行道，扬名于后世，以显父母，孝之终也。（参见《孝经》）

丧礼祭奠：惟送死可以当大事。（参见《孟子》）

当然，传统孝文化还被延伸到社会和国家层面，演化出孝悌和孝治的概念，属于广义的孝道，这里不做深入探讨。

（二）现代孝文化内涵

随着时代的发展，现代中国人对传统孝化进行了扬弃，并为"孝"赋予了新的含义。北京大学老年学研究所于2005年进行了一次全国性的孝与养老观念访谈调研，根据该数据，将老年人接受调研时提到的65个词条进行归纳、整理，得到现代老人眼中的孝，包括下述九个方面的具体内涵。

供养老人（供老）：子女为父母养老提供物质保障。

照料老人（料老）：生活中帮老人排忧解难，生病时对老人关怀备至。

陪伴老人（伴老）：给老人带来精神慰藉，使其不感到孤独。

在互联网环境下，这里的陪伴有更广泛的含义，既可以是"常回家看看"的子女回家，也可以是子女的远程陪伴，还可以是老年人利用在线社交网络或虚拟社区进行互相陪伴。

顺从老人（顺老）：孝顺，顺是孝的重要方面。晚辈和长辈遇到矛盾或者冲突时，应通过恰当的沟通解决问题，让老人保持良好心情。

尊敬老人（敬老）：对待老人须表示应有的尊敬。

忍耐老人（耐老）：子女对失能和失智老人应忍耐和包容，尽孝是个持续的过程。

祭奠老人（祭老）：缅怀过世老人。

不啃老：子女经济独立，不依赖父母生活。

不扰老：在老人精神上可以独立自主的时候，子女不干预老人生活，特别是老人再婚或"夕阳恋"期间不纠缠老人。

作为对传统孝老方式的革新，智慧孝老系统利用信息技术等现代科学技术，在老龄化问题日益加剧的今天，帮助年轻人以更恰当的方式感恩和回报老人，进而推动中华美德的传承和孝老文化的弘扬。

二、智慧孝老模型

智慧孝老与智慧助老、智慧用老一起构成智慧养老三方面的重要内容。目前讨论智慧助老的比较多，产业界已经有了很多实践。本节结合当下对"孝"的内涵研究来探索智慧孝老的内容及其实现的方式。

基于上述对当代孝老内涵的理解，本书构建了智慧孝老模型如图5.1所示。该模型的横坐标是时间，从左至右，表示时间的演进。时间维度上部模块一包含的是日常情况五个方面的孝老内容，模块二即耐老模块包含的是是否长时间孝顺的内容。老人过世后，子女、亲友应当为其料理后事，并在很长时间中特别是在约定俗成的祭奠日对逝者进行缅怀祭奠，因此最后一个模块是祭老模块。本文将横轴上方的七个孝老元素归纳为孝的激励因素，当子女给老人提供或优化这些支持时，老年人变得更加愉悦；而模型下方的不啃老和不扰老两方面内容可以归为保健因素。当子女物质上独立的时候，他们便不再啃老；当子女做到让老人精神上自由的时候，老人可以自己决定自己的事情，即不扰老。

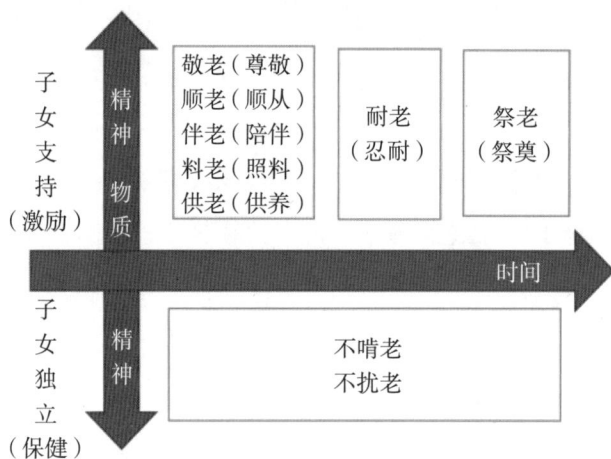

图5.1　智慧孝老模型

智慧孝老模型的核心是左侧模块中的供老、料老、伴老、顺老、敬老，这是现代老年人对孝道最普遍的理解和需求。这五个孝老的核心元素自底向上符合马斯洛的需求层次理论：最底层的供养老人，是孝最基本的要求；其次是对老人的照料，通过供养和照料老人，满足老年人的生理需要和安全需要；中间是陪伴老人，给老年人带来精神慰藉和情感归属，满足他们的情感需要（也称为社会需要）；模型的顶端是顺老和敬老，这满足了老年人受尊重的需要。马斯洛需求模型顶端还有自我实现的需要，这主要是"智慧用老"所关注的部分。马斯洛需求层次理论如图5.2所示。

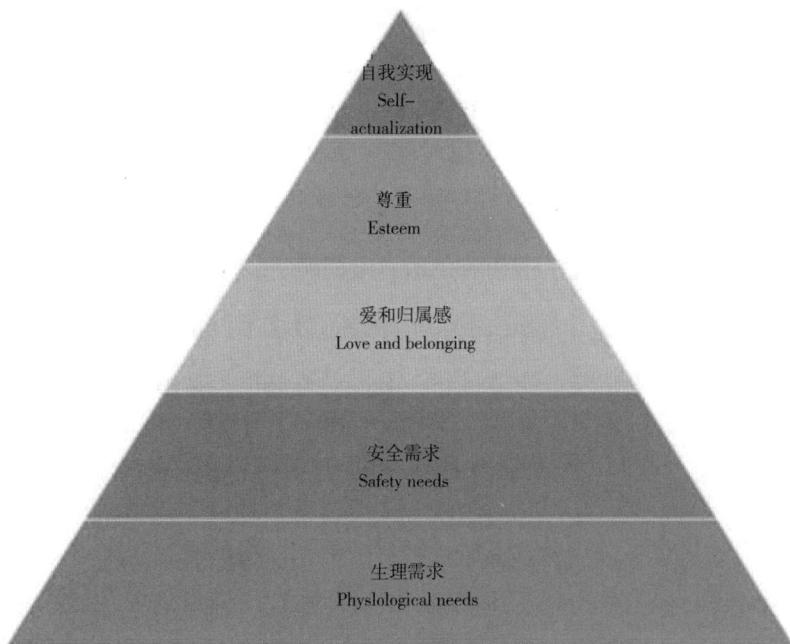

图5.2　老人的需求层次

智慧孝老模型中的五个孝老核心元素所关注的重点有所不同。供养老人主要是为老年人提供物资，满足老人的物质需求；照料老人一方面需要相应的物资支持，另一方面也需要人工服务，所以既要关注物资也要关注行为；陪伴老人主要是关注子女的行为；顺从、尊敬老人则更多地关注晚辈对长辈的态度。

在上述智慧孝老模型中，孝老与助老会有一些重合的内容，主要表现在供老、料老与伴老三方面。可以这么说，如果孝老采纳广义的含义，那么智慧孝老与主要为老年人的物质方面提供支持的智慧助老有一定的重合内容；如果孝老采纳狭义的含义，仅包括顺老、敬老、耐老、祭老、不啃老、不扰老这样的精神层面内容，那么，智慧孝老与智慧助老是相对独立的。

第二节　智慧孝老系统的规划与设计

一、智慧孝老系统需求分析

智慧孝老系统的主要用户有老年人、子女、服务机构、监管部门。作为一个孝老、敬老的支持系统，智慧孝老相关内容可以通过方便携带的智能手机应用及其他辅助物联网设备便捷地实现，在开展孝老、敬老活动过程中，老人、子女、服务机构、监管部门对孝老支持系统有着不同的需求。

（一）各类角色的孝老需求

1. 老人对孝老敬老的需求

该类需求包括及时得到生活物资供给；及时得到医护照料；得到经常性的陪伴交流；居家以及社会交往中人际关系处于和谐融洽氛围；长期生病卧床时能够得到悉心的照料；子女经济独立、生活自立，不再需要负担子女的生活支出；不要受到各类商品广告、欺诈信息的打扰等。

2. 子女对孝老敬老的需求

该类需求包括及时得到老人生活物资缺失消息，购置物资并送达老人；及时获知老人患病或者身体不适信息，并帮助老人获得医疗、护理服务；及时得到老人相关的重要日期提示信息，并看望问候老人等。

3. 服务机构对孝老敬老的需求

该类需求包括及时感知老人的服务需求，主动提供敬老服务，引导老人子女及社会公众实施孝老行动等。

4. 监管部门对孝老敬老的需求

该类需求包括及时了解老人家庭情况；了解子女、社区、服务机构等各方参与者在孝老敬老中所做的工作和效果，并及时对当事人进行激励和反馈等。

（二）智慧孝老系统用例设计

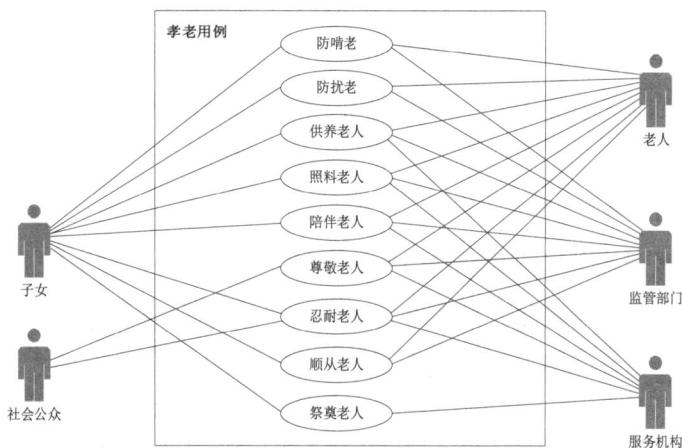

图 5.3　智慧孝老系统用例

智慧孝老系统顶层用例包括九个子用例，如图5.3所示，下面简要介绍各子用例实现的功能。

1.供养老人

老人使用该用例提出供养需求，并对得到的供养结果给出反馈；子女使用该用例获得老人提出的供养需求，并通过本人或者第三方机构为老人提供资金和物品；服务机构使用该用例获得老人的供养需求，并依据服务协议为老人提供生活物资；监管部门使用该用例获得供养老人相关反馈数据，并进行统计分析。

2.照料老人

老人使用该用例提出照料需求，并对得到的照料服务给出反馈；子女使用该用例获得老人提出的照料需求，并通过本人或者第三方机构为老人提供照料服务；服务机构使用该用例获得老人的照料需求，并依据服务协议为老人提供照料服务；监管部门使用该用例获得照料老人相关反馈数据，并进行统计分析。

3.陪伴老人

老人使用该用例提出陪伴需求，并对得到的陪伴服务给出反馈；子女使用该用例获得老人提出的陪伴需求，并通过本人或者第三方机构为老人提供陪伴服务；服务机构使用该用例获得老人的陪伴需求，并依据服务协议为老人提供陪伴服务；监管部门使用该用例获得陪伴老人相关反馈数据，并进行统计分析。

4. 尊敬老人

老人使用该用例对得到的尊老行为给出反馈；社会公众使用该用例记录尊老行为，并查看个人的尊老数据；服务机构使用该用例发布尊老消息，记录尊老行为，并查看本机构的尊老数据；监管部门使用该用例获得敬老相关数据，并进行统计分析。

5. 忍耐老人

老人使用该用例对得到的耐老行为给出反馈；社会公众使用该用例记录耐老行为，并查看个人的耐老数据；服务机构使用该用例发布耐老消息，记录耐老行为，并查看本机构的耐老数据；监管部门使用该用例获得耐老相关数据，并进行统计分析。

6. 顺从老人

老人使用该用例对得到的顺老行为给出反馈；子女使用该用例记录顺老行为，并查看个人的顺老数据；服务机构使用该用例记录本机构的顺老行为，并查看机构的顺老数据；监管部门使用该用例获得顺老相关数据，并进行统计分析。

7. 防啃老

老人使用该用例发出防啃老呼救信息，并对子女、亲友的啃老行为进行记录反馈；子女使用该模块记录并查看使用老人钱物的记录信息；监管部门使用该用例获得防啃老相关数据，一方面对啃老行为进行干预，另一方面对啃老数据进行统计分析。

8. 防扰老

老人使用该用例记录扰老信息；子女使用该用例查看扰老信息；监管部门使用该用例获得防扰老相关信息，一方面对扰老行为进行干预，另一方面对扰老数据进行统计分析。

9. 祭奠老人

子女使用该用例安排并记录祭奠去世老人的活动信息；服务机构使用该用例为祭奠活动提供相关信息服务。

二、智慧孝老系统技术框架

基于上节的需求分析，智慧孝老系统需要利用物联网和通信网技术，传递孝老行为过程中的相关数据，构建孝老相关的九个功能模块，来满足供养、照料、防啃老等孝老需求。智慧孝老系统的技术框架如图5.4所示。

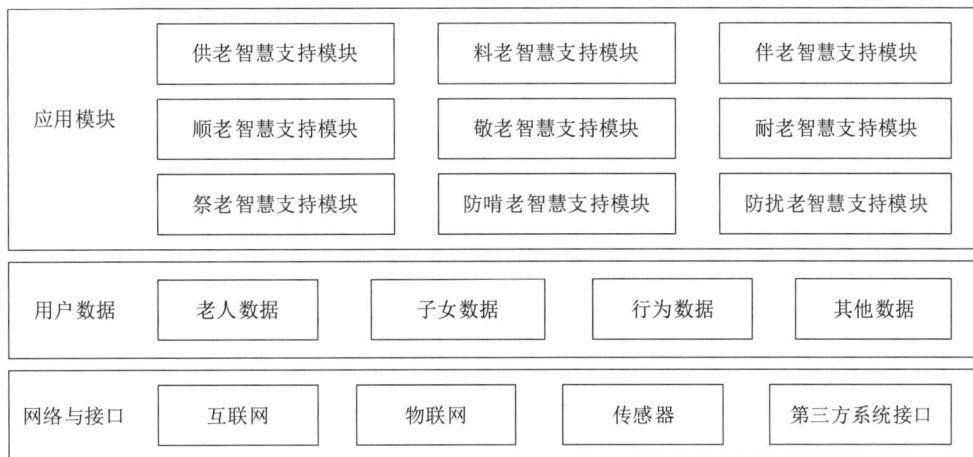

图 5.4　智慧孝老系统的技术框架

智慧孝老系统的软件系统结构包含供老、料老、伴老、顺老、敬老、耐老、祭老、防啃老、防扰老九个智慧支持模块。智慧孝老系统功能模块如图5.5所示。

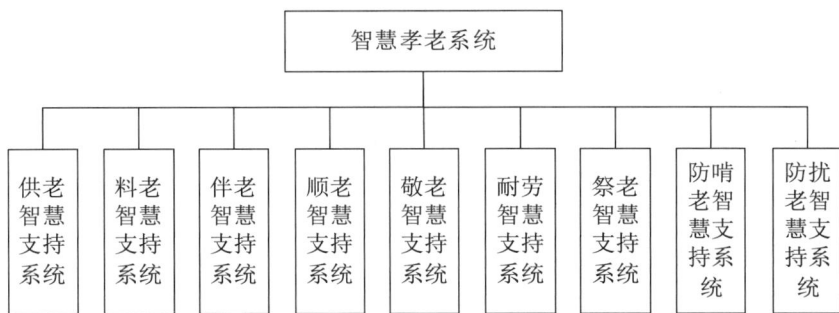

图 5.5　智慧孝老系统功能模块

需要说明的是，孝老是一个系统工程，虽然可以将智慧孝老相关功能设计为一个逻辑上的软件系统，但是在具体实现中，智慧孝老相关软件模块分布于多个跨部门、跨机构的子系统中。

第三节 智慧孝老系统的实现

一、供老智慧支持模块

供老智慧支持模块可以监测老人日常起居，发现老人衣食住行等方面的需求，并及时给子女发出提醒。供老智慧支持模块一般具有需求监测、商品（服务）推荐和商品（服务）购买三大功能，如图5.6所示。

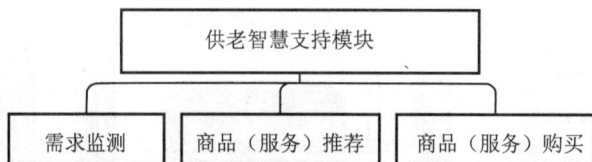

```
              供老智慧支持模块
        ┌──────────┼──────────┐
    需求监测   商品（服务）推荐   商品（服务）购买
```

图 5.6　供老智慧模块三大核心功能

需求监测功能实时监测老人家里食品等生活物资的量和保质期，并及时向子女发出购物提醒。系统还能根据老人身体状况和时间发现他们的需求。例如，当系统监测到老人走路不平稳或者平均步速低于临界值时，会告诉子女他们的父母可能需要一根拐杖；每三个月（系统可进行参数设定），系统给子女推送一次理发提醒，每年推送一次体检提醒；换季时会推荐气候变化后老人可能需要的衣物和其他生活用品信息。

发现需求后，老人和子女都可以在app中挑选系统推荐的商品（服务），并直接付款购买。付款时，子女可以绑定老人的支付渠道，当老人账户中余额不足时子女能够一键转账。对于没有购买能力的老人，可以直接扫条形码/二维码把商品（服务）信息发给子女，让子女代购。

安家子女端app是一款典型的供老智慧子系统，可以监测老人日常起居，发现老人衣食住行等方面的需求。该app的数据监测界面、实时查看界面、居家养老界面如图5.7至5.9所示。

图 5.7　数据监测　　　图 5.8　实时查看　　　图 5.9　居家养老

二、料老智慧支持模块

料老智慧支持模块可以通过一键求助功能、健康检测仪等设备辅助子女对老人进行起居照料和健康照料。该模块的功能如果进一步扩展，会与智慧助老系统有较大的交叉。老年人在日常生活中难免遇到各种各样的问题，灯泡坏了、下水道堵塞、计算机中了病毒等。智慧孝老app中的料老模块设置有一键求助功能，老年人只需通过该功能说出需求，子女就能收到提醒并根据系统建议实施照料老人的行动。料老智慧支持模块功能结构如图5.10所示。

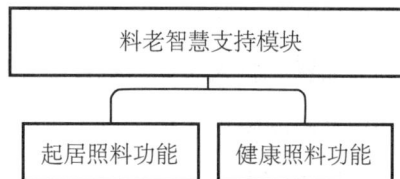

图 5.10　料老系统功能

健康状况不佳的老人一般更需要子女的照顾。智慧料老系统通过跌倒检测系统、床垫式生命检测仪、生命体征检测设备24小时监测老年人的生理指标。老人夜间翻身次数、深度睡眠时间等数据都被自动记录下来，甚至在老人如厕时，智能马桶也能自动收集和分析老人的排泄数据，检查老人的健康状况。子女们一般每天早上会收到老人的健康报告。

在该功能模块支持下，即使子女不能够每天在老人身边照料，类似"老人在家发病身亡"的悲剧发生的几率将会非常小。包含料老支持模块的"若菲尔"app的视频守护功能界面、异常消息送达界面如图5.11、5.12所示。

图5.11 视频守护　　图5.12 异常消息送达

微孝心是一款专为老人、老人子女及服务机构提供智能养老服务的移动终端应用，该系统通过对老人心率、血压、睡眠等数据进行监测，并进行大数据分析，及时调整老人的生活安排。紧急情况下也可及时获取老人位置信息并第一时间安排人员到达老人身边，照料老人。同时该系统还支持计步、通话、语音对讲等功能，让老人与子女的沟通更简单、更方便、更顺畅。另外，系统提供的安全围栏功能也给老人带来了多重保障。"微孝心"app系统的功能界面如图5.13所示。

图5.13 微孝心功能界面

三、伴老智慧支持模块

伴老智慧支持模块一般包含提醒、多媒体远程陪伴和伴老水平评价等功能。通过该模块，可以给子女定时推送陪伴老人的提醒信息，例如，让子女每天给老人打个电话，每周看望一次老人，每月陪老人去一趟公园，每年给老人过一次生日等。当然，具体的次数可以在系统中通过参数来设定。另外，通过多媒体远程陪伴系统，老人和子女可以通过视频电话做到天天"见面"，也可以实现老年人之间通过在线社交网络或虚拟社区互动，相互陪伴。伴老智慧支持系统的功能结构如图5.14所示。

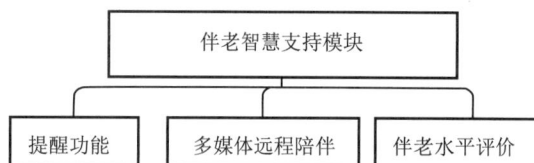

图5.14　伴老智慧支持系统

利用智慧孝老app还可以监测并记录子女与老人的距离、对话时间，计算出子女陪伴老人（如一起看电视、一起购物）的时间，给他们打出"伴老得分"，以及他们在所有家庭成员或朋友圈中的伴老大致排位。通过类似微信朋友圈中运动排名机制，能够激励子女更好地做好陪伴老人的行为，老人也能够获得足够的精神慰藉。

如app小程序"识年"，该系统是一款支持跨平台远程协助父母使用智能手机的应用，通过语音通话、屏幕录制、远程控制、手势引导等功能，即使亲人不在老人身边，也能轻松教老人长辈使用手机。"识年"app的远程协助界面、手机教程界面、请求协助界面如图5.15至5.17所示。

图 5.15　远程协助　　5.16　手机教程　　图 5.17　请求协助

四、顺老智慧支持模块

顺老智慧支持模块主要依靠传感器、声音识别技术检测老人的情绪，并在危险时刻发出警报。老年人可以随身携带智能腕表、智能项链等传感器，不仅可以实时监测自己的血压、心跳、体温、说话声音分贝数，还能辨识主人（老年人）及其直系亲属（子女）的声音。当传感器监测数据超过临界值时，智慧孝老app可以发出警报，提醒说话的各方控制情绪。老年人手表如图5.19所示。如果与老人发生争执者是其子女，app会将这一"不良信息"记录在案；如果是其他人与老人发生争执，则系统会给老人的亲属发送短信提醒和卫星定位，告知他们老人可能正遇到不顺（不愉快）的事情。顺老智慧支持模块的功能结构如图5.18所示。

图 5.18　顺老智慧支持模块　　　　图 5.19　老年人手表

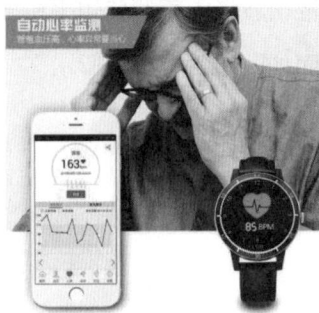

此外，智慧孝老应用系统还可以将老年人一天的情绪状况记录下来，绘制成心

情曲线如图5.20所示。通过这一模块，子女就能及时了解老人的情绪变化情况，并与老人交流沟通，聆听老人的真实需求，想办法予以满足。

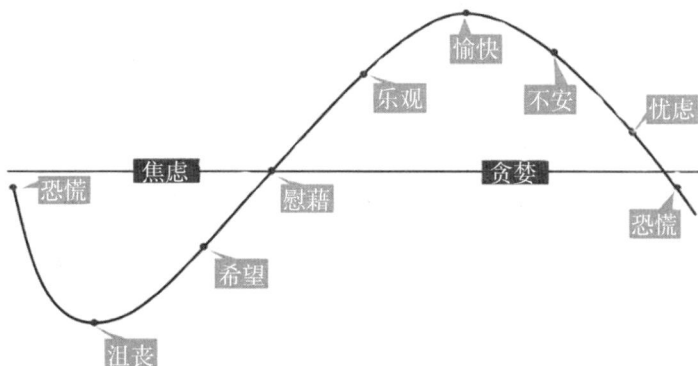

图 5.20　情绪曲线示意

五、敬老智慧支持模块

敬老智慧支持模块可以通过社会范围的敬老评价体系实现，辅以敬老行为引导和孝文化建设。如果建立全社会或者局部区域的敬老评价体系，那么区域内的所有人都会有"敬老积分"。当年轻人对老年人施以善行表示尊重时，老年人可以通过智慧孝老app给年轻人打分、评价来表达谢意。政府/为老服务机构则可以根据积分评选"敬老标兵"，定期举办颁奖仪式予以表彰。年轻人还可以将评价体系中的积分用来享受市政惠民服务（如游览公园免票，享受音乐会门票优惠等），也可以到智慧用老平台换取老年人的"劳动成果"，例如，到经验分享平台向老年专家提问。敬老智慧支持模块的功能结构如图5.21所示。

智慧敬老的典型场景：公共场所监测到有老人到来时，自动广播或告知敬老公告，提醒大家给老人让座，不要在老人身边大声喧哗或抽烟。利用智慧孝老app，公交车检测到老人上车后，自动播放敬老公益广告。通过合理的引导和适当的奖励，避免不尊敬老人的行为发生。

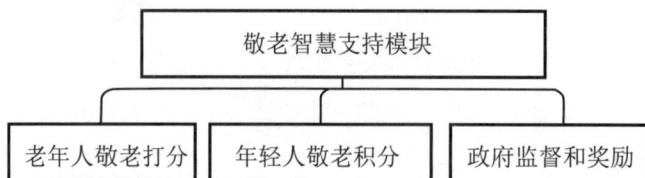

图 5.21　敬老智慧支持模块

六、耐老智慧支持模块

耐老智慧支持模块整合上述各个模块，包括耐老打分、耐老综合得分、感化、政府监督和奖励等模块。系统持续监测年轻人的表现和老人的情绪数据，并将数据记录、整合和分析，获得年轻人的"耐老综合得分"，定期评价子女、年轻人与老年人和谐相处的程度。耐老智慧支持模块功能结构如图 5.22 所示。

图 5.22　耐老智慧支持模块

俗话说"久病床前无孝子"，对老年人渐渐失去耐心的年轻人，不仅会看到自己的孝老得分持续走低，也会收到及时的提醒，告知他（她）应当保持积极乐观的情绪去关爱老人。同时，系统会联合第三方平台，为年轻人推送人生成长、敬老扶幼相关的正能量视频，从而引导、感化年轻人。

七、祭老智慧支持模块

祭老智慧支持模块利用互联网技术，开辟"绿色祭祖"新方式，将传统的灵堂、墓地迁移到虚拟世界中，不仅可以省去清明节等祭奠日多地奔波的烦扰，还能减少因焚烧祭品带来的环境污染和森林火灾风险。人们只需登录祭祀网站，就可进行网上扫墓，为逝者送上一束虚拟鲜花，亲友也可以在留言板上写下哀思。祭老智慧支持模块的功能结构如图 5.23 所示。

图 5.23　祭老智慧支持模块

　　"创忆"app是一款典型的网上祭奠系统，提供网上纪念馆、在线祭奠等功能。祭祀者只需上传逝者照片及生平介绍，即可一键制作视频，发表纪念文章、留言来寄托对亲人的思念。"创忆"系统的首页界面和功能界面如图5.24、图5.25所示。

图 5.24　"创忆"首页

图 5.25　"创忆"功能页

　　另外，"网上缅怀"也是一款用于缅怀故人的公众号，其愿景是：思念常相伴，亲情永留存。该公众号是为全球华人提供新一代网上缅怀祭奠平台，系统的主要界面如图5.26、图5.27所示。

图 5.26 公众号关注页

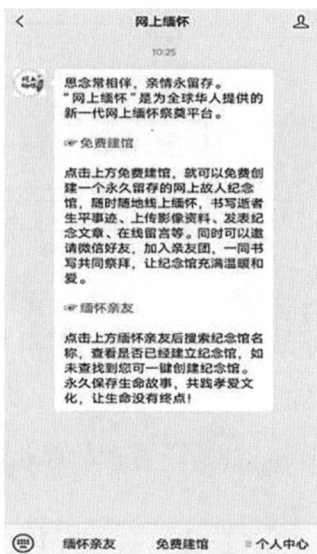

图 5.27 主要界面

使用"免费建馆"功能，就可以免费创建一个网上故人纪念馆，随时随地线上缅怀，书写逝者生平事迹、上传影像资料、发表纪念文章、在线留言等，如图5.28、图5.29所示。同时可以邀请微信好友加入亲友团，一同书写，共同祭拜，让纪念馆充满温暖和爱。

图 5.28 创建纪念馆

图 5.29 祭祀页

八、防啃老智慧支持模块

防啃老智慧支持模块包含虐待老人报警功能和消费监管功能。当老年人不愿意或无能力为子女的消费行为买单时，他们有权捍卫自己的权益。首先，在受虐报警模块，当老人由于受到虐待发出"救命"等呼救信号时，智能手机能够识别并自动报警，同时警告施暴者终止暴力行为。其次，在消费监管模块，老人可以将自己的银行卡、信用卡绑定到智慧孝老app中，当子女使用老人的钱购物时，老人的手机会收到确认提醒。老人也可以为子女设置消费额度，当子女每月消费金额超过老人每月可支配收入的一定百分比（如30%）时将给出警示或提醒，同时扣除相应的敬老智慧支持模块的"敬老积分"。防啃老智慧支持模块的功能结构如图5.30所示。

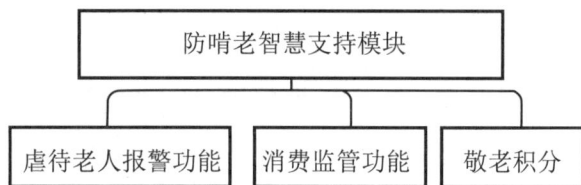

图 5.30　防啃老智慧支持模块

九、防扰老智慧支持模块

防扰老智慧支持模块的功能主要用于老人精神上可以独立自主的时候，防止子女干预老人的生活自由，特别是防止老人在婚恋期间经常被打扰。该模块可以设置语音识别功能，开启智慧孝老app中这些功能后，如果子女在老人居家环境中有言语上干扰父母私生活的禁词，则视为打扰老人。老人也可直接利用智慧孝老app记录子女的扰老行为，系统识别这些扰老信息后，可以给子女发出警示信息，提示子女尊重老人自己的生活，减少对老人的打扰甚至是干预。若子女被老人投诉，则扣除子女在敬老智慧支持模块中相应数量的"敬老积分"。防扰老智慧支持模块的功能结构如图5.31所示。

图 5.31　防扰老智慧支持模块

上述九方面的智慧孝老支持模块既可以单独使用，也可以组合使用。孝是中国传统文化的核心，智慧孝老支持系统借助"智慧"的力量帮助子女和其他年轻人更好地与老人沟通，进而更好地尽孝，满足老年人物质和精神双重需求，使家庭更和谐，社会更和谐。

第四节　智慧孝老系统的典型解决方案

一、孝心手环

老人智能手表（孝心手环）是一种可以帮助养老服务公司和家人远程了解老人动态的设备，是智慧健康养老体系的核心环节。手表可以给平台及家人提供包括体温、心率、位置、出行轨迹、运动量、睡眠等数据，平台和家人可以通过数据了解用户的状况。在一些数据异常时，如用户体温异常、心率异常、离开预定的活动区域、久静未动等，手表会自动向平台和家人报警，以便平台和家人及时给用户提供帮助。紧急情况下，用户可以通过一键呼叫或SOS键进行求助。必要时，家人或平台可以利用手表的远程探访功能，强制打开手表的摄像头，对用户进行场景监测。同时，手表还集成了移动支付、eSIM技术、微聊、智能语音等新技术和时尚功能，方便用户使用。同时老人智能手表专注产品适老化功能的开发与优化，相继开发了大屏幕、大字体、大声音、大电池等适老功能，完善数据异常预警、防脱报警、远程探访等远程关爱功能。

图 5.32　孝心手环

孝心手环如图 5.32 所示，其主要功能有以下几种。

（一）实时位置

智能手表内置高精度卫星定位模块，同时支持 GPS、北斗、基站及 Wi-Fi 等多种定位，精确度达到 10 米以内。管理中心后台和 app 端可以查看佩戴老人的地理位置及行动轨迹，清楚了解佩戴老人所在位置。同时还可以设置安全区域，如佩戴老人走出该范围，后台和 app 可以自动报警。

（二）健康监测

内置心率及精准的光电感应传感器，24 小时不间断地监测佩戴老人的心率、血压、体温，并上传至管理中心后台和 app 端，让工作人员和家人第一时间知道佩戴者的身体状况，确保佩戴者健康出现异常时能得到及时帮助。

（三）运动及睡眠监测

记录佩戴老人每天的运动和睡眠数据，上传至管理中心后台和 app 端。工作人员和家人可以随时查看，了解佩戴者的日常运动和睡眠情况。

（四）紧急求助

设置紧急联系人号码，长按 SOS 键可以一键呼叫亲情号。

（五）智能语音

内置 AI 智能语音系统，整合海量语音资源。佩戴老人可以进行语音互动，丰富生活。

二、陪伴型聊天机器人

聊天机器人是一种模拟与人类用户对话的计算机程序，有学者将其定义为"使用自然对话语言与人类用户进行交流的智能对话系统",其技术支持包括语音识别、自然语言处理、深度学习等。从20世纪60年代Eliza的诞生、21世纪初Siri的出现,到2022年11月底Open AI发布的全新聊天机器人ChatGPT,聊天机器人历经了不断更新迭代的过程,并成为人们与数据和算法互动的新范式。聊天机器人以人工智能技术为基础,模仿人类思维和认知功能,与人类进行沟通交流。从媒介技术形态和角色来看,聊天机器人不仅是一种新的技术渠道,也作为交流者和对话者参与到互动过程中。

陪伴型聊天机器人的核心在于满足用户的情感需求,主要包括获取信息、娱乐社交、排解孤独及对新技术的好奇与兴趣。目前陪伴型聊天机器人在智慧孝老方面的应用主要体现在以下三方面。

（一）24小时在线

情绪的即时回应。情绪分享是人类的天性和需求,但在忙碌的生活节奏下,人们的情绪分享渠道并不总是具备或畅通,而情绪未能及时排解往往带来更消极的后果。24小时在线的陪伴型聊天机器人可以随时、随地、即时提供回应,100%响应性能直接减少人类情绪分享之后缺乏回应的失落感。尤其是对于渴望即时反馈、对话的人来说,"秒回"所带来的情感慰藉是难以比拟的。陪伴型聊天机器人的"永久在线""随时可及"特征使其成为人类倾诉的重要对象。

（二）无威胁感倾诉

舒适安全的对话环境。陪伴型聊天机器人在对话内容上给人带来的"无威胁感"亦是重要的吸引力。机器作为一个"忠实的"伙伴,在保持中立态度和保守秘密上具有一定的优势。可以看出,与陪伴型聊天机器人的交互能消除人们因消极情绪表露产生的评价风险,为人们讨论敏感话题提供了一个安全无威胁的环境。

（三）机器共情性与CASA范式

一方面,聊天机器人在设计过程中注重机器共情能力的塑造,让其能够"感知"人类的情绪,并做出合适的反馈;另一方面,按照"计算机作为社会行动者"范式（CASA范式）,在与机器人互动过程中,尽管用户知道机器人是无生命的,他们还是会将聊天机器人当作社会主体看待。陪伴型聊天机器人兼具"机器特征"与"人类特征"是其发挥作用的重要机制,也使其将在未来扮演更为重要的角色。

案例思考

"数字反哺"让老年人一起来"冲浪"

电子支付、网上挂号、微信朋友圈……如今，互联网正在改变人们的生活方式，而由此带来的"信息落差"和"知识分割"，让60岁以上老人与社会之间出现了一道看不见的"数字鸿沟"。

孝老要体现在行动上。关注老人心理健康，了解老人所需，教老人使用智能设备，是年轻人最好的孝老行动。在推动老年人数字融入的征程中，"数字反哺"作为一种内生性、可持续的辅助力量，其重要性不言而喻。"数字反哺可以很好地促进工作的开展。在传统媒体的时代，文化的传承都是上一代传递给下一代，但在互联网的时代，老年人由于其学习能力、行为模式、社会需求等的不同，需要让下一代，甚至隔代的年轻人来传授相关的技术和观念。年轻一代，是互联网、数字化的原住民，他们天生的环境就是互联网，对互联网的使用有天生的优势。中国自古就重血亲，讲孝道，用数字反哺的形式，充分调动家庭成员之间的支持系统，在家庭内部解决"数字鸿沟"的问题，是适合中国国情的，是弥合老年数字鸿沟比较现实又理想的解决方式，是有利于更好地促进家庭成员的互动关系、衍生出新时代下更良好的互动模式。

在弥合老年数字鸿沟方式上，更多聚焦家庭"数字反哺"——家庭内的信息共享和代际互动，成为缩小数字鸿沟的重要渠道，更促进了家庭成员互相之间的认知与情感。

思考题：请结合案例和本章内容，谈谈智慧孝老主要体现在哪些方面。

第六章

智慧社区居家养老系统

本章要点

1. 如何理解智慧社区居家养老系统的定义?

2. 智慧社区居家养老系统有哪些特点?

3. 智慧社区居家养老系统的分类有哪些?

4. 如何展开智慧社区居家养老系统的需求分析?

5. 如何展开智慧社区居家养老系统的总体设计?

6. 如何实现智慧社区居家养老系统?

7. 智慧社区居家养老系统服务的典型模式有哪些?

引入案例

社区是我国社会一个基本单元。智慧社区养老,即老人以居家养老为主,辅以社区内各种机构提供的服务进行机构养老的延伸,这种养老模式是目前解决社区养老问题的有效实施手段。建立空巢、孤寡老人的社会照料系统,利用信息化项目辅助,实时监控、双向收集传递各种信息,为行动不便的老人提供上门服务。发展以社区为中心的老年服务体系,逐步走社会化、产业化、信息化的道路,不仅可以解决老年人及其家属的实际困难,还可以提供上千万个就业岗位。有幸的是,上海已经出台很多相关政策,形成了一定的政策支持力度。在《上海市国民经济和社会发展第十一个五年规划纲要》中,首次将社区居家养老列入其中,并且将其纳入政府事实项目、财政预算内。上海市在"十一五"期间率先提出"9073"的养老服务格局,此后各省也按照"9073"的格局建设养老服务体系。"9073"养老服务格局一般是指老年人中的90%选择居家养老、7%依靠社区养老、3%选择机构养老。在这个格局中,90%的居家养老占最高比重,加上7%的社区养老,97%老年人都处于社区居家养老的服务体系当中。正是因为社区居家养老拥有最广的受众,政策关注重点、社会资本关注重点都要转移到的社区居家养老上来。在这样的背景下,我们把智慧居家养老和智慧社区养老合并为智慧社区居家养老,与智慧机构养老并列为两种不同养老地点的智慧养老实现模式。

第一节　智慧社区居家养老系统概述

一、智慧社区居家养老系统的定义

智慧社区居家养老服务是我国在2006年提出的新型养老模式，是老年人居住在家中也可以享受由社区提供的生活照料、医疗护理、精神慰藉和紧急救助等，集"看、养、护、医"于一体的养老模式。它强调以家庭为基础，以社区为依托，以养老专业化服务机构为载体的综合性社会化养老服务模式。

智慧社区养老系统主要是以社区为依托，通过云计算数据平台、互联网、传感器等技术把社区老年人、社区资源、社会组织整合，采集社区信息、分析社区需求、提供针对性服务、监督服务质量、汇集服务反馈，形成线上线下互动的数字化服务，提供专业的需求服务，这种方式打破了传统的"碎片化"养老模式，实现了养老服务内容、方式、渠道的整合。在居家养老设备中植入电子芯片装置，使老年人的日常生活处于远程监控状态。如果老人走出房屋或摔倒，智能居家养老系统中的手表设备能立即通知医护人员或亲属，使老年人能及时得到救助服务；当老年人因饮食不节制、生活不规律而带来各种亚健康隐患时，智能居家养老设备的服务中心也能第一时间发出警报；智能居家养老设备医疗服务中心会提醒老人准时吃药和平时生活中的各种健康事项。最重要的是，智能居家养老系统可以在老人身上安装带有卫星定位系统的设备，子女再也无须担心老人外出后走失。

智慧社区居家养老系统主要由技术、终端产品和服务三方面构成。

（一）技术

1.物联网技术

通过智能感知、识别技术与普适计算打破传统思维，使人们最大限度地实现各类传感器和计算网络的实时连接，让老人的日常生活（特别是健康状况和出行安全）能被子女远程查看。

2.云技术

基于云计算商业模式，为居家养老和社区养老服务中心提供成熟可靠信息化手段的服务和管理。

（二）终端产品

终端产品一般为感应器设备，现有心电监测器、血压监测仪、智能手表、远程监视器等设备能够检查老人的血压、体重、血脂等状况。

（三）服务

通过集成上述智慧养老相关技术和终端产品建立的智慧社区居家养老系统，能够提供面向养老服务企业、老年人、商家、政府等的信息服务。智慧社区居家养老服务系统的逻辑结构如图6.1所示。

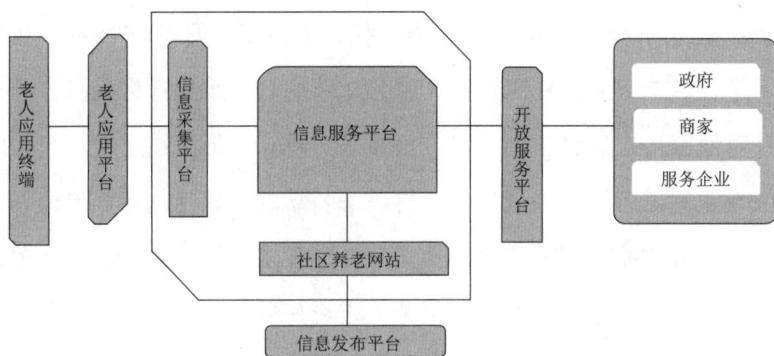

图6.1　智慧社区居家养老服务系统的逻辑结构

二、智慧社区居家养老系统的特点

社区作为老年人社会生活最主要场所，可以让老人的养老实现不离巢、不离家、不离伴，以社区为依托的居家养老将成为非常重要的养老方式。智慧社区居家养老服务系统以家庭为核心，以社区为依托，以企事业服务机构为网点，以信息化平台为支撑，为老年人群提供专业化为老服务。智慧社区养老服务主要针对自理能力比较强的老人，通过在社区内部建立一个智慧社区养老活动中心，为老人提供日常活动的空间、定期健康体检和文娱活动等，老人白天在活动中心享受老年生活，晚上在家中与子女一起享受天伦之乐。

智慧社区养老服务模式综合了居家养老模式和机构养老模式的优点和可操作性，把两种模式的最佳结合点集中在社区，并通过社区养老服务平台的使用，实现对社区养老服务的信息化管理以及对社区内部老人的有效覆盖。智慧社区养老服务的主要任务在于为老人提供助餐、助洁、助急、助浴、助行、助医、居家护理等养老服务项目，基于能够充分整合资源的养老服务平台，将老人数据信息、服务提供者的数据信息、服务提供机构的数据信息和智慧养老系统设备相连接，对社区养老服务的全过程进行实时监控，实现从需求产生到需求满足的整个流程的全面管理。同时，智慧社区养老活动中心通过安装的软件系统和硬件设备，如智能健康设备、健康小屋、远程健康管理系统等，让老人不用离开熟悉的生活空间，实现就近养老。智慧社区养老系统包含的内容如图6.2所示。

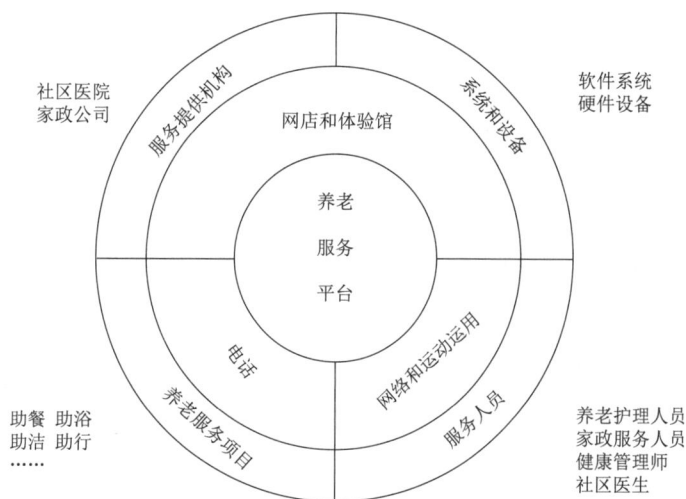

图6.2　智慧社区养老系统包含的内容

相比传统的社区养老服务模式，智慧社区养老服务模式通过引入智能设备实现了社区养老服务的高质量和高效率。具体来说，智能设备一方面提高了养老服务效率，通过将服务需求者、服务人员、服务机构的信息整合在一个统一的智慧养老服务平台，杜绝了养老服务信息不对称、不匹配的情况，服务机构可以快速识别老人需求，并精准、有针对性地提供服务。另一方面，智能设备丰富了智慧社区养老服务的内容。智慧社区养老服务平台的构建，更全面且更大范围地整合社区内部及社区周边的养老资源，使老人多元化、个性化的服务需求成为可能。智慧社区居家养老系统应具有以下三个特点。

（一）实用性与易操作性

开发智慧社区居家养老系统的目的是解决现阶段养老遇到的问题，具有较强的实用性，且因设计的规范化与简单化，该系统还具有易操作的特点。

（二）开放性与可拓展性

智慧社区居家养老系统需要升级时，可以在原系统基础上进行升级而无须再次开发，多产品、多平台与多技术可以相互包容并存，具有开放性，同时也体现了当原系统不符合需求端的要求时，可以对其进行升级维护来继续使用，具有可拓展性。

（三）标准性与安全性

居家养老系统在开发的过程中一定是符合国家相关要求的，智慧社区居家养老系统也是如此，因此具有标准性。智慧社区居家养老系统满足相关要求且在整体布局时采用集中式系统，又采取易于使用的系统安全策略，以此来确保数据的准确、可靠、一致，保证系统安全与可靠地运行。

三、智慧居家养老系统的分类

综合社区老年人的身体自理状况、年龄阶段、家庭状况对老年人进行分类，以便使用信息技术手段更加有针对性地做好社区居家养老服务。

（一）社区居家养老服务对象的分类

生活自理能力作为反映老年人生理机能健康状况的重要指标，是指老年人能够独立完成进食、翻身、大小便、穿衣洗漱、自我移动这五项活动的能力。有学者将完全自理定义为"老年人不依靠外人，能够独立完成以上日常生活中的四项及以上的活动；将半自理定义为"老年人不能完成以上五项活动中的三项"；将完全不能自理定义为"老年人无法独立完成以上五项活动"。

根据联合国1982年对人口年龄结构的划分，60至69岁年龄阶段的人被称为低龄老人，70至79岁年龄阶段的人被称为中龄老人，80岁以上的人被称为高龄老人。根据老年人的家庭状况，可将老年人分为孤寡老人、失独老人、空巢老人和正常老人。

参照上述分类依据，本书根据需要关注和照顾的程度，将社区的老年人分为四个不同类型的老年服务对象。第一类老人指能够完全自理或低龄的正常老人，第二类老人指中龄或失独、空巢的老人，第三类老人指孤寡或半自理型老人，第四类老人指完全不能自理或高龄老人，如表6.1所示，相对应地有四种为老服务模式。

表6.1　老人服务模式

按照身体自理状况分类	按照年龄阶段分类	按照家庭状况分类
完全不能自理型 （如失智失能）	高龄	孤寡
半自理型	中龄	失孤、空巢
完全自理型	低龄	正常

第四类老人 服务模式	第三类老人 服务模式	第二类老人 服务模式	第一类老人 服务模式

（二）智慧社区居家养老服务模式

互联网、物联网、社交网等新型网络环境的出现，给老年人的生活方式带来了很多变化，这些新技术可以为社区的不同年龄阶段、身体条件、家庭状况的老年人提供不同层级的服务，如图6.3所示。

1. 第一类老人服务模式

社区内的第一类老人（即完全自理或低龄的正常老人）可以在社区养老服务平台上进行E-service、E-shopping、E-entertainment、E-learning、E-exhibition、E-communication等几乎所有需要的活动。

2. 第二类老人服务模式

第二类老人（即中龄、失独或空巢老人）可以通过新型网络环境实现E-shopping、E-entertainment、E-learning、E-service、E-communication、E-health等大多数有益身体健康和心理健康的服务。

3. 第三类老人服务模式

第三类老人（即孤寡或半自理型老人）可以通过新型网络环境实现E-service、E-health、E-nursinghome、E-mergencyrescue、E-monitoring的服务。

4. 第四类老人服务模式

第四类老人（即完全不能自理或高龄老人）可以通过新型网络环境实现E-health、E-nursinghome、E-mergencyrescue、E-monitoring的服务。

此外，社区管理者和服务人员可以通过新型网络环境实现E-government（电子政务）以及物业管理等。

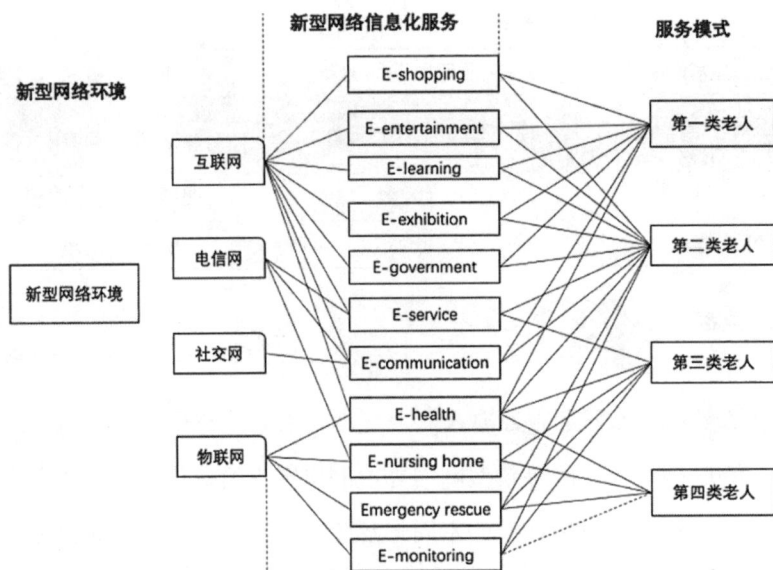

图 6.3　智慧社区居家养老服务模式

注：E-shopping——网上购物、E-entertainment——在线娱乐、E-learning——在线学习，主要指通过网络进行相应购物、娱乐、学习活动；E-exhibition——在线作品展览，主要指老人将自己的作品在网上在线展览；E-government——电子政务、E-service——电子服务，主要指网上订餐、订水、缴水电费；E-communication——电子沟通，主要指通过网络进行精神慰藉和情感交流；E-health——电子健康，主要指电子病历在线医疗；E-nursing home——电子居家护理，主要指居家护理照料和家政服务；Emergency rescue——紧急救助，主要通过电子报警系统实现；E-monitoring——电子监控，特指在老人家中的电子监控。

第二节　智慧社区居家养老系统的规划与设计

一、智慧社区居家养老系统的需求分析

智慧居家养老系统通常会充分运用各种高科技手段，整合社会各界的力量和服务网点资源，以社区为依托、家庭为单位、企事业等服务机构为网点、网络中心

为支撑，建立全方位信息化的居家养老服务体系，系统功能涵盖社区管理、医疗服务、民生服务等多方面内容。典型的智慧社区居家养老系统包括3个子系统，即社区管理子系统、医疗服务子系统、民生服务子系统。每个子系统又包含多个模块，具体如图6.4所示。

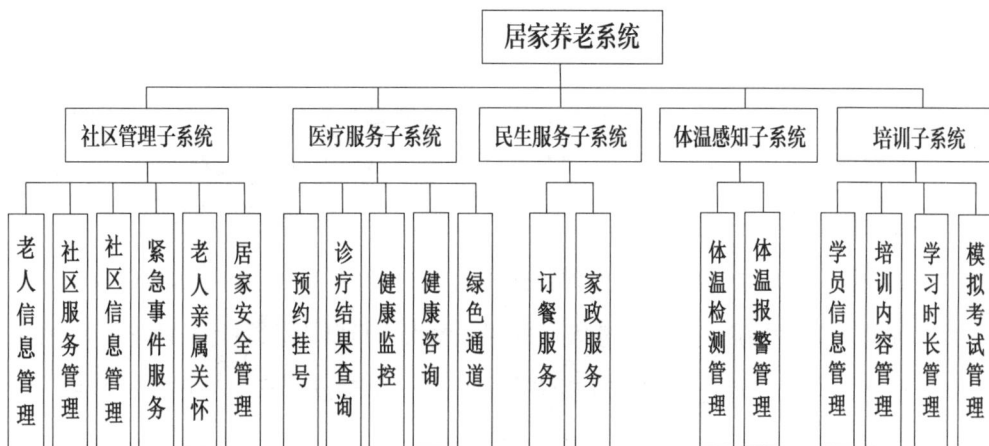

图6.4　居家养老系统模块

（一）社区管理子系统

1.老人信息管理

社区工作人员通过居家养老系统平台对社区老人档案管理维护，实现对老人信息的管理。同时居家养老系统还需要与交互式网络电视网络（IPTV）和医疗系统传输数据，需要分别设置居家养老系统与IPTV系统的老人信息数据接口、居家养老系统与医疗系统的老人信息数据接口，以实现多系统中老人信息的一致。

2.社区服务管理

居家老人通过布置于家中的IPTV终端（或Pad终端）发起综合养老服务及时间申请（没有安装IPTV的老人也可以通过电话或其他的方式来申请服务），该服务申请将自动流转到社区街道办助老服务社工作人员的管理平台上，如果是电话或其他方式的申请，则由助老服务社工作人员通过工作终端将相关信息录入系统。社区助老服务社工作人员在接收到请求后从系统资源库中调出备案的服务资源，选择适配的优质资源，并向被选中的家政服务人员派发服务工单，同时将工单信息发送给社区助老服务专员以便其后续对被服务老人进行回访。综合养老服务人员在上门为居家老人服务后，通过老人家中的IPTV终端（或Pad终端）来收集服务评价信息。综合养老服务人员到被服务老人家中后，需要在终端上点击"开始服务"以确认上门服务时间；完成服务后，要点击终端上的"完成服务"以确认本次服务已经完成，此时系统会自动记录服务结束时间；然后系统会提示要被服务老人对本次服务进行满意度评价，被服务老人可以直接在IPTV终端（或Pad终端）上选择"好""一般""差"等评价（具体评价信息会根据实际情况进行调整）。完成评价后，本次服务的确认信息、服务开始时间、结束时间、服务时长信息和评价结果信息会自动转发到社区助老服务社工作人员处，助老服务社工作人员可以基于该数据，进一步开展服务管理与优化工作。

除了被服务老人主动反馈服务评价这种方式外，社区助老服务社工作人员也可以通过与老人交流以确认家政服务人员的服务情况（例如电话、上门回访等）。社区助老服务社工作人员每月将记录到系统中的服务情况和反馈意见进行统计分析，从而对所有服务人员进行绩效考核，如图6.5所示。

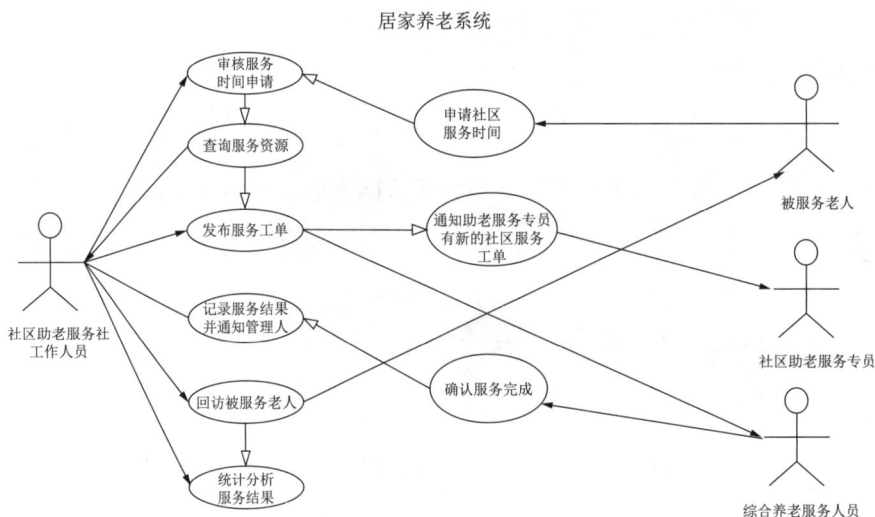

图6.5　社区服务管理

3. 社区信息管理

社区的工作人员可通过该系统，随时将有关信息直接发布到居家老人的IPTV终端，如养老相关会议、社区活动等消息。

4. 紧急事件服务

当老人在家遇到紧急情况时可以使用终端一键报警功能直接通知社区服务中心的工作人员,当社区工作人员不在工作现场或长时间没有响应时,系统将自动通过短信服务向有关社区工作人员发送短信提醒,以便及时处理。

5. 老人亲属关怀

老人家属可通过互联网查询老人健康情况和老人服务记录情况。通过家庭视频互动,老人可以在足不出户情况下,通过IPTV、智能手机与子女进行视频互通,远程与亲人和晚辈交谈,缓解老人与子女、亲属之间的思念之情,部分解除老人孤独、寂寞的精神状态,丰富老人晚年的精神生活,促进老人的心理健康。

6. 居家安全管理

老人的居家安全,一直是老人子女所牵挂和担心的,也是政府和社会关注的热点。我们可以通过多种措施保障老人的居家安全,例如:在每个老人家里或社区的每户家庭中安装网络摄像头,每个摄像头监控的视频图像通过网络传输到智慧养老云平台,老人子女、亲属,或老人自己在其他场所可以通过智能终端登录查看家里所有的监控视频,根据需要,还可以对监控的实时视频图像进行录像、拍照、报警联动等。确保家庭住宅在无人值守的情况下,人员进出后能够留下影像;通过传感器将火警或煤气泄漏信息发送到养老服务平台进行报警;通过佩戴电子腕表,对居家老人进行实时的定位监控,并实现电子围栏功能,即老人一旦离开预设的区域范围,将会自动将报警数据发送到数据中心或直接传送给社区管理员、亲属等。

(二)医疗服务子系统

该子系统一般和社区医院合作,需要与医院的管理系统、网站做好相应的接口,实现远程医疗服务,医疗服务子系统包括的功能有预约挂号、诊疗结果查询、健康监控、健康资讯、绿色通道五个部分。

1. 预约挂号

老人在家可以通过IPTV终端,根据需求选择日期、医生等进行预约挂号,系统通过数据交换,即时获取医院的挂号情况,帮助老人挂号,并提醒前面共有几个病人,什么时间段去看病最合理。

2. 诊疗结果查询

老年人通过IPTV查询自己的诊疗结果报告信息。

3. 健康监控

对于独居或子女经常不在身边的老人，可以使用健康监控服务，通过摄像头、智能血压仪、智能血糖仪、智能手表手环等设备，完成老人心率、血压、血糖等指标的测量，并将获取的数据自动上传至健康管理平台进行评估，在社区联动支持下实施健康服务。

4. 健康资讯

社区老年人通过终端获得各种养老相关的健康资讯，包括慢病防治信息、医疗服务信息、健康科普知识等。

5. 绿色通道

对于突感不适的老人，可以在居家房间中选择使用"绿色通道"功能，呼救信息将会快速传递到区域卫生平台，并在社区内获得急救服务。

（三）民生服务子系统

1. 订餐服务

老人通过IPTV终端发布订餐需求到养老综合平台，社区工作人员可以协助老人订餐，同时餐饮服务组织可以通过养老综合服务平台与老人进行联系，提供送餐服务。

2. 家政服务

老人通过IPTV终端发布家政服务（做饭、洗衣等）需求到养老综合平台。社区服务人员可以根据老人需要协助老人寻找家政服务，也可以通过服务平台直接与老人进行联系，提供家政服务。

（四）老人体温感知子系统

老人体温感知系统引入了物联网技术，该系统通过传感器感知老人体温数据信息，并通过网络实时传输到机构养老系统，同时利用便携式终端将体温数据记录传送给服务人员进行跟踪。腕带温度传感器是一种典型的体温感知系统。通过佩戴腕带传感器，实时地将老人体温数据通过无线网络传送到老人体温感知子系统中，系统受到体温数据后，根据设定的阈值，自动监测老人的身体体温，如果老人体温数据发生异常，则系统自动进行报警提醒，并在社区养老服务平台中显示老人姓名、住户号等报警信息，同时将报警信息发送到社区养老服务工作人员便携式手持终端上。

（五）护理及服务人员培训服务子系统

护理及服务人员培训系统主要用于对潜在的、在职的护理和服务人员进行护理基本技能、服务质量管理等方面的培训。该子系统充分借鉴了智慧教育领域中的远程教学理念，考虑到各类护理人员不同的操作能力，以及较多护理人员因工作繁重，没时间外出参加培训，采用视频方式进行培训是当前最为适合护理及服务人员培训的方式。该培训子系统一般包含以下功能：记录签到人员信息、记录在线观看培训的内容、记录每个视频内容观看的时长、记录累计参与培训时长的信息、设置在线模拟考试及考核、在线点播观看课堂现场培训。

二、智慧社区居家养老系统的总体设计

系统总体结构设计将从硬件平台设计和软件平台设计两个方面进行阐述。

（一）硬件平台设计

居家养老服务系统通过IPTV网络和IP城域网，共同完成宽带业务的接入和面向最终用户的业务提供。老人还可以选择移动应用终端，通过Wi-Fi链路将数据通过IPTV网络上传到居家养老服务平台。

（二）软件平台设计

1.系统应用平台

系统应用平台的主要功能是将中间应用平台、数据交换平台等底层平台所提供的基础功能按照应用系统的业务逻辑进行整合，并提供相关接口供上层的应用软件调用，同时也会提供相关接口供外部系统进行调用。系统应用平台架构如图6.6所示。

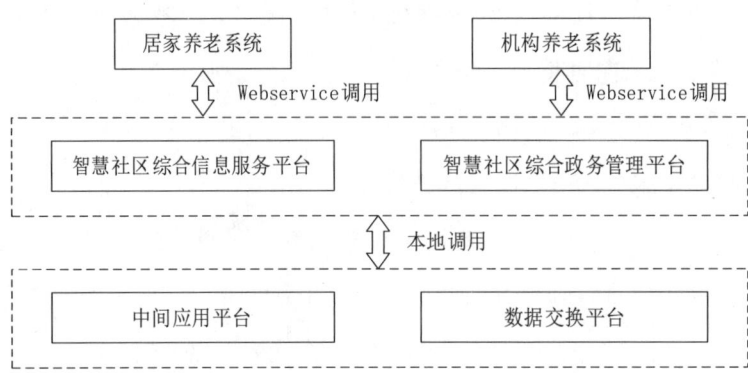

图 6.6　系统应用平台架构示意

2. 中间应用平台

中间应用平台主要包含了系统需要使用的基本功能和基础的数据库操作功能。中间应用平台架构如图6.7所示。

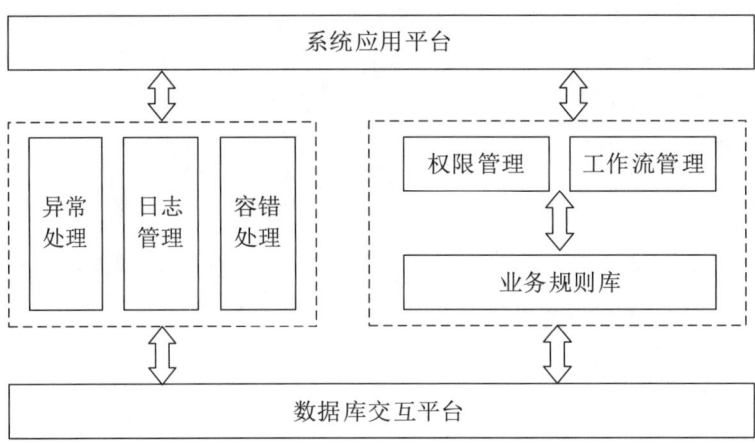

图 6.7　中间应用平台架构示意

3. 数据交换平台

数据交换平台主要用于养老相关的政府部门、各类服务企业、医疗机构、个人之间的数据信息交换，方便各类不同功能应用软件的集成，使得各类用户和系统在进行数据的互联互通时，更易扩展、管理和维护。数据交换平台总体架构如图6.8所示。

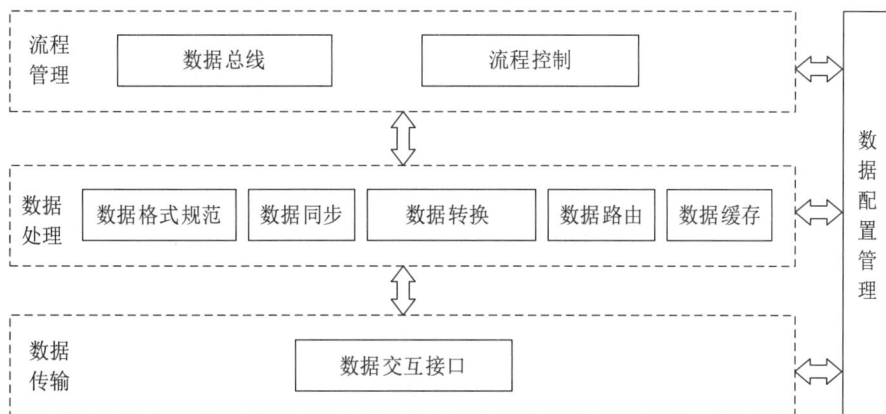

图 6.8　数据交换平台架构示意

三、智慧社区居家养老系统网络组网设计

（一）传输网络

居家养老平台需要实现从平台到居民家里的IPTV终端连接，并进一步通过IP城域网与社区卫生平台的数据中心相连，最终实现社区卫生平台数据中心与智慧社区服务平台数据中心连通。考虑到各个平台自身的安全需求，需要在两个平台之间配置网关等物理隔离设备。根据不同应用的安全需求，智慧社区居家养老系统的数据传输网络设备一般配置：数据交换服务器2～4台、网络隔离设备2台、防火墙2台。

（二）IP 城域网

智慧社区居家养老系统一般部署于IDC机房，其通过高带宽光缆分别与运营商骨干网连接。智慧社区居家养老系统中关键的应用服务器和数据库服务器均采用云服务器与服务器集群相结合的方式，云计算将大量用网络连接的计算资源统一管理和调度，构成一个计算资源池为系统提供服务，通过峰值复用、共享存储、带宽复用等技术可以极大提高服务器、存储和带宽等资源的利用率，如图6.9所示。

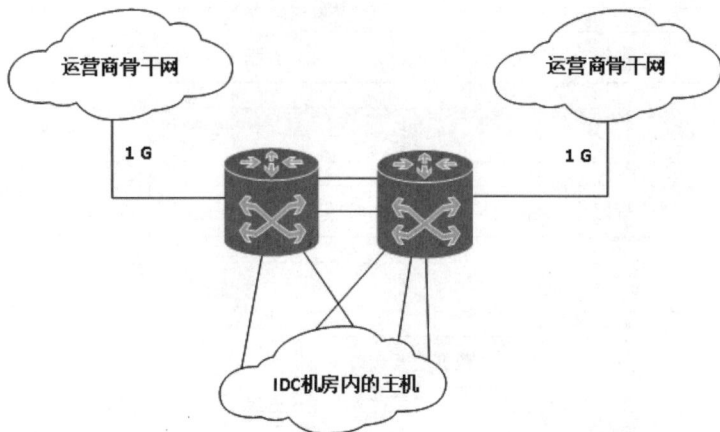

图 6.9 IP 城域网示意

智慧社区居家养老系统一般采用Webservices技术为民政部门等相关政府部门信息系统提供接口服务，同时该系统也可通过调用卫生医疗信息系统的Webservices接口来采集需要的数据。

（三）IPTV 网络

IPTV是一种利用宽带有线电视网存储及传送流媒体内容的交互电视技术，集互联网、多媒体、通信等多种技术于一体，向家庭用户提供包括数字电视在内的多种交互式服务，是互联网与传统电视相互融合的结果。智慧社区居家养老系统中的IPTV网络如图6.10所示。

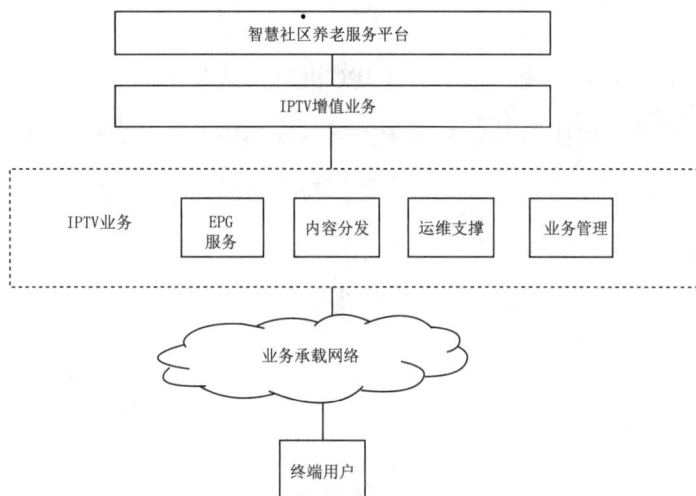

图 6.10 IPTV 网络示意

IPTV业务管理平台与业务系统接口一般包括以下几类。

1.EPG 首页鉴权接口

该接口用于用户访问电视节目指南（Electronic Program Guide，EPG）首页时，EPG服务系统向业务管理平台请求鉴权。承载协议：SOAP。

2.UserToken 更新接口

该接口用于用户令牌UserToken失效时，EPG服务系统重定向到业务管理平台，并请求新的UserToken。承载协议：HTTP。

3.Session 丢失后获取接口

该接口用于机顶盒访问EPG平台时，EPG服务系统通过Session（或Cookie）记忆用户的临时身份凭证（UserToken）。但是，由于Session（或Cookie）的时限性，使得机顶盒在一段时间内没有访问EPG页面时，机顶盒将丢失与EPG之间的Session，从而使得EPG丢失用户的UserToken，无法继续为该用户机顶盒提供IPTV服务。承载协议：HTTP。

4. 业务鉴权接口

该接口用于用户通过EPG请求业务资源时，EPG服务系统向业务管理平台请求业务鉴权，业务管理平台收到请求后，会将鉴权结果返回给EPG服务系统。承载协议：SOAP。

5. 业务订购接口

该接口用于用户请求使用业务服务时，EPG服务系统向业务管理平台请求业务订购，用户提交订购后，EPG服务系统保存订购信息，并将返回处理页面给用户。承载协议：SOAP。

6. 直播频道列表更新接口

该接口用于用户请求订购直播频道，当业务管理平台返回订购成功响应后，EPG服务系统会将用户访问重定向至业务管理平台，并重新设置直播频道列表。业务管理平台通过配置指令设置订购成功的频道列表，并将机顶盒重定向至EPG服务系统。承载协议：HTTP。

7. 产品包信息获取接口

该接口用于EPG服务系统向业务管理平台请求产品包信息，业务管理系统收到请求后，将产品包信息返回给EPG服务系统。承载协议：SOAP。

8. 用户身份重定向接口

该接口用于用户请求使用业务时，接收HTTP重定向命令，要求重定向到业务管理平台的业务订购页面时触发，用户提交订购后，EPG服务系统保存订购信息，并将处理页面返回给用户。承载协议：HTTP。

9. 业务订购查询接口

该接口用于养老相关增值业务平台向业务管理平台查询用户订购过的所有产品与服务的概要信息。承载协议：SOAP。

10. 业务产品详细信息查询接口

该接口用于养老相关业务平台向业务管理平台查询用户订购过的产品与服务的详细信息。承载协议：SOAP。

11. 业务产品订购接口

当用户选择订购某业务时，业务平台会将用户重定向至业务管理平台进行该业务的订购操作。当用户订购成功后，业务管理平台能将用户重定向回业务平台显示订购结果。承载协议：HTTP。

12. 业务能力系统数据采集接口

该接口用于向IPTV平台采集相关数据，以支持对IPTV业务经营情况进行分析。承载协议：FTP。

第三节　智慧社区居家养老系统的实现

一、智慧社区居家养老系统数据库

目前常用的国外厂商的数据库系统有Oracle、SQL Server、MySQL，国内厂商开发的典型的数据库产品有TIDB、openGauss、OceanBase、达梦等品牌。随着国产软硬件基础平台的应用日益普及，国内各个领域的数据库系统将逐步采用国产数据系统。云模式部署的openGauss数据库拓扑图如图6.11所示。

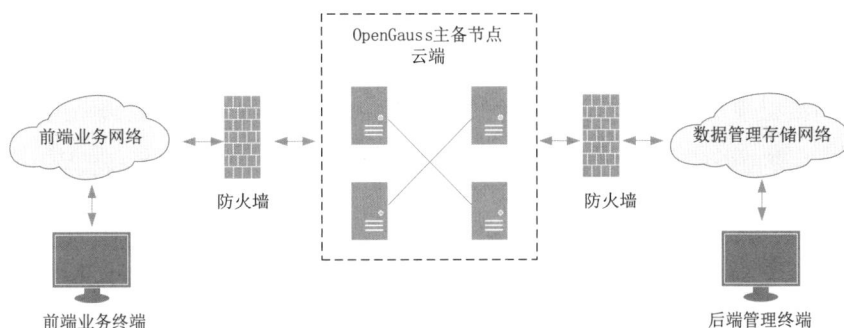

图 6.11　openGauss 数据库典型拓扑结构

云模式openGauss数据库的安装步骤如下。

第一步：购买弹性云服务器。openGauss数据库是一款全面友好开放的企业级开源关系型数据库，提供了面向多核架构的并发控制技术，尤其结合了鲲鹏硬件做了优化，因此，云服务器优选华为云服务器，推荐至少8核64G内存，并选用SSD固态盘。

第二步：获取安装包。安装包需要在openGauss开源社区下载且对安装包内容进行检查。

第三步：配置XML文件。安装openGauss前需要创建XML配置信息，包括部署openGauss的服务器信息、安装路径、IP地址以及端口号等，用于告知openGauss如何部署。智慧社区居家养老系统建设单位需要根据具体应用需求确定相应信息。

第四步：初始化安装环境。安装环境的初始化包含上传安装包和XML文件、解压安装包、使用gs_preinstall准备好安装环境。

第五步：执行安装。使用安装脚本程序gs_install安装openGauss系统。

第六步：设置备机可读。该操作是可选操作，在开启备机可读后，备机将支持读操作，并满足数据一致性要求。

二、智慧社区居家养老系统接口

智慧社区居家养老系统中的居家子系统和服务端子系统之间一般可以采用IPTV进行数据交换。IPTV机顶盒是一种专用计算设备，它可以充当电视机和宽带网络之间的接口。除了对电视信号进行解码并呈现其内容外，IPTV机顶盒还可以提供包括视频点播（VOD）、电子节目指南（EPG）、数字权限管理（DRM）等多媒体服务功能。智慧居家环境中的老人健康安全移动终端，以蓝牙的方式将数据通过无线网关接入到IPTV高清机顶盒，再通过机顶盒将老人健康数据传输到智慧养老云平台。智慧养老云平台需要反馈给老人的相关信息，则通过IPTV、终端机顶盒系统，在电视机上展现，提供给老人及家属交互查询，因此，IPTV机顶盒是智慧社区居家养老系统中重要的物联网终端。根据业务类型的不同（B/S和C/S增值业务系统），IPTV需要配置不同的接口模块与不同的应用系统建立连接，如图6.12所示。

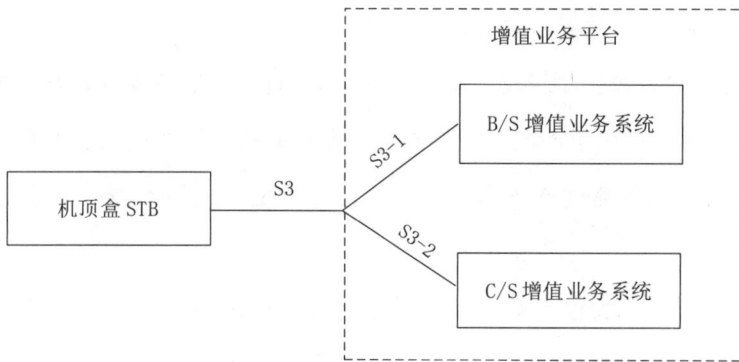

图6.12　机顶盒与业务平台接口模块

（一）机顶盒与B/S增值业务系统的接口

该接口用于机顶盒与B/S业务系统之间的数据交换，居家用户通过STB访问B/S业务的流程如图6.13所示。

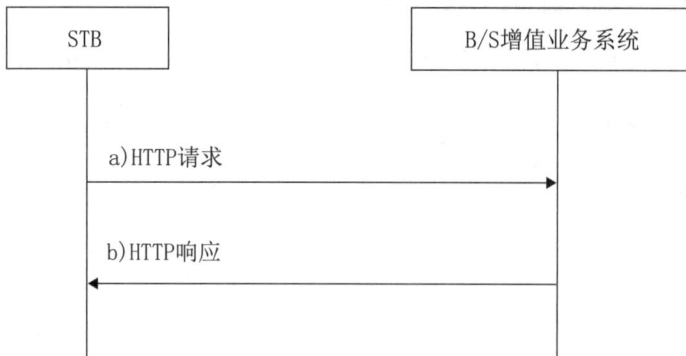

图6.13　访问B/S业务流程

用户访问B/S业务系统的接口协议内容如表6.2所示。

表6.2　访问B/S接口协议内容

承载协议	接口方向	接口功能	备注说明
HTTP Request	机顶盒→B/S 业务系统	获得某 B/S 业务内容	无
HTTP Response	B/S 业务系统→机顶盒	返回 B/S 业务内容	无

（二）机顶盒与 C/S 业务接口

该接口用于机顶盒与C/S业务系统之间的数据交换，用户访问C/S业务系统的流程如下图6.14所示。

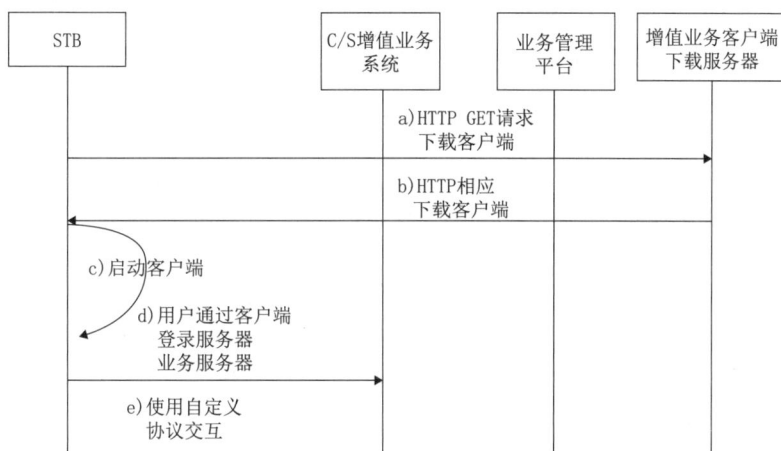

图6.14　访问 C/S 业务流程

在业务认证鉴权通过后，客户端通过返回的链接地址访问C/S业务启动页面，并将传入的UserToken等信息填入Object对象参数中，进行页面判断，根据不同浏览器下载不同版本的客户端软件；客户端下载完成后，终端启动该客户端程序；登录用户名、登录服务器等参数由客户端通过Object对象参数取出；客户端通过自定义协议与C/S架构业务服务器进行交互，开始业务操作。

用户访问C/S业务系统的接口协议内容如表6.3所示。

表6.3　访问 C/S 接口协议内容

承载协议	接口方向	接口功能	备注说明
HTTP Request	机顶盒→C/S 业务系统	获得某 C/S 业务内容	无

HTTP Response	C/S 业务系统→机顶盒	返回 C/S 业务内容	通过〈OBJECT〉对象封装 C/S 业务客户端输入参数

至此，已经完成了智慧社区居家养老系统数据库的安装和配置，并确定了IPTV与B/S、C/S业务系统的接口，接下来详细介绍智慧社区居家养老系统的典型功能模块。

三、智慧社区居家养老系统管理端功能模块

智慧社区居家养老系统是一个较为复杂的服务管理系统，包含了居家老人的信息管理、服务机构与人员信息管理、行政管理机构信息管理以及系统角色与用户管理等模块，每个模块又包含有若干特定的功能项，一个典型的智慧社区居家养老系统包含的功能模块列表如表6.4所示。

表6.4　智慧社区养老系统平台模块汇总表

子模块名称	功能项名称
家政服务人员信息管理模块	家政人员信息管理
	新增家政人员信息
	编辑家政人员信息
居家老人信息管理模块	居家老人信息管理
	新增居家老人信息
家政服务人员任务安排信息查询模块	家政服务人员任务安排查询
	家政服务人员任务明细
家政服务人员任务安排管理模块	家政服务人员任务安排管理
	家政服务人员任务安排编辑
	家政服务人员任务明细安排管理
	家政服务人员任务明细安排编辑
家政人员绩效管理模块	绩效统计
订餐信息管理模块	订餐管理
	订餐编辑
养老信息综合查询模块	养老信息综合查询
设备管理模块	设备管理
	设备编辑

子模块名称	功能项名称
短信管理（含发送）	短信管理
	短信查询
	短信插入接口
行政区信息管理	行政区管理
	行政区编辑
街道信息管理	街道管理
	街道编辑
居委会信息管理	居委会管理
	居委会信息编辑
综合信息发布模块	综合信息发布
	新增综合信息
	修改综合信息
	查看综合信息
用户管理	用户管理
	用户编辑
角色管理	角色管理
	角色编辑
	角色授权
菜单管理	菜单管理
	菜单编辑
权限分配	操作管理
	操作编辑
部门管理	部门管理
	部门编辑

下面简要介绍其中的部分模块及其功能。

（一）家政服务人员信息管理

1.新增服务人员信息

新增界面需要输入服务人员身份证号、姓名、性别、年龄、籍贯、从业时间、家庭住址、电话、备注信息、人员照片信息，其中身份证号、姓名、电话信息不能为空。

2.修改服务人员信息

可修改服务人员身份证号、姓名、性别、年龄、籍贯、从业时间、家庭住址、电话、备注信息、人员照片信息，其中身份证号、姓名、电话信息不能为空。

3.删除服务人员信息

选择一条记录删除，系统需要提示是否确认删除。如果服务人员信息与服务对象关联则不能删除。

4.查询服务人员信息

查询界面可根据服务人员身份证号、姓名、电话模糊查询服务人员信息。如果查询条件为空，则返回所有服务人员信息。

（二）居家老人信息管理

1.新增老人信息

新增界面需要输入老人身份证号、老人姓名、性别、年龄、所属社区、住址、联系电话、养老性质、备注信息、照片信息。老人身份证号、老人姓名、所属社区、养老性质不能为空。

2.修改老人信息

修改界面可修改老人身份证号、老人姓名、性别、年龄、所属社区、住址、联系电话、养老性质、备注信息、照片信息、联系人移动电话、是否享受服务。老人身份证号、老人姓名、所属社区、养老性质不能为空。

3.删除老人信息

选择一条记录删除，系统需要提示是否确认删除。如果该老人信息有关联的数据则不能删除。

4.查询老人信息

查询界面可根据老人身份证号、姓名、联系电话、养老信息模糊查询老人信息。如果查询条件为空，则返回所有老人信息。

（三）家政服务人员任务安排信息查询

1.所有家政服务人员任务安排信息查询

查询界面以列表方式显示所有家政服务人员任务安排信息，显示的信息有家政人员姓名、服务老人数量、每周安排的计划服务工时。点击指定家政服务人员后按照所服务老人的数量，以列表方式显示当前家政服务人员针对每个老人的服务任务安排信息，显示的信息有服务老人的姓名，从周一到周日的服务时间安排，一周的计划服务工时。

2.指定家政服务人员任务安排信息查询

根据家政服务人员的姓名或工号等信息查询指定家政服务人员的任务安排信息，查询后在列表中显示，点击列表中的信息可以查看详细信息。

（四）家政服务人员安排服务管理

1.新增老人后为老人分配家政服务人员

系统中新增加一位需要进行养老服务的老人后，可以直接通过页面链接到家政服务人员任务安排管理模块，通过此模块为老人分配家政服务人员。在选定家政服务人员后，需要设置家政服务人员的服务时间安排，每次服务的开始时间和服务时长。该功能需要记录的数据有：老人编号（或身份证号）、家政服务人员工号（或身份证号）、每周的服务日期安排信息、每次服务的开始时间及服务时长、家政人员开始为老人服务的时间。

2.老人离开街道后注销家政服务人员

当老人搬离本社区或去世后需要注销老人的信息，同时需要注销家政服务人员对应的服务信息。注销家政服务人员信息时会自动将系统中所有相关的服务信息全部进行注销，并记录下注销时间，此注销时间作为家政服务人员对老人结束服务的时间。

3.调整家政服务人员任务分配

可以直接通过页面选择指定的家政服务人员，并为其新增服务老人并设置服务时间等相关信息。功能页面将以列表形式显示出所有家政服务人员的信息，显示的信息包括服务人员姓名、工号、身份证号、服务老人数量、每周安排的计划服务工时等。在列表中选择指定的家政人员后进入任务分配页面进行任务分配，该页面显示出家政服务人员的姓名、工号、身份证号，并以列表方式显示出服务人员正在服务的老人信息，并可以增加或注销服务老人信息或直接修改老人的服务时间。

（五）家政服务人员绩效管理

1. 所有家政人员按时间段统计

选择开始时间和结束时间，自动计算系统中所有家政人员在选定时间段内的服务人员计划工时、实际服务工时、服务评价情况、建议工资等，并可以进一步选择某一家政人员在指定时间段内的所有服务的情况。

2. 指定家政人员按时间统计

根据家政人员工号、姓名或身份证号，以及服务开始时间和结束时间，查询某个指定家政服务人员在指定时间段内的服务情况。服务情况按照服务人员服务的老人以列表形式进行显示，分别列出每位服务老人的计划服务工时、实际服务工时、服务满意度评价情况、建议工资。还可以选择指定的老人查看该家政人员为指定老人服务的详细情况。

3. 报表导出

该功能可以将上述统计信息列表导出到Excel文件中。导出的内容为用户根据指定查询条件所查询到的统计信息。

（六）订餐信息管理

1. 新增订餐信息

该功能界面需要选择老人姓名、预订餐起止时间、订餐份数，完成后，系统自动生成该时间段内对应老人的预订餐信息列表。老人姓名、预订餐起止时间、订餐份数不能为空。

2. 取消订餐

取消订餐界面需要选择取消订餐老人姓名、取消订餐时间。老人姓名、时间不能为空。

3. 订餐消费统计

统计界面需要输入订餐消费起止时间，并选择老人姓名。起止时间不能为空。

（七）设备管理

1. 新增设备信息

新增界面需要输入设备编号、设备名称、设备型号、设备物理地址、IP地址、是否使用、备注信息。其中，设备编号、设备名称、设备型号、是否使用等信息不能为空。

2.修改设备信息

修改界面可修改设备编号、设备名称、设备型号、设备物理地址、IP地址、是否使用、备注信息。其中，设备编号、设备名称、设备型号、是否使用等信息不能为空。

3.删除设备信息

界面显示设备列表，可以选择删除一个设备，系统需要提示是否确认删除。如果该设备在使用中则不能删除。

4.查询设备信息

查询界面可根据设备编号、设备型号、使用位置、使用状态查询设备信息。如果查询条件为空，则返回所有设备信息。

5.设备配置

设备配置界面通过选取设备编号，将指定设备与相关老人信息绑定或取消绑定。已配置设备不可重复配置，若需要改变配置，需要首先删除绑定，然后指定新的绑定关系。

（八）短信管理

1.短信查询

查询界面需要输入短信发送起止时间、短信内容、对方号码来查询已发送的短信。如果查询条件为空，则返回所有已发信息。

2.删除短信

选择删除一条短信，系统将给出提示信息以确认是否删除。

（九）综合信息发布

1.发布信息

发布界面需要输入信息标题、信息类型、信息内容。信息标题、信息类型、信息内容不能为空。

2.删除信息

选择删除一条记录，系统将给出提示信息以确认是否删除。

3.查询信息

查询界面可根据信息标题、信息类型模糊查询已发布的信息。

四、智慧社区居家养老系统 IPTV 机顶盒端功能模块

基于居家养老系统 B/S、C/S 子系统，IPTV 机顶盒系统可以扩展出很多应用模块，下面是典型的三个 IPTV 机顶盒端功能模块。

（一）IPTV 确认服务与评价

可以使用 IPTV 机顶盒实现对服务人员上门服务的确认与评价。评价完成后，居家养老系统的家政服务人员绩效管理模块会存储反馈的评价，并生成统计报表。

1.开始服务

服务人员选择服务类型，确定开始服务后，系统将自动记录服务开始时间。

2.结束服务

服务结束之后，服务人员选择结束服务，系统自动记录服务结束时间。

3.服务评价

服务人员选择结束服务后，老人可以对该服务人员进行评价。老人可以选择好、一般、差进行评价，系统将自动记录本次评价结果。

（二）IPTV 预约挂号

通过 IPTV 相关协议接口，可以将 IPTV 机顶盒与社区医疗机构平台的数据系统进行对接，实时传送挂号信息，进行异地挂号。IPTV 机顶盒中可以预录入老人的各种信息，在挂号时，将封装好的数据通过接口协议传输到医疗机构的相应服务系统，快速便捷地完成预约挂号。

（三）IPTV 人工呼叫与紧急呼叫

IPTV 作为运营商的增值产品，已经集成了电话拨号功能，利用该功能可以支持居家老人的各种呼叫需求。

1.呼叫助老服务机构

老人选择"呼叫助老服务机构"功能，系统根据 IPTV 中配置的电话号码，发出通话请求。

2. 呼叫居委会

老人选择"呼叫居委会"功能，系统根据IPTV中配置的电话号码，发出通话请求。

3. 紧急呼叫

老人选择"紧急呼叫"功能，系统根据IPTV中配置的电话号码，发出通话请求，并发送短信给老人亲属。

第四节　智慧社区居家养老系统的典型解决方案

社区居家养老将是我国老年人养老的主要模式，由于社区居家养老涉及老年人、社区管理者、养老服务机构与服务人员、政府部门、医护部门等多方面的利益主体，要使社区居家养老体系有效运转，不仅要有国家政策的支持，还需要有智慧化的信息系统高效地传递各类信息、有序调配各类资源，同时也需要构建先进的养老服务模式。本节将介绍智慧社区居家养老服务的目标与实现路径，并介绍智慧社区居家养老典型的服务模式。

一、智慧社区居家养老系统解决方案的目标

目前国内社区居家养老领域存在着服务质量差、服务供需失衡、政府政策支持不足等现实问题，智慧社区居家养老系统应以解决上述养老问题为目标，借助智慧养老系统，构建先进、适用的智慧养老服务模式。典型的以目标为导向的养老服务模式设计思路如图6.15所示。

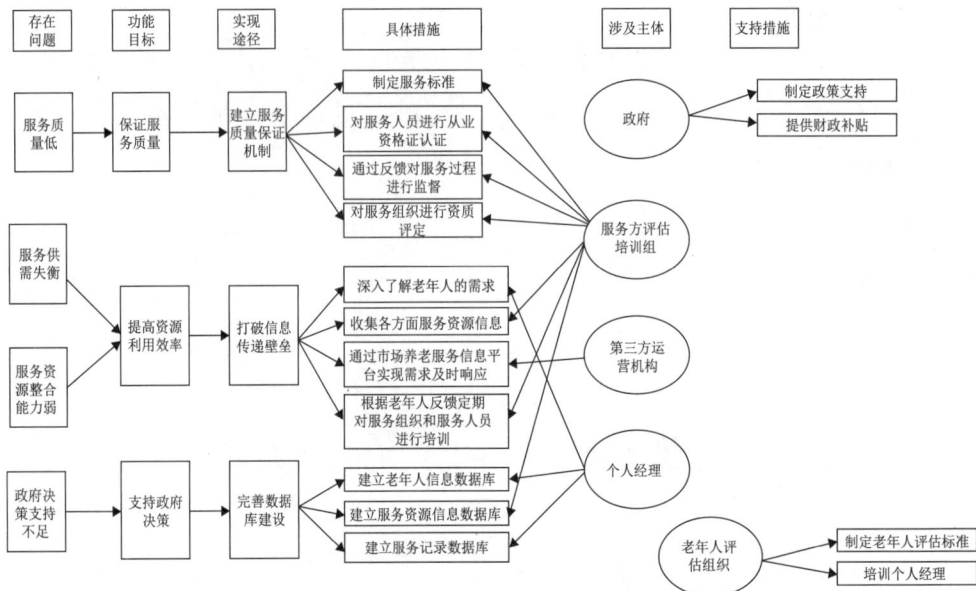

图 6.15　智慧社区居家养老系统的服务模式设计思路

（一）保证服务质量

目前国内传统的居家养老服务人员水平参差不齐，服务也缺乏监管，导致社区居家养老服务的质量得不到保证。因此，智慧社区居家养老系统不仅要能够实现养老相关信息的交换共享和资源的有效利用，更需要基于养老系统向老年人、服务者、管理者提供高质量的服务。

（二）提高资源利用效率

目前中国社区居家养老服务的主要提供主体包括政府、非政府组织、企业、社区内的其他力量。在传统居家养老服务模式下，由于各服务主体缺乏必要的途径与老年人取得联系，使得全社会养老资源未能得到充分使用。另外，提供居家养老服务的各类企业彼此之间信息缺乏共享，而且企业对老年人的需求缺乏全面、系统的认识，导致养老企业整体资源配置也不尽合理，居家养老服务的供需不匹配问题较为突出。因此，智慧社区居家养老系统应该具备高效的养老服务资源共享与利用能力。

（三）支持政府决策

政府在社区居家养老服务体系中起主导作用，指引着社区居家养老服务的发展。政府全面及时地了解社区居家养老服务的状况，并做出针对性的管理决策，对社区居家养老服务的发展至关重要。但是传统养老管理模式下，由于缺乏信息系统支撑，各级政府既不能及时获得居家养老企业的相关状态数据，也难以全面获取养老产业的产业统计数据。因此，智慧社区居家养老系统应该具备为政府及时提供养老服务统计数据的能力。

二、智慧社区居家养老系统解决方案实施

依据前文提出的功能目标，智慧社区居家养老系统应从服务质量保障机制建设、服务信息的传递、养老数据的共享与交换这三方面来构建。

（一）建立服务质量保障机制

服务质量保障机制应从服务提供者和服务过程两方面建立。服务提供者方面，通过对服务组织的资质认定和服务人员的从业资格认定，来实现对服务质量的保证。依据其他服务行业的经验，一般由政府委托专业的服务方评估培训组织负责这两方面的认定工作，这样不仅能够将政府从具体的认定工作中解放出来，又能够提高认定的专业性。服务过程方面，由服务方评估培训组织制定具体的服务标准并对服务人员进行定期培训，规范服务过程。

（二）建立有效的服务信息传递通道和机制

社区居家养老服务领域的信息传递问题主要体现在两方面。一是服务提供者对老年人的实际需求了解较少，这个问题源于老年人一般喜欢自立，不希望给他人带来麻烦，表露出的养老需求往往比实际需求少。为此，可在服务模式中引入案例管理模式，为每位老年人配备养老经理，由其负责对老人进行评估，帮助老人制定所需的养老服务方案，及时将老年人对服务过程的反馈信息传递给服务机构，并定期对服务提供者进行培训，改进服务内容。二是社会中很多养老服务资源，如社区内的服务力量、一些志愿者组织等，由于找不到为老年人服务的信息和途径，造成了服务资源的浪费。为此，可由服务方评估培训组织负责与这些社会组织对接，并对其人员进行规范化培训，将其信息投放到养老服务信息平台中，供老年人选择。

基于上述两方面问题与解决思路，应在充分挖掘老年人的养老需求，并对服务资源进行整理评估的基础上，建立养老服务信息服务平台，将居家养老的需求与供

给有效对接，实现养老服务需求的及时响应。

（三）建立完善的养老数据库

养老数据库主要包括老年人信息数据库、服务资源信息数据库和养老服务记录数据库三个数据库，通过这三个数据库实现社区居家养老服务中所涉及的重要养老信息的存储，通过进一步的大数据分析，为政府决策提供依据。

老年人信息数据库主要存储老年人的基本信息和评估结果，由老年人的养老经理负责采集信息，并为老年人建立个人档案，存入老年人基本信息库中。服务资源信息数据库主要存储各服务资源的信息，由服务方评估培训组织负责采集并存入数据库。服务记录数据库主要存储服务过程的相关信息，基本信息由终端设备直接存入数据库，老年人的反馈信息由养老经理负责采集并存入数据库。

三、典型智慧社区居家养老系统

基于以上对模式功能目标和实施途径的分析，构建的典型智慧社区居家养老系统如图6.16所示。该模式由两平台、六主体构成。

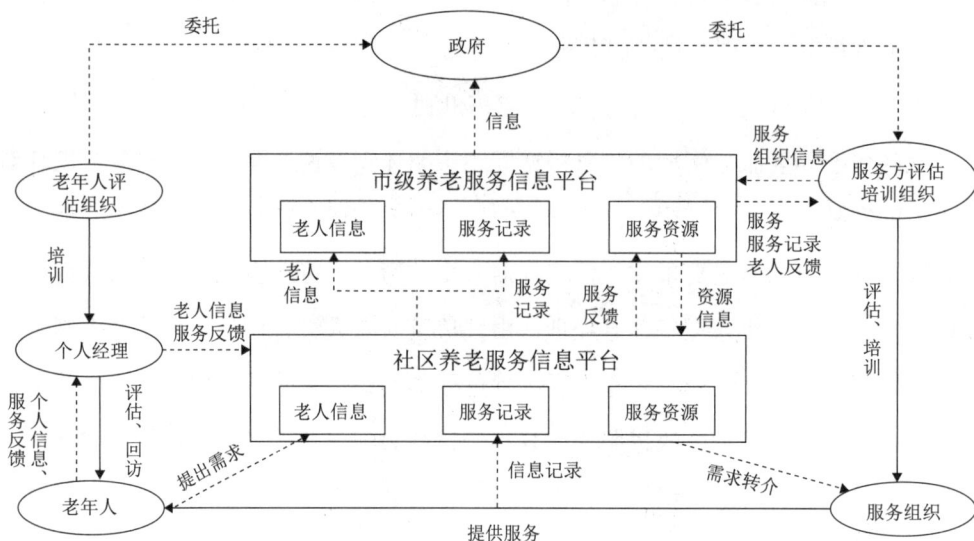

图 6.16　典型的智慧社区居家养老系统

两平台分别为市级养老服务信息平台和社区养老服务信息平台。市级养老服务信息平台是全市的养老资源池，负责统筹全市的养老信息与资源（包括老年人信息、服务记录以及服务资源等），一般由政府委托第三方机构进行管理；社区养老服务信息平台则主要扮演中介角色，作为老年人与市级资源池之间的桥梁，由社区居家养老服务中心进行运营。两级平台实现信息实时联动，社区养老服务信息平台将收集到的老人信息、服务记录、服务反馈上传到市级养老服务信息平台；市级养老服务信息平台向社区养老服务信息平台提供所有的服务资源信息。

六主体分别为政府、老年人评估组织、服务方评估培训组织、老年人的服务经理、老年人以及养老服务组织。政府部门主要承担政策制定与经费资助者的角色；老年人评估组织负责制定相应的评估标准，并对老年人的服务经理进行评估培训；服务方评估培训组织负责采集各服务组织的信息、评估服务组织、培训服务人员，并将服务组织的各项信息及时上传到市级养老服务信息平台；社区居家养老服务中心的工作人员充当老年人的服务经理角色，对老年人进行状态评估和养老需求分析，并将评估结果上传到社区养老服务信息平台。

案例思考

智慧居家养老刷新你的视界

随着信息技术的飞速发展，物联网、云计算、大数据、智能硬件等新一代信息技术产品被广泛应用于养老领域。"智慧养老"运用互联网、物联网与智能化等信息技术设备，研发能够为社区居家养老提供服务的信息系统与平台，通过改变信息交流传递方式、强化资源配置整合力度、提升服务管理效率，破解传统养老服务模式的缺陷，以低成本为老人提供快捷、优质、高效的智能化养老服务，为社区居家养老模式与医养结合融合创新发展提供了无限可能。

智能居家养老系统以养老服务信息化平台为核心，真正解决老人居家和养老困难，用科技手段为老人构建"没有围墙的养老院"。智能居家养老系统的优势，简单来说有以下几点。

为政府分忧，提高养老机构效率

智能社区居家养老系统以"物联网＋互联网＋养老服务"为依据，连接政府组织社区服务人员、老年人亲属、社会公共组织以及居家养老服务供应商，智能居家养老系统特设政府监管子系统，可实现全省养老对象和养老服务资源信息动态化管理，实现对养老服务项目运营全流程电子化管理，帮助政府部门进行智能监管。也可以帮助养老服务机构优化经营管理，建立标准化、高效的经营模式，降低经营成本，提高人员效率，增加盈利能力。

大数据平台实现精准服务

智能社区居家养老系统依托社区居家养老服务站、日间照料中心等社区养老服务设施，对接健康智能等设备，采集并持续更新老人数据和健康档案，实现老年人信息动态实时管理与分析。在此基础上，平台形成紧急救援、健康管理、卫星定位管理等功能，为居家养老对象衣食住行、照料、就医、康复、社交、购物等提供全方位的现代化、数字化、管家式电子服务。

智能硬件延伸居家养老

智能社区居家养老系统以"物联网＋互联网＋养老服务"为依据，平台为老人家中配备智能血压计、智能床垫等健康设备，健康数据将实时上传到养老服务信息化平台，通过数据分析，形成健康档案。平台可根据健康档案为老人提供健康评估、健康建议，及时对疾病进行早期干预、早期治疗的动态管理，还可进行健康预警。通过老人智能腕表等智能设备，为居家老年人提供定位跟踪、紧急呼叫、日常生活照料等服务，大大减少老人在家出现意外的情况。

App 连接家庭维度

智能社区居家养老系统台为老人、亲属、医生、护工等配备app，针对不能在父母身边的子女，或者因工作忙无暇照顾父母的子女，亲属app提供了随时随地为父母"尽孝"的便利，充分满足了子女对老人的呵护需要与管理。

思考题：请结合案例和本章内容，谈谈智慧社区居家养老的主要功能和实施的意义。

第七章

智慧机构养老系统

本章要点

1. 如何理解智慧机构养老系统?

2. 智慧机构养老系统有哪些特点?

3. 如何进行智慧机构养老系统的需求分析?

4. 如何进行智慧机构养老系统的总体设计

5. 如何进行智慧机构养老系统的详细设计?

6. 智慧机构养老系统的功能实现有哪些?

7. 智慧机构养老系统的典型解决方案?

引入案例

  杭州市某长者服务中心建筑面积4200平方米,项目共四层,一层为居家养老照料中心、阳光厨房、"颐乐学院",面向社区长者开放。二层至四层为护理生活区,同时配有康复理疗区、日托区,以及较大空间的休闲配套功能区。顶层还设有屋顶花园,长者可乘坐电梯直达,晒晒太阳,呼吸新鲜空气,锻炼身体。中心的阳光厨房每天可为入住长者和辖区内长者提供就餐助餐服务。中心硬件设施优越,引入全方位照顾的服务理念,包括长者身体、心理、社会情感等层面的照护服务。

第一节　智慧机构养老系统概述

一、智慧机构养老系统的定义

（一）国外对机构养老的定义

按照服务对象和功能来划分，国外养老机构一般可分为针对生活基本可自理老人的老年公寓、针对需要部分护理服务的普通老年护理院和针对存在认知缺陷或生活自理障碍的专业老年护理机构。其中，以专业老年护理机构的界定最为严格，美国医疗保险管理局要求专业老年护理机构必须满足以下条件：每个护理院至少配备一名注册护士，提供每周7天、每天8小时的服务时数，还须配备其他职业护理人员（助力护士），并提供每天24小时的照护服务。另外，从养老机构的功能出发，养老机构也被界定为一个为老人提供每天24小时专业护理服务的专业机构，其服务包括日常活动帮助、社会心理咨询、个人照护和辅助医疗服务（如物理疗法、专业治疗）等。

（二）国内对机构养老的定义

国内关于机构养老的界定基本达成共识，即以照护场所作为划分依据。国内研究者对机构养老有以下几种典型的定义。

定义一：机构养老是以生活照顾方式为标准，由社会福利机构为老年人提供住养、照护等综合性服务的养老方式。

定义二：机构养老是社会化养老的一种，按养老机构的不同性质可将其划分为福利性、半福利性和营利性养老机构。福利性养老机构即政府主办的社会福利机构，是指在登记为事业单位的养老服务机构，半福利性养老服务机构是指登记为民办非企业单位的养老服务机构，营利性养老机构是指在工商行政管理部门和税务部门办理登记手续的养老机构。

定义三：机构养老是指以专业化、集中管理的方式在特别设置的院所，为老年人提供医疗、护理、康复、日常生活和精神等方面的养老照护服务，机构养老应提供24小时全天候的服务。

定义四：机构养老是以社会机构为养老地点，依靠国家资助、亲人资助或老年人自备的形式获得经济来源，但由养老机构提供养老照料职能的养老模式。

定义五：机构养老主要是指老年人离开原居住地，依靠国家资助、亲人资助或老年人自备的形式获得经济来源，集中居住在一定的区域，由专业性较高的服务人员提供综合性全方位的专项服务。

基于上述机构养老的相关定义，本书认为智慧机构养老是指采用各种信息化和智能化手段实现的社会化养老服务。

二、智慧机构养老系统的特点

机构养老的服务对象主要是生活不能自理、家庭无力看护且需要长期护理、住房困难或无子女的老年人，传统的机构养老模式在运营过程中面临诸多问题，比如：老年人长时间住在养老机构，心里烦闷，迫切希望亲人经常来探望，但出于对亲人的关心，又害怕耽误亲人的时间；老人亲人想孝敬、关心老人，但又难以抽出较多的时间去养老机构看望老人；养老机构的护工工作强度大，效率不高，收入较低，工作积极性不高；养老机构靠重资产发展，规模较大，但成本回收困难。因此，智慧机构养老系统应充分利用当前先进的物联网、大数据、云计算等新技术，构建老人管理、护理管理、费用管理、健康监控等一系列功能模块，将养老机构各职能部门、服务单元以及外部市场连接成有机整体，进行快速、高效的信息收集和业务处理，为养老机构的管理和服务提供实时、准确、可靠的决策依据，提高经营管理效能，增强养老机构的核心竞争力。

智慧机构养老系统的一般具有以下特点。

（一）完善的养老功能

智慧机构养老既涉及老人的健康、安全、居家生活的方方面面，也涉及运营机构的管理、协调、调度，还涉及相关部门的监管、补贴、回访，以及子女对父母的关心等，因此智慧化养老系统的功能模块要齐全，才能提升智慧机构养老所有相关者的工作效率和服务质量。

（二）高可靠的稳定性

智慧机构养老系统是集服务、营销、管理、运营于一体的智慧养老平台，融合了互联网、移动互联网、物联网技术，需要进行超大数据量的运算处理，要支持大量用户的同时操作。因此，智慧机构养老系统需要有稳定可靠的底层架构和异地灾备部署方案。

（三）良好的适用性

智慧机构养老服务的人群是老年人，老年人的生活习惯是很难改变的，对一些新的信息技术和产品的接受和应用有抵触和畏惧心理。因此，养老系统相关产品和软件界面的设计必须要符合机构养老相关使用人员的具体认知背景，从老年人、照护人员、机构管理人员、监管人员等不同受众的使用偏好、使用场景来设计相关功能。

（四）高等级的安全性

首先是数据的保密性，不同的角色，拥有不同的权限，只能看到该角色下需要看到的数据；其次是数据的删除操作，应有多级确认机制；再次是数据的备份，应建有定期备份机制，不仅要云端保存，本地、异地服务器也需要保存。

（五）符合相关标准和规范的通用性

智慧机构养老系统需要符合国家和行业相关标准及地方标准，并采用先进的技术手段和系统架构，在统一的标准框架下实现统一部署、资源共享、平台共用，能够在需要时在全网范围内连入各种设备，支持各政企平台互联互通，共同构建更大范围的养老服务系统。

第二节　智慧机构养老系统的规划与设计

一、智慧机构养老系统的需求分析

（一）智慧机构养老系统需要解决的问题

通过对传统养老机构办公与服务过程的调研和分析，发现存在以下问题：首先，养老机构中大量的数据通过纸质记录或者单一的电子文档记录，随着时间的推移，会造成信息的丢失或者遗漏；其次，养老机构中老年人群对健康和护理的个性化需求比较多，但传统的护理过程中，缺少详细的记录，当更换护理人员后，新的护理人员无法及时了解当前老人的服务需求情况，无法提供高质量的照护服务。另外，养老机构中大多数老年人的子女都不在身边，或者无法经常在身边，如果没有详细的老年人电子档案，养老机构就无法及时与老年人家属沟通联系，进而影响了养老机构的服务质量。

（二）智慧机构养老系统功能需求分析

智慧机构养老系统首先需要满足养老机构中各类用户角色的业务需求，为养老机构的管理提供便捷和系统化的功能，改善养老机构的服务质量。典型的机构养老系统一般包含机构管理员（负责人）、养员（老年人）、护理员、居住管理员、收费管理员、健康管理员、库存管理员、订餐管理员等角色。智慧机构养老系统的管理端用户可以被赋予多种角色，各种角色的用例图如图7.1所示。

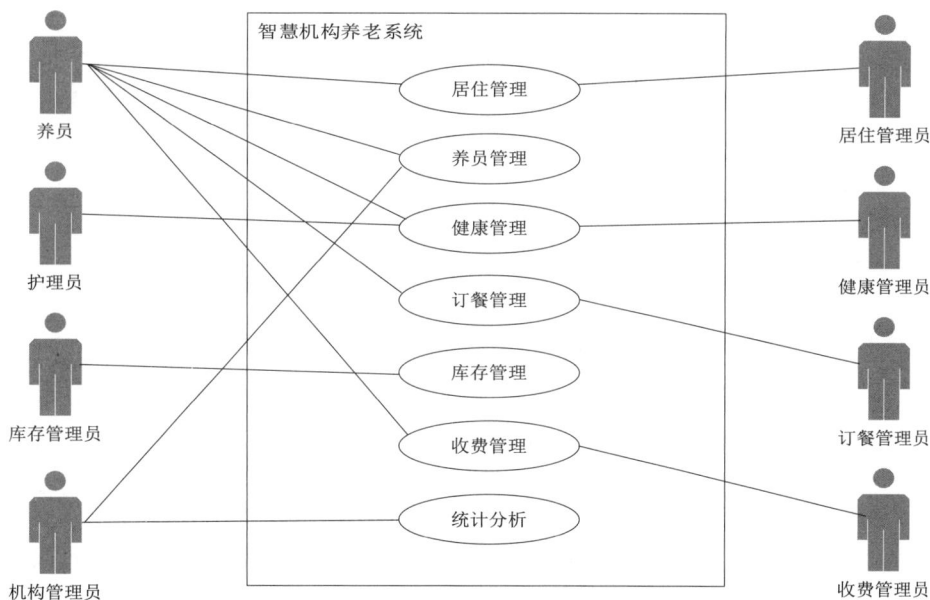

图 7.1　系统总体用例

1. 养员管理

养员管理用例主要是对养老机构中入住的老人的个人信息进行管理，包括老人入住、退住的资料以及在养老机构中基本的护理资料等信息。养员管理用例包括养员信息管理、档案资料管理、老人事件管理、护理信息管理四个子用例。养员管理的用例图如图7.2所示。

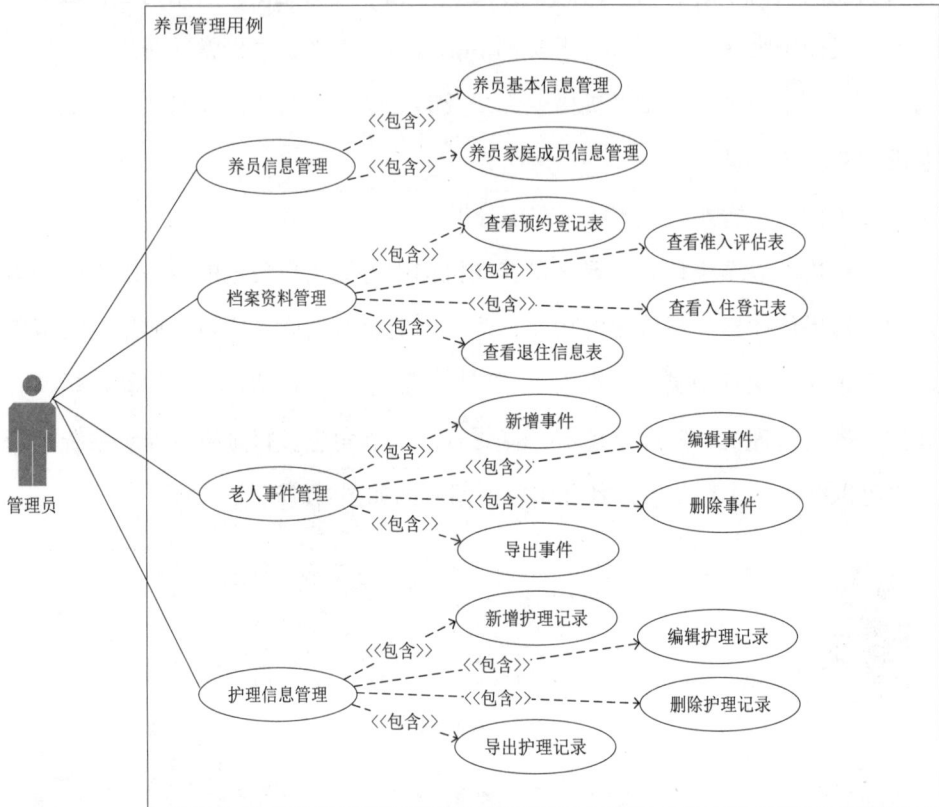

图7.2　养员管理用例

养员管理用例的四个子用例描述如下：

（1）养员信息管理。养员信息管理包括养员个人信息和养员家庭成员信息。养员在成功入住之后根据入住申请时的资料生成养员个人信息，包括身份证号、手机号、在住的床位房间信息、护理等级、入住时间等基本信息。养员家庭成员信息管理养员联系的亲人的信息，以便养老机构及时将老人在机构住宿时期的信息以及特殊情况传递给家庭成员，加强老人与亲人之间的联系。

（2）档案资料管理。老人在办理入住和退住时需要填写基本资料、办理相关手续。档案资料管理用例就负责这些资料管理工作，包括预约登记表、准入评估表、入住登记表、出院申请表等。该用例只能进行查询查看操作，不能新增、编辑、删除资料。

（3）老人事件管理。老人事件管理用例用于记录老人在养老机构生活期间出现的健康状况以及突发情况，例如感冒、摔伤等。管理员记录下事件以便更好地了解老人的身体情况和生活习惯，改善对老人的看护服务，同时记录的事件信息也可以作为数据资料与老人家庭成员沟通联系，让老人的亲人更好地了解老人在机构中的生活情况。

（4）护理信息管理。护理信息管理用例用于护理人员在对老人进行护理时记录相关信息，包括老人血压等基本身体健康信息，如果出现突发情况，医护人员会根据情况选择是否通知家属。

2.居住管理

居住管理用例用于管理整个养老机构的楼房信息以及楼区居住信息，包括房屋管理、入住管理、退住管理、变更管理四个子用例。居住管理的用例图如图7.3所示。

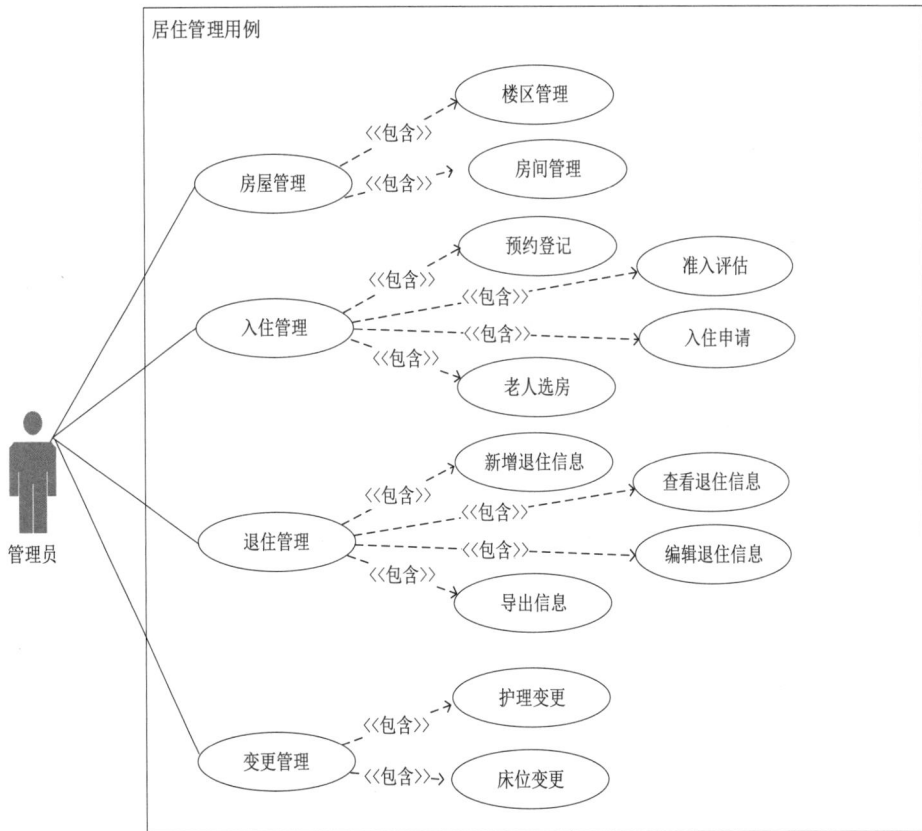

图7.3　居住管理用例

居住管理用例的四个子用例描述如下：

（1）房屋管理。房屋管理子用例用于楼区管理和房间管理。楼区管理可以新增、编辑、删除楼宇信息。新增楼宇用例用于输入楼宇名称、楼宇编号、楼宇位置、总层数等信息；删除楼宇用例用于删除指定的无人居住的楼宇；房间管理用例用于在楼宇中添加可使用的房间。

（2）入住管理。入住管理子用例用于老人入住时办理相关手续，包括预约登记、准入评估、入住申请、老人选房四个子用例。预约登记用例用于老人进入机构预约登记相关信息；准入评估用例用于对老年人进行进机构前的评估，主要对老人的生活自理能力、认知能力、身体情况、居住情况进行评估；入住申请用例用于填写入住相关的床位、护理等级等信息；老人选房用例用于展示每间房间的居住情况和老年人选择居住的房间。

（3）退住管理。退住管理用例用于办理老人退住手续，新增退住信息需要填写老人编号、老人姓名、床位、退住时间和退住原因等信息。退住信息添加之后不能进行删除。

（4）变更管理。变更管理用例用于支持老人在居住期间根据自己的情况进行床位变更和护理变更。

3.收费管理

收费管理用例用于管理老人在机构中衣食住行的费用，包括床位护理费、水电费、伙食费等。该用例包含押金管理、费用管理、账单管理、收费设置四个子用例。收费管理的用例图如图7.4所示。

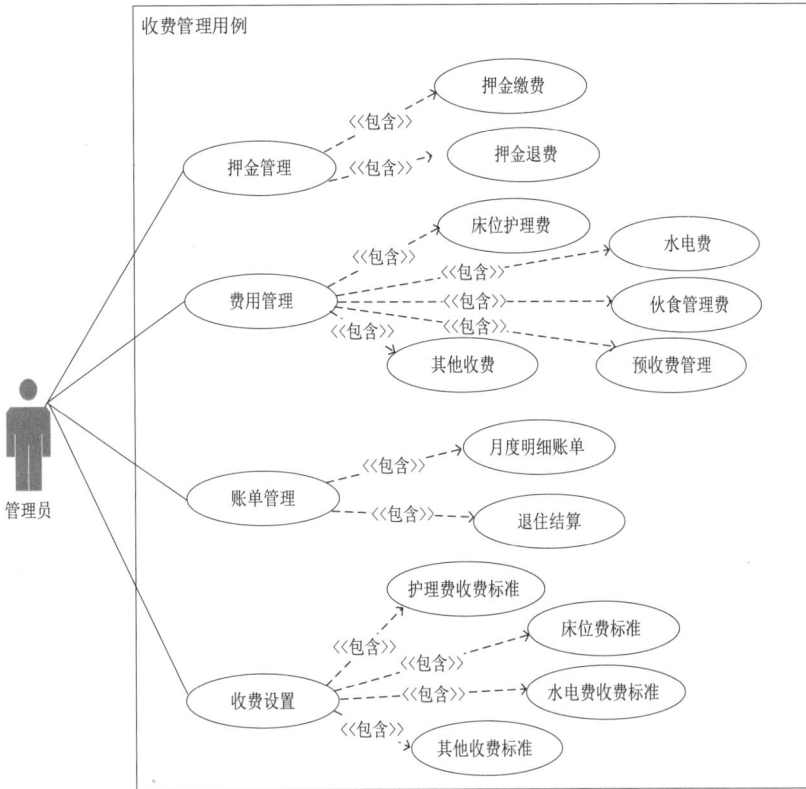

图 7.4　收费管理用例

　　收费管理用例的四个子用例描述如下：

　　（1）押金管理。押金管理用例包括押金缴费和押金退费两个子用例。押金缴费子用例只支持新增和查看功能，可以根据老人编号和老人姓名进行查询查看对应的老人押金缴纳情况。押金退费子用例用于押金退回，押金退费功能可支持退费和查看功能。

　　（2）费用管理。费用管理用例包括床位护理费、水电费、伙食管理费、其他收费、预收费管理子用例。床位护理费子用例用于计算老人居住期间的床位费和护理费；水电费子用例用于计算某段时间内使用的水电费，并缴费；伙食费子用例用于计算用餐收费；其他收费管理子用例用于其他生活消费的计算与缴费；预收费管理子用例用于老人向机构预存生活费。

　　（3）账单管理。账单管理用例包含月度明细账单子用例和退住结算子用例。月度明细账单子用例用于记录每月每个老人产生的床位费、护理费、水费、电费、伙食费等费用明细以及该月的总计；退住结算子用例用于老人办理退住手续后计算剩余金额，并进行退费或补缴费用。

（4）收费设置。收费设置用例用于设置各项收费标准，包含护理费收费标准、床位费收费标准、水电费收费标准、其他收费标准等用例。

4.健康管理

健康管理用例用于管理老人的健康资料以及在机构生活期间的健康检查情况，包含康健管理和个人健康信息管理两个子用例。健康管理的用例图如图7.5所示。

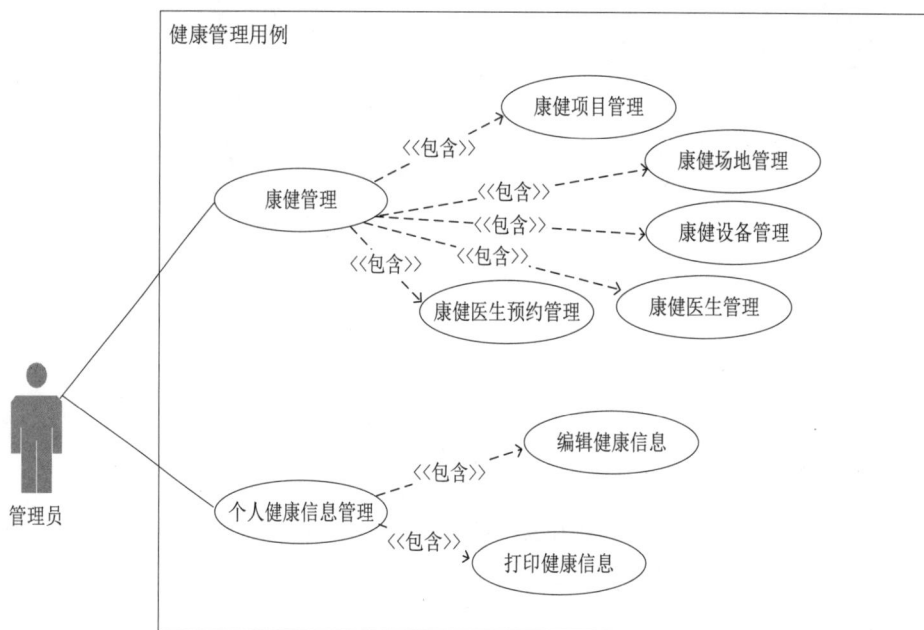

图 7.5　健康管理用例

健康管理用例的两个子用例描述如下：

康健管理。康健管理用例主要用于老人健康检查，包括康健项目管理、康健场地管理、康健医生管理、康健医生预约管理、康健设备管理五个子用例。康健项目管理子用例用于录入相应的医疗检查项目；康健场地管理用例用于录入相应的检查场地信息；康健医生管理用例用于录入医生信息，以及该医生负责的具体医疗项目；康健医生预约管理用例用于老年人预约医生和医疗项目；康健设备管理用例用于将血压、血糖等健康检查设备的数据实时上传并展示。

个人健康信息管理。个人健康信息管理用例主要用于记录老人的身体健康情况，包括个人基础信息、药物过敏史、既往病史、行为能力障碍、现有症状、服用药物等信息。个人健康信息管理用例包含编辑健康信息和打印健康信息两个子用例。

5.库存管理

库存管理用例主要用于管理养老机构中的物品，包括商品信息管理、出入库管理、报表管理三个子用例。库存管理的用例图如图7.6所示。

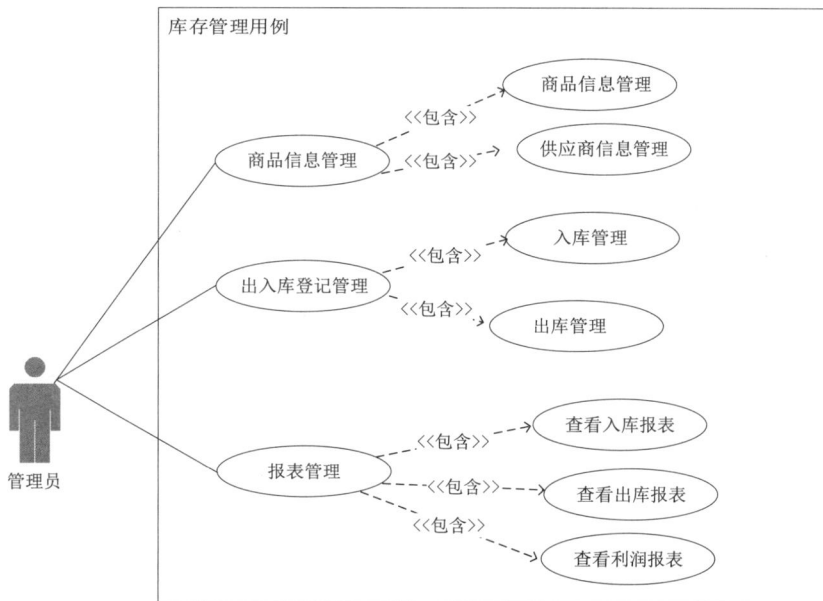

图7.6　库存管理用例

库存管理用例的三个子用例描述如下：

（1）商品信息管理。商品信息管理用例包括商品信息管理和供应商信息管理两个子用例。商品信息管理子用例用于商品信息的新增、编辑、删除、查看操作；供应商信息管理子用例用于供应商信息的新增、编辑、查看、删除操作。

（2）出入库登记管理。出入库登记管理用例包括入库管理和出库管理两个子用例。入库管理子用例用于新增入库和查看商品；出库管理子用例用于新增出库和商品查看操作。

（3）报表管理。报表管理用例包括查看入库报表、查看出库报表、查看利润报表三个子用例。

6. 订餐管理

订餐管理用例用于管理老人在机构期间的餐饮情况，包括菜品管理、单点餐管理、套餐管理、配送设置四个子用例。具体子用例描述不再赘述。

7. 统计管理

统计管理用例用于统计养老机构内部管理相关信息，包含在住人员分布统计、房间使用统计、床位信息分析统计、老人入住趋势统计、退住老人信息分析五个子用例。具体子用例描述不再赘述。

（三）智慧机构养老非功能需求分析

上述功能性需求分析从满足养老机构业务需求的角度对系统功能范围进行了界定。除了功能需求，系统设计还应该考虑安全性、健壮性、易用性等非功能需求，以提高系统的高可用性以及完整性。

1. 安全性

系统应设置用户权限以限制不同管理员的管理操作范围，并对管理员的用户名、密码以及涉及系统安全的数据信息进行加密处理和安全管理。系统对管理员的登录情况以及操作情况要做详细的日志记录，以便及时排查系统异常情况。

2. 健壮性

系统应部署负载均衡服务器和多台 Web 服务器，以实现负载均衡，并提高系统的响应速度。当一台服务器出现了故障，也能保证系统正常运行。系统应部署储备多台数据库服务器，当数据库出现故障时，能立即切换到备份数据库服务，保证系统的正常运行。

3. 易用性

系统应针对养老机构的业务需要进行详细的流程设计，提供清晰明了的操作界面和便捷的操作流程，让用户易于使用。

二、智慧机构养老系统的总体设计

（一）系统架构设计

智慧机构养老系统一般采用B/S模式，系统架构采用MVC架构，典型的智慧机构养老系统架构如图7.7所示，分为用户层、逻辑控制层、数据访问层。

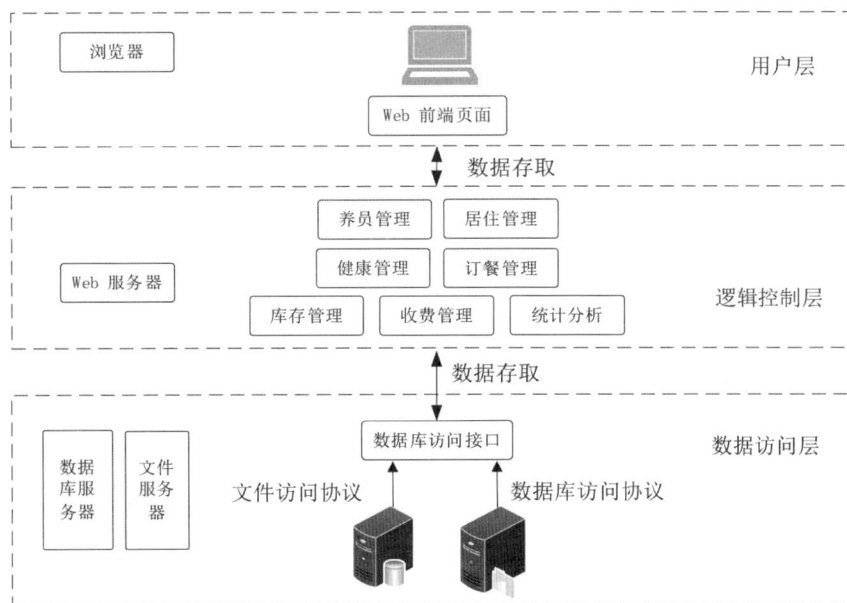

图 7.7　系统架构

1.用户层

主要用于展示页面，支持用户与系统进行交互。用户的访问请求通过HTTP协议传递到逻辑控制层进行处理，处理之后的数据再传回页面，展示给用户。典型的用户层技术包括JSP页面、Bootstrap框架、Ajax异步传输等技术。

2.逻辑控制层

按照系统功能分为养员管理、居住管理、健康管理、订餐管理、库存管理、收费管理、统计分析七个包，分别处理各个功能模块的逻辑业务。前端页面传回来的数据请求传递到逻辑控制层，逻辑控制层根据业务需求做出相应处理，如果需要与数据库交互则对数据访问层进行调用，完成相应的数据处理，处理返回的数据返回逻辑控制层，经过封装再返回给前端页面展示给用户。

3.数据访问层

负责与数据库的交互，逻辑控制层将请求发送给数据访问层，数据访问层使用SQL语句与数据库直接交互，数据库接收到命令之后完成相应操作，将数据返回给数据访问层，数据访问层将数据封装后返回给逻辑控制层完成数据交互。

（二）功能模块结构设计

典型的智慧机构养老系统一般都包含养员管理、居住管理、收费管理、健康管理、库存管理、订餐管理、统计分析等功能模块，如图7.8所示。

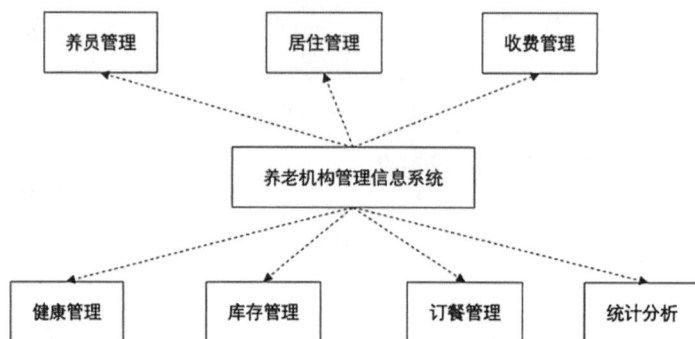

图 7.8 智慧机构养老系统的功能模块

1. 养员管理

该模块分为老人基本信息、档案资料、老人事件、护理记录四个子模块。老人基本信息模块记录老人个人情况、老人家属信息，以便将老人在养老机构期间的情况及时通知给老人家属；档案资料模块管理老人入住申请表、准入评估表、退住表信息；老人事件模块记录的是老人在机构期间出现的诸如感冒、撞伤等意外事件；护理记录模块用于记录养老机构为不同床位、不同护理级别的老人进行的护理，以便更好地管理机构工作人员每天对老人的服务工作。

2. 居住管理

该模块分为房屋管理、入住管理、退住管理、变更管理四个子模块。房屋管理模块管理着整个机构的楼宇和房间情况，包括现在的入住情况以及每个房间的标准；入住管理是老人入住的重要环节，老人需要进行预约登记，入住申请，然后机构管理员会对老人的自身情况进行准入评估，评估通过的可以正式入住；退住管理进行退住环节的管理；变更管理为老人根据自身情况提供变更床位以及护理等级更换的操作。

3. 健康管理

该模块包括个人健康信息和康健管理两个子模块。个人健康信息记录入院时的老人健康信息；康健管理模块可以根据机构提供的医疗服务进行医生和医疗项目的预约检查，该模块还能和健康一体机等设备对接，实时接收更新老人的血压、血糖、血脂等身体健康数据。

4. 库存管理

该模块包括商品信息、出入库登记和报表管理三个子模块。商品信息模块主要管理商品本身以及供应商的信息；出入库登记模块为每次出库、入库进行登记；报表管理子模块管理养老机构使用商品的情况，为后续养老机构的商品需求提供了更好的数据支持。

5. 订餐管理

该模块包括套餐管理、单点餐管理、配送设置、菜单列表四个子模块。套餐管理子模块管理每周每天食堂餐饮的菜品记录；单点餐管理满足不同需求的老人对额外餐食的需求，可选择送餐到房间或者到食堂食用；配送设置用于管理单点餐配送的时间、费用等信息；菜单列表用于配置套餐管理和单点餐管理中的菜品。

6. 收费管理

该模块包括收费设置、费用管理、账单管理、押金管理四个子模块。收费设置用于设置床位费、护理费、水电费等收费标准；费用管理用于管理机构中老年人衣食住行产生费用的记录与缴纳情况；账单管理用于管理每个老人的花费与缴纳情况，以及退住后的账单结算。

7. 统计分析

该模块包括在住人员分布、房间使用分布、床位信息分析统计、老人入住趋势统计、退住老人信息分析统计五个子模块。这些功能模块用于对整个机构的房间使用情况和老人的分布进行统计，并使用图表展示变化趋势，让管理者对整个机构的运营情况有更清晰直观的了解，以便改进管理运营，提高服务质量。

三、智慧机构养老系统详细设计

（一）养员管理详细设计

养员管理包包含养员信息、档案资料、老人事件、护理记录四个包，根据每个子模块的具体业务情况，每个包中都包含若干类，每个类中包含有属性和相关事件处理程序。如护理记录包中设计的护理记录类，该类中的护理记录管理流程如图7.9所示。

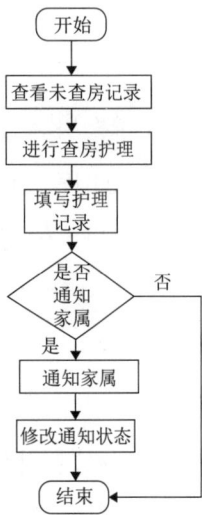

图 7.9　护理记录流程　　　　　图 7.10　入住流程

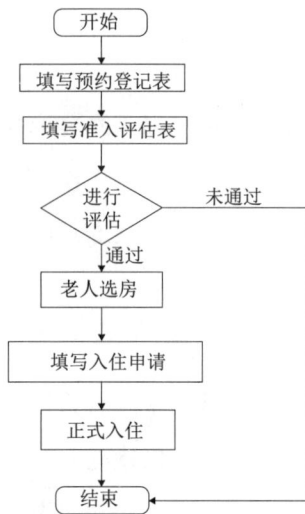

护理记录管理的具体流程如下：首先点击查看具体未查房护理列表并对未查房老人进行查房，添加记录，确保每一个在住的老人都能得到护理。进行新增护理记录时，根据护理情况添加老人相应的身体情况，填写血压、血脂等日常身体数据。如果身体指数出现异常，可根据实际情况做出相应处理，并选择是否通知家属，如果需要通知家属，则在通知家属之后，对相应记录编辑修改通知状态，完成查房。

（二）居住管理详细设计

居住管理包根据子功能细分为房屋管理、入住管理、退住管理、变更管理四个包。根据每个子业务的功能分类，在房屋管理包中主要设计了楼宇编辑保存类、床位删除类、房间属性选择类、楼宇删除类等，入住管理包中主要设计了入住评估保存类、入住申请列表类、入住申请编辑保存类、预约登记删除类等，退住管理包中主要设计了退住管理添加保存类、退住管理列表查询类、退住管理编辑类等，变更管理包中主要设计了床位列表类、床位变更添加保存类、护理变更选择类、护理变更添加保存类等。入住管理包中的入住申请类的流程如图7.10所示。

入住申请的具体流程如下：点开老人申请入住页面，点击选择老人，弹出老人选择页面，从已经进行了准入评估的老人名单中选择老人，然后填写性别、身份证号、出生日期、手机号码，选择护理等级信息，再选择床位。完成后系统将申请信息保存到数据库，调用数据库访问层将数据保存到数据库。

（三）收费管理详细设计

收费管理包细分为押金管理、费用管理、账单管理、收费设置四个包。根据具体业务需要，押金管理包中具体设计押金缴费保存类、押金退费类、押金缴费查看类、押金缴费列表类，费用管理包中主要设计了床位护理费添加保存类、水电费列表类、伙食费编辑保存类、其他收费添加保存类等，账单管理包中主要设计了明细账单打印类、账单列表类、退款保存类、退款查询类，收费设置包中主要设计了床位标准设置查询类、床位标准设置保存类、其他收费标准删除类等。各个类中的事件处理流程不再赘述。

（四）健康管理详细设计

健康管理包根据业务分成了个人健康信息管理、康健管理两个包。康健管理包主要设计了康健医生列表查询类、康健医生预约添加保存类、康健项目编辑保存类、康健场地删除类等，个人健康信息管理包中根据需要主要设计了健康信息编辑查询类、健康信息保存类等。各个类中的事件处理流程不再赘述。

（五）库存管理详细设计

库存管理包根据业务分为报表管理、商品信息、出入库登记三个包。报表管理包主要设计了入库报表数据类、出库报表数据类、利润报表数据类，商品信息包主要设计了商品添加保存类、商品信息删除类、供应商查询类、供应商编辑保存类等，出入库登记包主要设计了商品入库列表类、商品入库添加保存类、商品出库列表类、商品出库查询类等。各个类中的事件处理流程不再赘述。

（六）订餐管理详细设计

订餐管理根据业务分为单点餐管理、套餐管理、配送设置、菜单列表四个包。菜单列表中主要设计了保存新增菜品类、删除菜品类、保存修改的菜品信息类、查询菜品信息类等，套餐管理包中主要设计了查询每周菜单类、保存新增菜品信息类、删除菜品类、保存修改的菜品信息类等，单点餐管理主要设计了编辑保存单点餐信息类、保存新增单点餐信息类、取消单点餐信息类、查询订单信息类等，配送设置主要设计了配送费用添加保存类、删除配送费用类、查询配送时间列表信息类、保存修改配送时间信息类等。各个类中的事件处理流程不再赘述。

（七）统计分析详细设计

统计分析包根据业务分为趋势图和居住情况两个包。趋势图主要包括在住人员分布图、房间使用图。根据具体业务，趋势图包中主要设计了在住人员分布数据类、房间使用数据类，居住情况包中主要设计了床位信息分析统计数据类、入住老人变化趋势数据类、退住老人信息分析数据类。各个类中的事件处理流程不再赘述。

第三节　智慧机构养老系统的实现

一、智慧机构养老系统的功能实现

（一）养员管理功能实现

养员管理是对整个养老机构居住的老人的基本信息进行管理，包括养员信息、档案资料、老人事件、护理记录四个子模块。下面详细介绍养员信息管理的功能。

在养员信息管理页面，首先展示所有老人的基本信息，包括编号、姓名、性别、状态、床位号、合同类型、护理等级、一卡通、入住次数等。管理员可根据老人的姓名、编号、居住状态查询老人的基本信息。操作界面中一般包含编辑、查看、打印等功能，对已经退住的老人还支持删除功能。

（二）居住管理功能实现

居住管理是对整个养老机构的楼宇和房间情况以及老人在养老机构的居住情况进行管理。该模块分为房屋管理、入住管理、退住管理、变更管理四个子模块。下面详细介绍房屋管理中的房间管理功能。

在房间管理页面中，页面可分为左侧的树形楼宇列表和右侧的房间展示区。表格默认展示的是所有楼宇的房间情况，可根据左侧楼宇列表选择具体楼宇进行房间查看，也可以在右侧搜索区输入单元、楼层号码、房间号码、房间类型进行模糊查询符合条件的房间。该页面可以支持新增房间、批量新增房间、删除房间、导出操作。表格的操作区可以对房间进行编辑，对房间内的床位进行编辑，以及删除操作。

（三）收费管理功能实现

收费管理主要管理老人在养老机构中的费用使用记录，包括押金管理、费用管理、账单管理、收费设置四个子模块。下面以费用管理子模块中的水电费缴费管理为例，进行详细说明。

水电费缴费管理功能流程：进入水电费缴费页面，在老人列表中选择老人姓名后，系统显示老人账户所剩余额；填写好老人所要缴纳的水电度数，系统根据当地水电费的收费标准，自动计算水电费总额，生成缴费订单并显示于页面中；确认缴费，将缴费订单存入缴费数据表，设置数据表对应的状态字段的缴费标志，并更新老人余额数据表，若余额不足，则无法缴费，重新设置该订单的缴费标志，并保存老人的缴费订单数据。保存或缴费成功之后刷新水电费缴费列表页面。

（四）健康管理功能实现

健康管理模块包括个人健康信息和康健管理，主要管理养老机构中入住老人的个人健康信息和健康检查信息。康健管理模块可以和健康检测一体机对接，接收健康一体机的检测数据，经过解析后，实时将检测数据上传到系统。为接入健康管理子系统，健康检测一体机需要配置好健康管理子系统的后台地址和端口号，建立连接后，健康检测一体机将以数据帧的形式向健康管理子系统发送老人的健康检查数据，子系统端则使用多线程接收数据帧，并对数据帧进行解析。

（五）库存管理功能实现

库存管理是对整个养老机构的物品库存进行管理的模块，分为商品管理、出入库管理、报表管理三个子模块。下面以出入库管理子模块为例，进行详细说明。

出入库管理流程：首先进入新增入库页面，在供应商列表中选择供应商，填写入库业务日期、经手人、备注等基本信息；再进一步填写入库商品的数量和单价信息，系统自动计算出商品金额；添加完成后，将入库数据保存到入库商品明细表中。

（六）订餐管理功能实现

订餐管理模块记录养老机构每天的订餐情况，包括普通套餐和针对特殊需求老人的单点餐服务。该模块分为菜品列表管理、套餐管理、单点餐管理、配送设置四个子模块。下面以菜品列表管理子模块为例，进行详细说明。

菜品列表管理流程：进入菜品列表页面，可以选择新增菜品，根据提示信息，输入新增菜品的基本信息；根据菜品名称进行模糊查询操作，在列表区展示菜品列表，包括菜品名称、菜品分类、价格等信息。针对菜品列表的操作可以进一步细化为编辑、禁用、删除等。

（七）统计分析功能实现

统计分析模块包括在住人员分布图、房间使用图、床位信息分析统计、老人入住趋势统计和退住老人信息分析统计。该模块主要用来对整个养老机构的入住运营情况做分析统计管理。下面以退住老人信息分析统计为例，进行详细说明。

退住老人信息分析统计流程：进入退住老人信息分析统计页面，系统将从数据库中查询退住老人在机构实际居住的时间，将其分类为一个月之内、一到三个月、三到六个月、六个月至一年、一至两年、两年以上等不同情况，并将封装好的数据传回页面；页面使用UI组件接收传回的数据，并绘制统计图展示给用户。

二、智慧机构养老系统的功能测试

为了确定系统是否能满足系统当初设计的需求以及检测系统的性能，需要进行系统测试，系统采用黑盒测试，通过功能测试来检查各个模块是否能正常运行。以下为部分测试过程。

养员管理的测试，如表7.1所示。

表 7.1　养员管理的测试表

测试编号	测试过程	期望结果	测试结果
1	选择新增家属页面，填写家属信息，点击保存按钮	系统提示添加成功，数据库中增加了家属信息，列表页面展示新添加的家属信息	符合预期
2	选择老人事件，点击修改老人事件信息，修改老人事件，点击保存	正确打开老人事件信息页面，保存之后提示修改成功，列表页面展示新修改的老人事件信息	符合预期
3	输入老人姓名，点击查询老人信息	正确列出符合条件的老人信息列表	符合预期

居住管理的测试，如表7.2所示。

表 7.2　居住管理的测试表

测试编号	测试过程	期望结果	测试结果
1	删除有人居住的房间	弹出该房间有人居住或有人预约提示框	符合预期
2	在新增入住申请页面点击老人姓名	正确弹出老人列表框，老人列表为已经进行过准入评估的老人列表	符合预期
3	打开新增退住管理页面，填写内容，点击保存	系统提示保存成功，列表页面展示新添加的退住信息，床位已经释放，养员管理中档案资料里该老人存在出院申请表	符合预期

收费管理的测试，如表7.3所示。

表 7.3　收费管理的测试表

测试编号	测试过程	期望结果	测试结果
1	打开新增押金页面，填写完毕，点击保存按钮	系统提示保存成功，列表页面展示添加成功的押金条目	符合预期
2	在未设置水电费收费标准时，打开水电费缴费页面，填写完成点击保存	弹出设置水电费标准提示框	符合预期
3	打开老人月度明细账单页面，输入老人姓名，点击查询按钮	正确列出符合条件的老人，且显示正确的月度账单明细	符合预期

健康管理的测试，如表7.4所示。

表 7.4　健康健管理的测试表

测试编号	测试过程	期望结果	测试结果
1	在老人健康信息页面中选择老人，点击编辑老人健康信息	正确打开编辑老人健康信息页面，并且显示正确的健康信息	符合预期
2	打开新增康健场地，填好场地信息，点击保存按钮	系统提示保存成功，正确跳转到康健场地列表，列表展示新增的康健场地	符合预期
3	打开新增预约页面，点击康健医生下拉框	下拉框中出现正确的已录入的康健医生姓名	符合预期

库存管理的测试，如表7.5所示。

表 7.5　库存管理的测试表

测试编号	测试过程	期望结果	测试结果
1	打开新增商品基本信息，填写完成，点击保存按钮	系统提示保存成功，正确跳转到商品信息列表，列表展示新增的商品信息	符合预期
2	打开新增供应商信息，填写完成，点击保存按钮	系统提示保存成功，正确跳转到供应商列表，列表展示新增的供应商信息	符合预期
3	打开新增入库页面，点击供应商	正确弹出供应商列表，正确显示已添加的供应商列表	符合预期

订餐管理的测试，如表7.6所示。

表 7.6　订餐管理的测试表

测试编号	测试过程	期望结果	测试结果
1	打开菜品列表页面，选择菜品名称，点击编辑按钮	正确跳转编辑菜品页面，且正确显示菜品信息	符合预期
2	打开新增单点餐管理页面，点击添加菜品，打开下拉框	下拉框出现正确的菜品信息	符合预期
3	打开套餐管理页面，选择日期，点击查询按钮	列表中正确出现所选日期所在一周的套餐情况	符合预期

统计分析的测试，如表7.7所示。

表 7.7　统计分析的测试表

测试编号	测试过程	期望结果	测试结果
1	打开在住人员分布图页面	正确出现在住人员分布饼状图	符合预期
2	打开床位信息分析统计页面，选择年度，点击查询	正确出现符合输入条件的年份的床位数据图表信息	符合预期
3	打开入住老人变化趋势图页面，点击柱状图切换	页面正确将折线图切换成柱状图	符合预期

第四节　智慧机构养老系统的典型解决方案

一、智慧机构养老系统解决方案的目标

绿城椿龄康养集团是绿城服务"围绕业主全生命周期，聚焦一老一小"构建生活服务生态战略下成立的大型综合健康养老服务集团，独创了学院式颐养模式，以"医食住行、怡康养护、颐乐学为"为核心理念，构建了养老地产开发、小微机构运营、社区养老服务、咨询培训服务、养老物业服务及适老化改造六大核心产品体系，致力于为长者营造一个美好生活之所。"椿龄荟"是该集团打造的全国首家学院式社区养护中心——杭州西湖区椿龄荟项目的智慧养老支撑平台。产品目标体现在以下几个层面。

（一）业务层面

围绕长者生命周期，实现养老业务、财务数据信息化，从长者参观、咨询、预订、入住、评估、缴费、日常照护、退住全流程的数字化管理。实现服务产品标准化，形成标准照护服务产品，并对收费项目标准化管理，将收费业务数据化，串联起业务和财务数据。

（二）服务层面

实现护工照护任务无纸化与自动化，通过量化的标准服务任务提升服务质量，提升内部服务效率；借助IoT智能设备让服务更加智能化，提升护工照护效率和内部照护质量。

（三）数据层面

实现集团式管理，可统一汇总集团经营数据，实现服务收费、结算、财务报表业务数据化；实现对长者画像数据分析、照护服务数据分析、机构财务数据分析、机构经营数据分析。

二、智慧机构养老系统解决方案用户角色

（一）长者／家属

长者为入住养老机构的老人。家属使用小程序可查看长者健康信息、活动信息、账户明细。

（二）社工

使用PC端、平板端，负责入住前长者的参观接待、跟进，入住合同的签订办理，入住中的文娱活动、办理退住手续，政府团体的接待对接、外联工作，以及对志愿者的管理。

（三）照护经理

使用PC端，制定照护等级任务，安排照护员、管家工作任务，审核入住体检、长者入院。

（四）照护管家

使用PC端、平板端，对长者进行健康评估、医疗服务、用药服务等日常专业性服务。

（五）照护员

使用平板端，根据长者照护任务计划对长者提供照护服务。

（六）财务

使用PC端，长者账户充值、费用结算及缴费确认，长者对账、打款确认。

三、智慧机构养老系统解决方案案例

（一）功能模块图

椿龄荟智慧机构养老系统功能模块图如图7.11所示。

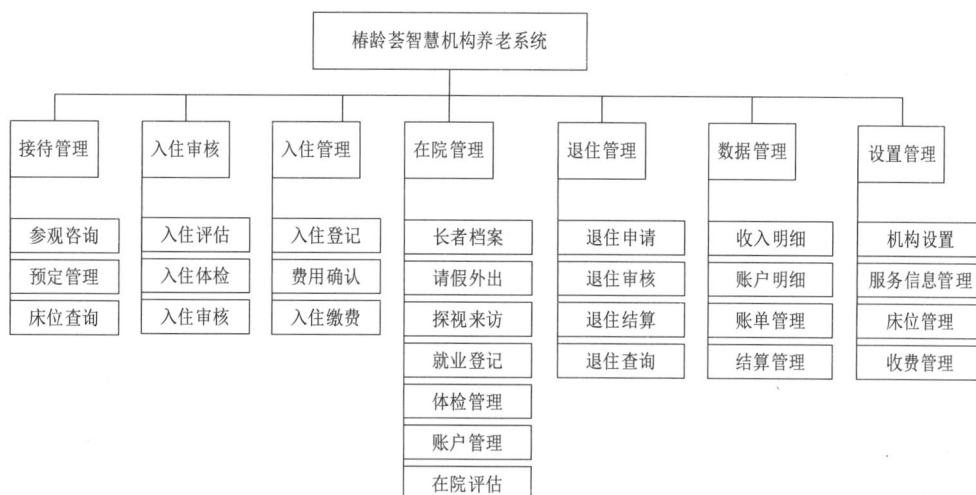

图 7.11 功能模块

（二）使用流程

1.以椿龄荟智慧机构养老系统为例，简要介绍智慧养老系统的使用流程。

登录系统，展示养老机构基本信息。如图7.12、图7.13所示。

图 7.12 系统登录页面

图 7.13 切换机构页面

输入正确密码登录成功，否则系统将给出提示信息。登录成功后，用户可根据管理权限，选择进入不同的养老服务机构，查看该服务机构的基本信息，如图7.14所示。

图 7.14　机构信息展示

在住老人：当前机构内入住状态的长者数量。

房间数：当前机构所有楼栋提供给长者入住的房间数量。

床位总数：机构内所有床位总和。

预订床位：预订状态的长者总数量。

空闲床位：状态为空闲的床位总和。

入住率：在住老人数量除以床位总数量。

2.配置用户快捷功能菜单

选择"添加"按钮后，系统显示可勾选菜单项，最多允许选择10个快捷功能。

图7.15、图7.16显示了接待管理模块可以选择的功能菜单项。

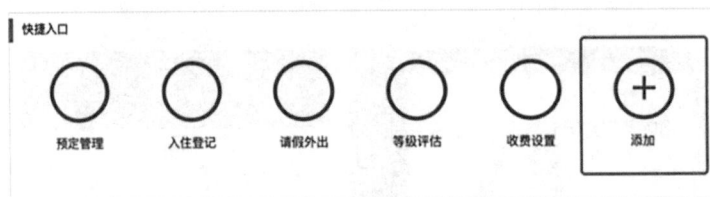

图 7.15　菜单快捷入口

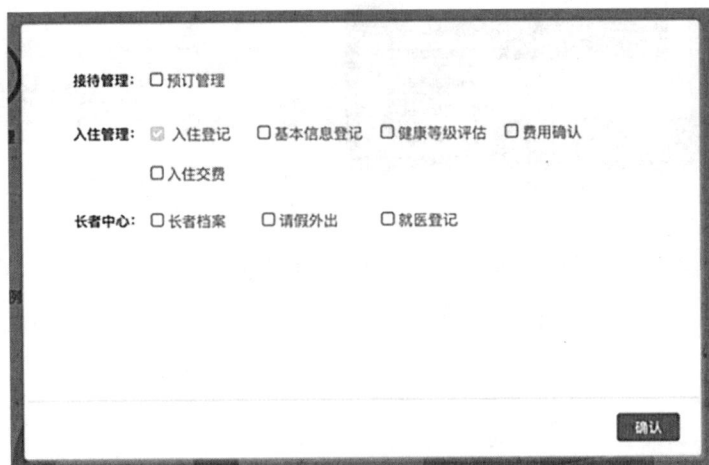

图 7.16　接待管理模块

3. 入住长者审核

入住审核是针对入院前的评估、入住体检进行登记，入住审核模块如表7.8所示。提交入住申请后，可以进行入住审核，如图7.17所示。只有通过入住审核才可继续办理入住登记，如图7.18、图7.19、图7.20所示。

表 7.8　入住审核模块功能表

模块	功能名称	功能描述	优先级
入住评估	查询条件	评估进度：未完成、已完成 评估开始日期：评估开始日期取新增时间 长者姓名	P0
	开始评估	参观咨询信息列表	P0
	查看评估结果	增加参观咨询、咨询人信息、长者信息	P0
	重新评估	编辑修改参观咨询信息	P0
	继续评估	长者参观信息可转预订，把长者信息带入预订信息	P0
入住体检	查询	体检状态：已完成、未完成 审核结果：通过、不通过 长者姓名 体检项目名称	P0
	修改入住体检	填写体检相关信息、体检日期、医院	P0
	审核体检	是否通过体检继续入住登记	P0
	上传体检附件	可上传体检附件（图片、pdf）	P0
	预览	点击预览附件（图片、pdf）	P0
	下载	点击下载附件可下载到本地查看	P0
入住审核	新增入住审核	可以从参观咨询里面新增长者提交入住申请	P0
	查询	审核结果：允许入住、拒绝入住 长者姓名	P0
	评估结果	点击评估结果可以查询入院评估结果详情	P2
	体检详情	点击体检详情可以查看入院体检附件详情	P2
	入住审核	点击入住审核，可审核是否允许入住 同意入住则在入住登记生成一条待登记信息 拒绝入住则结束	P0

图 7.17 入住审核模块操作界面

审核状态：已审核、待审核

审核人：当前账号登录人姓名

审核时间：提交审核确认时间

入住审核通过后开始入住办理流程，在入住登记生成一个待登记状态的入住。入住管理实现入住前登记的整个流程，包括入住登记、入住费用确认、入院缴费流程。如表7.9所示。

表 7.9 入住登记功能表

模块	功能名称	功能描述	优先级
入住登记	完善信息	入住审核通过，入住登记会生成一条待登记状态的记录，系统生成长者档案号	P0
	修改	长者档案号不变，其他长者档案基本信息修改编辑	P0
费用确认	确认费用	入住登记完成后，会生成费用待确认信息，需要确认长者入住的月费标准（包括床位费、照护费、餐饮费）、入院缴费（押金、床品及其他）以及个性化定制服务	P0
	费用审核	费用确认后进入审核状态，审核过程中费用可以修改，审核确认后状态变为已审核，费用不可修改	P0
	修改费用	费用审核确认前，可以对费用进行修改	P0
入院缴费	去缴费	费用确认后，会生成未缴费状态的数据 点击去缴费完成入住缴费。缴费支持多种支付方式混合支付	P0
	打印收据	完成缴费后，可以打印收费凭证	P0

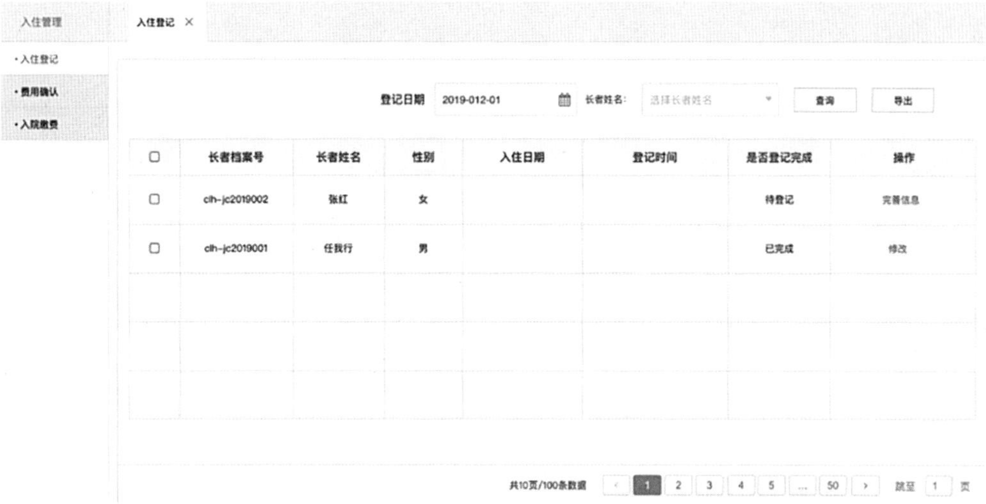

图 7.18　入住登记界面

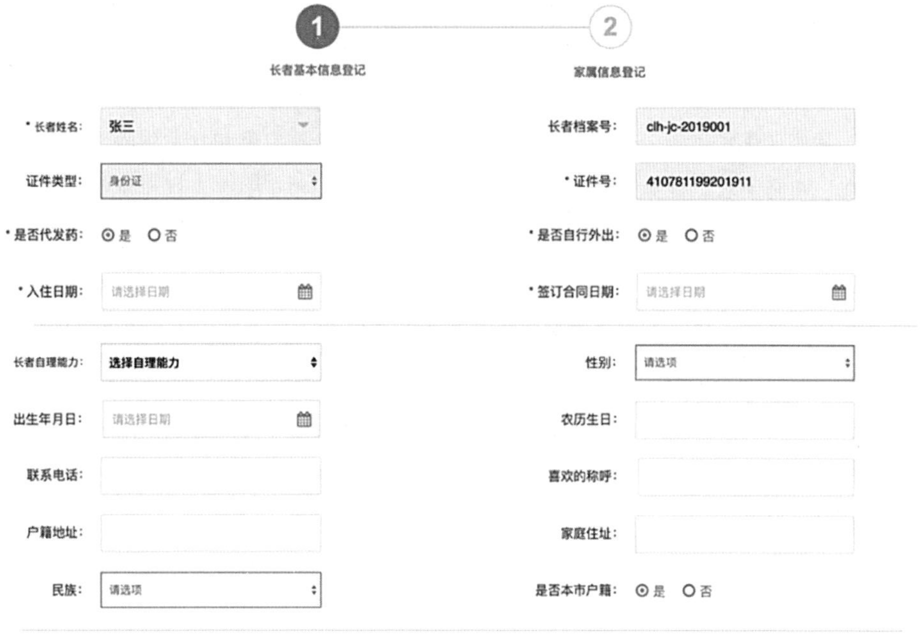

图 7.19　长者基本信息编辑界面

图 7.20　家属信息登记界面

案例思考

智慧养老院，"智"在哪里?

"这个我孙子玩过，没想到还有适合老人的游戏项目!"王大爷站在智能体感互动设备前，根据指令做出相应的动作，人工智能很快测算出大脑年龄。AI心理评估、VR全景导览、数字孪生元宇宙……一大波养老黑科技面前，老人们争相打卡体验，并获得慢性病管理、用药管理、健康饮食等方面的建议。这是2022年5月17日杭州市第三社会福利院（以下简称"三福院"）智慧养老游园会的火热场景。作为浙江省智慧养老院首批试点单位，三福院围绕大型养老机构数字化改革、现代化治理的战略目标，开发智慧养老院数字化综合应用，赋能数字治理和数字服务两大类场景，打造智慧养老院建设样板。

智慧照护，精准服务

杨奶奶今年83岁了，来到三福院有3年了。但是最近她的生活有点不一样，住进了智慧样板间。不仅午饭可以自助点单，还有感光窗帘、点单式照护等，连睡觉的床都可以变身轮椅，还能实时监测老人的心跳和呼吸。智慧样板间里集中展示的适老化家居、智能化设备、智慧化服务，让人深切地感受到了数字化是如何与老人日常生活起居相融合的。

三福院灵活运用各类智能化养老产品，重点对老人心率、呼吸、血压等生命体征方面进行7×24小时的后台监测，实时收集健康数据，为充实健康档案、分析睡眠质量提供保障。同时，通过临界值设置，智能设备能够第一时间对老人身体异常发出警报，并将报警信息推送给护理人员，大幅提高响应速度，确保老人的生命安全。

全域感知，智慧安防

养老服务机构安全生产任务艰巨，责任重大。筑牢安全屏障，才能让老人生活得安心、舒心。三福院共有监控摄像1081台，覆盖了全院各楼宇及室外活动区域，包含各类半球摄像、室外枪机摄像、室外警戒摄像、黑光智能球机、AI抓拍摄像机、AI智能三目等设备。通过后台超脑的数据分析，实现人脸抓拍比对、越界及区域入侵侦测、倒地滞留等基础行为分析，能够使各类预警信息精确锁定位置，实时监控现场情况，全面加强安全防护。

近年来，三福院各类物联网智慧水电设备和感应探测器相继投入运用，并实现了云平台的数据记录及信息交互。对电力、水务、燃气等基础物业安全管理，由原来的周期性人工安全巡查转变为实时性电子数据感应，通过万物互联，全线感知，系统自动判断各类报警信息，及时切断相关水、电、气等管线使用，有效避免事故发生。

一地创新，全省共享

立足当前、适度超前推进数字基础设施建设，才能筑牢数字社会发展底座。三福院创新运用3DGIS（三维地理信息系统）技术开展全域数字建模，建成全国首家数字孪生养老院，集成提供全要素数字化表达、动态三维呈现、智能决策支持、模拟仿真推演，构建线上线下有机联动的养老生活空间，提升服务的精准性、充分性和均衡性。

此外，三福院依托全国人工智能养老社会实验地区的资源优势，重点针对养老护理员工作时间长、劳动强度大等问题，加大AI设备在两大数字化场景下的实际应用，实现机器换人。

思考题：请结合案例和本章内容，谈谈智慧机构养系统主要的功能和实施的意义。

第八章

智慧医养结合系统

本章要点

1. 如何理解智慧医养结合系统的定义？

2. 智慧医养结合系统的特点有哪些？

3. 如何理解智慧医养结合系统的规划？

4. 如何理解智慧医养结合系统的总体设计？

5. 智慧医养结合系统的硬件实现有哪些？

6. 智慧医养结合系统的软件实现有哪些？

7. 请简述智慧医养结合系统的典型解决方案。

引入案例

上海大城智慧养老服务有限公司是一家专业从事社区居家养老的智慧型企业，致力于推进居家养老服务社会化。公司丰富的社区居家养老服务经验，来源于多年不断探索创新智慧化居家养老服务模式，凭借结合移动互联网和物联网技术自主研发的"养老管家"系统构建起居家养老人群的立体看护体系。2020年为全闵行区高龄、独居老人及认知障碍困难老人实施提供"智能移动养老管家服务"项目。通过养老管家"移动app+PC端+智能终端"平台，实现对居家养老的老年人进行健康监测、一键呼叫、智能定位等系列服务，构筑起特殊居家养老群体的智能移动安全网络。

第一节　智慧医养结合系统概述

一、智慧医养结合系统的定义

医养结合指医疗资源与养老资源相结合，实现社会资源利用的最大化。其中，"医"包括医疗康复保健服务，具体有医疗服务、健康咨询服务、健康检查服务、疾病诊治和护理服务、大病康复服务以及临终关怀服务等；而"养"包括生活照护服务、精神心理服务、文化活动服务。"医养一体化"是集医疗、康复、养生、养老等于一体，把老年人健康医疗服务放在首要位置，将养老机构和医院的功能相结合，把生活照料和康复关怀融为一体的新型养老服务模式。

智慧医养结合系统是基于互联网、移动互联网、物联网、服务网进行整合和搭建，系统业务功能既包含了养老机构传统的生活护理服务、精神心理服务、老年文化服务，也融合了医疗康复服务，是将康复医疗和生活照料相结合的新型养老服务模式。系统适用于各类养老机构，如社区养老机构、养老院、老年公寓、养老地产行业、医疗养老机构、居家服务中心，有效解决老人养老、就医和健康问题。

二、智慧医养结合系统的特点

智慧医养结合系统巧妙采用居家养老模式，通过"互联网+"智慧养老平台的接入，让老人可以不离开熟悉的家庭环境，居家享受智能、专业的服务。同时，智慧医养结合系统还会为老人建立老人档案，全面录入老人的信息，还会为老人配备血压仪、血糖仪、肺功能仪、动脉硬化检测仪、骨密度检测仪等专业健康设备，老人在家就可完成体检，晚上系统还可通过智能床垫对老人健康进行监测，监测结果会自动生成健康档案上传系统，当老人健康数值出现异常时，系统将接到警报。当老人需要就医时可随时调取健康档案，方便医疗人员尽早发现疾病。

系统会为老人、护工、医生、亲属等配备app，专业医护人员可在app上查阅老人健康档案，对老人进行专属治疗。护工也可在app上为老人定制出专门的护理方案，全方面地考虑到老人的需求。当老人外出时，系统也可通过智能腕表对老人进行卫星定位，当发生紧急情况，老人可进行一键呼救，医养结合系统可安排工作人员采取第一时间的救助服务。

当老年人有服务需要时，可在手机app上下订工单，医养结合系统在接收到居家老年人发送的需求指令后，会按照老年人的要求，为老年人提供生活照料、修理水电、文化娱乐、精神关爱等服务，还会有养老护理员定期上门为老年人提供服务，进行常规身体检查，有需要的药品也可以直接送到老人手中，有些需要配合食物治疗的则有送餐服务。医养结合系统也会对服务质量进行监督，会进行电话回访和满意度调查，确保老人能享受到高质量的服务。

总之，智慧医养结合系统的主要特点表现为：

（1）搭建医养护一体化运作平台。打破行政壁垒，统筹医养护事业发展，用足用活医养护政策资源。

（2）整合医养护服务资源。将硬件设施资源有机结合，实现养老资源利用效益最大化；同时统筹社会资源，整合养老力量，进一步推动医养护模式。

（3）提升老年人生命质量。为老人建立健康档案，进行健康指导和咨询，解除了养老院及社区患病老年人住院和专业护理的后顾之忧。

（4）建立无缝隙机构照护服务体系。以家庭医生带动健康医疗，以养老服务带动生活护理，以健康咨询带动社会关爱。

第二节　智慧医养结合系统的规划与设计

一、智慧医养结合系统的规划

（一）我国智慧医养结合系统发展现状

我国智慧医养领域还处于萌芽阶段，仍存在许多亟待解决的问题，主要表现在以下几方面。

1. 信息和数据管理不健全

由于平台对于信息管理不够规范，标准不够完善，老年人的个人信息容易泄露，带来一系列麻烦，甚至产生严重后果。养老产品类型较少，对老年人信息收集不够全面，信息处理的水平还有待提升，而智慧养老服务平台主要依赖的互联网和大数据等技术还处于初级应用阶段，这对于平台的进一步发展提出了很大的挑战。

2. 智慧养老模式没有被大众接受

大多数老年人并不了解什么是智慧养老，根据中国老龄科研中心的调研数据，我国老年人中文盲约占29.6％，小学及以下学历约占41.5％，初高中学历约占25.8％，可见我国老年人群文化程度总体偏低，参考《中国互联网络发展状况统计报告》，截至2020年，我国网络普及率已达64.5％，网民人数更是高达9.04亿人，但60岁以上的高龄网民仅占6.7％。因此老年人在操作智慧养老产品时都有不同程度的困难，这也导致了我国目前智慧养老服务模式没有被大众所接纳。

3. 智慧养老服务人才短缺

通过前期调研我们发现目前我国智慧养老服务平台的工作人员专业技能与知识储备水平参差不齐，尤其是关于养老产品开发的技术型人才匮乏，使得市面上产品种类过于单一，没有实现多元化服务，且与养老和医疗机构的对接不够紧密，不能很好地满足老年人对智慧养老服务的需求。对于护理方面的专业人员，能够持国家资格证书上岗的仅占17％左右。

4. 缺乏行业制度标准

我国医养结合领域在实际工作进程中长期缺乏参考标准，为解决标准化服务建设问题，民政部、国家标准委共同发布了《养老服务标准体系建设指南》，从老年人自理能力、养老服务模式、服务、管理四个角度确立标准体系因素，体系又包括基础、服务提供、支撑保障三个子体系。同时，国家质检总局、国家标准委发布《养老机构服务质量基本规范》填补了参考标准的空白，给医养结合服务机构制定了基准线，确立了机构等级标准制度，为更好地满足市场需求奠定了良好的基础。

自2015年起，国家相继出台了一系列配套政策，着力推进医养结合模式，这些配套政策都为发展智慧医养结合服务模式提供了制度支持，使老年人的多样化需求得到满足，权益得到保障。运用互联网大数据分析，准确对接供需矛盾，动态调动现有服务资源，提高老年人生活质量。由传统的医养结合模式向智慧医疗模式转变，是智能化、信息化社会飞速发展的必然要求，也是应对人口老龄化的必然选择。

（二）智慧医养结合服务模式的特点

与传统养老服务模式相比，智慧医养服务模式是升级与创新。以完善医保体系、实现信息共享为核心，以互联网思维为手段，改变传统的医养结合服务模式，发展智慧医疗与养老结合的模式。这种模式能使老年人获得全新的养老和就医体验，整合优质资源，提高服务效率和质量，拉动潜在需求，带来更多的经济利益，同时有利于扩大基本医疗保障覆盖面。

1. 医养结合升级创新了传统养老服务模式

从供需角度来讲，智慧医养结合是由服务主体和服务客体组成的。五位一体的智慧养老服务体系，包括智慧家居、智慧社区、智慧机构、智慧家政、智慧医疗。在服务内容和管理机制方面，主要以各级医养服务平台为中心协同运行管理，通过基于互联网、物联网技术配合终端设备为老年人提供专业化的基本生活服务和医疗、护理等服务。智慧养老应该更加关注老年人的身心活动，从根本上提高老年人的生活质量，这也是智慧医养结合模式未来的发展方向。

2. 医养结合是以完善的医保制度和信息共享为基础

互联网思维促进了传统医疗服务、养老服务向智慧医养结合服务模式的转型升级。在公共卫生服务层面上，智慧医养可以通过构建多层次的服务内容和收费标准。在医保广泛覆盖的基础上，让大多数老年人在可承担的成本范围内享受到基于医疗技术进步的预防、治疗、康养等智慧化的健康养老服务。在技术层面上，智慧养老主要是通过物联网运用云计算以及大数据分析等技术，结合智能终端设备对数据进行收集与分析处理，能够实现老年人、家庭与社会机构等多方资源的整合和优化，使医养结合变得更加智慧化，也更加切合老年人的实际需求。

3. 医养结合是综合性的创新服务

医养结合的智慧化发展注重的不仅是智能，还应体现出运行模式的创新性和人性化，它涵盖了技术与社会等多方面的创新。传统医养结合模式依托"智慧"手段，利用信息化大数据平台，借助人工智能手段和物联网技术，配合创新型运行方式，通过线上结合线下的网格化服务网格以及智能终端设备的投用，将医院的医疗服务全方位地引入老年人的日常生活中。在数字化卫生系统联动养老服务供给的基础上，完善建设医养服务体系，搭建智慧医疗养老服务平台，构建养老生态体系，实现老年人的基本诊疗信息、养老信息的全面互通互联。以医院的诊疗信息为基础，建立地区居民健康电子档案。基于智慧养老平台实现远程挂号、问诊及医疗服务，提升老年人健康管理认知和医院及养老机构的服务水平。目前多个省市地区已经成为国家智慧城市技术和规范试点城市，为智慧医养结合模式的发展研究提供了支持。

二、智慧医养结合系统的总体设计

智慧医养结合系统是以基本养老服务为基础，以医疗服务为重点，在做好老年人生活照护服务、精神慰藉服务的基础上，着重提高医疗诊治服务、大病康复服务、临终关怀服务的质量，突破一般的医疗和养老分离的状态，最大程度地为老年人提供及时、便利、精准的医疗服务，将生活照料、身体康复和临终关怀相结合，实现"服务就在老人身边"的愿景。

（一）智慧医养结合系统的设计原则

1.搭建医养护一体化运作平台

打破行政壁垒，统筹医养护事业发展，用足用活医养护政策资源。

2.整合医养护服务资源

将硬件设施资源有机结合，实现养老资源利用效益最大化，同时统筹社会资源，整合养老力量，进一步推动医养护模式。

3.提升老年人生命质量

为老人建立健康档案，进行健康指导和咨询，解除了养老院及社区患病老年人住院和专业护理的后顾之忧。

4.建立无缝隙机构照护服务体系

以家庭医生带动健康医疗，以养老服务带动生活护理，以健康咨询带动社会关爱。

智慧医养结合系统通过汲取物联网、互联网、智能呼叫、云技术、移动互联网、卫星定位等先进的信息技术，创建"系统+服务+老人+终端"的智慧养老服务模式。通过搭建系统平台，老人运用如老人机、腕表、无线传输的健康检测设备等智能设备，实现与子女、服务中心、医护人员的信息交互。系统总体设计如图8.1所示。

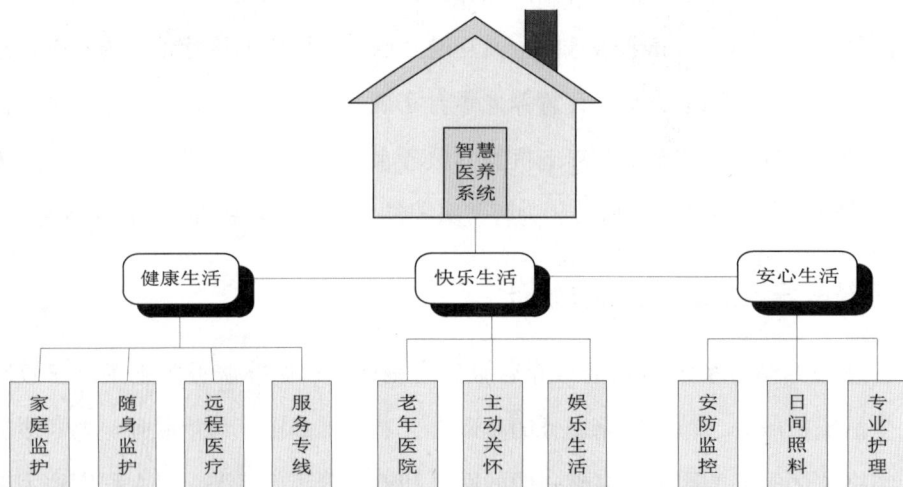

图8.1 系统总体设计框架

智慧医养结合系统可以对三级架构（机构、社区、家庭）医、康、养的整体业务进行有机整合，为信息化、智慧化养老提供服务载体，为医院、政府监管部门提供强有力的管理手段。

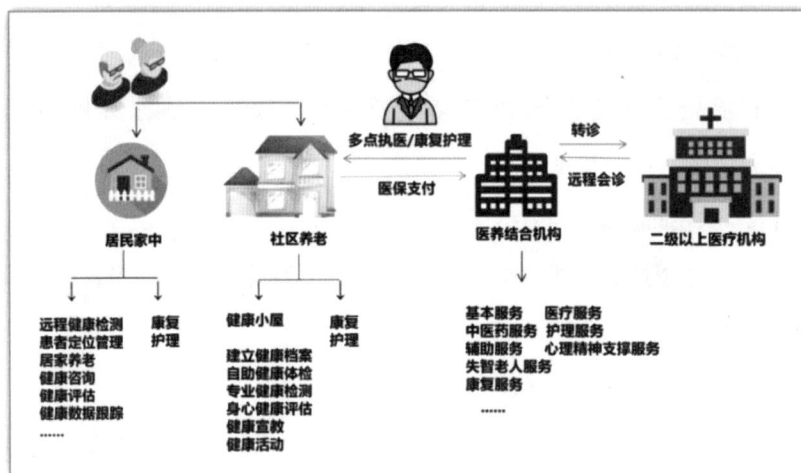

图8.2 智慧医养三级联动

（二）智慧医养结合系统的主要特点

（1）统一云数据中心，实现信息互联互通、数据共享。

（2）机构—社区—居家医养结合一体化管理。

（3）支持医养结合相关监督、考核及决策分析。

（4）整合服务内容、参与主体、提供体系和支撑机制等子系统。

第三节　智慧医养结合系统的实现

一、硬件层面实现

智慧医养系统结合养老服务站点和老人家中两大场景，以硬件设备为支撑，满足老人到站接受服务和家中接受服务的实际需求，将服务拓展至覆盖周边3至5千米范围内的社区。老人居家场景如图8.3所示，养老服务站点场景如图8.4所示。

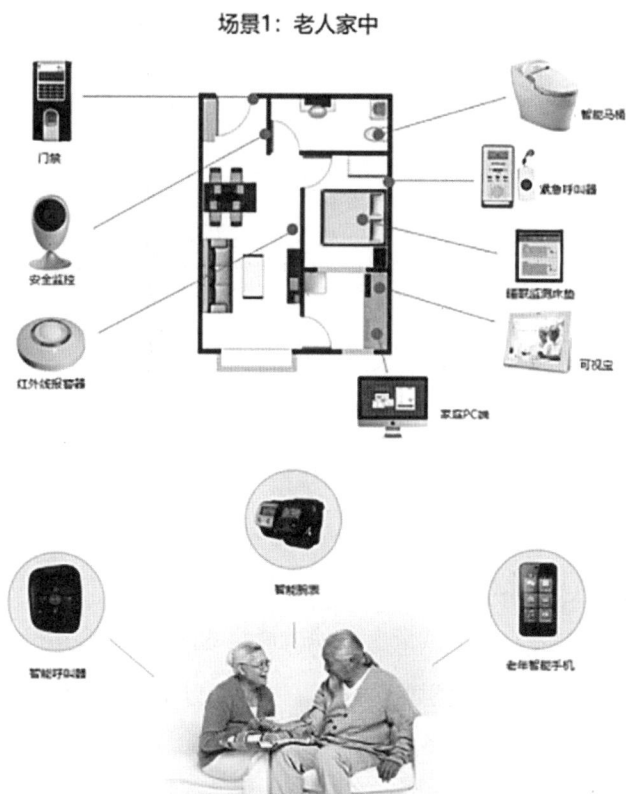

图 8.3　老人居家场景

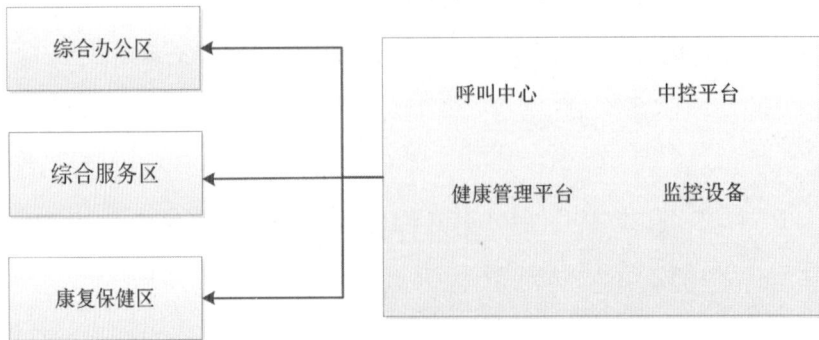

图 8.4　养老服务站点场景

考虑到老年人慢性病多发的特点，鼓励养老服务机构引进理疗、养生、康复、护理、助老等设备，支持或恢复老年人自理或自立能力，以提升老年人晚年生活质量。

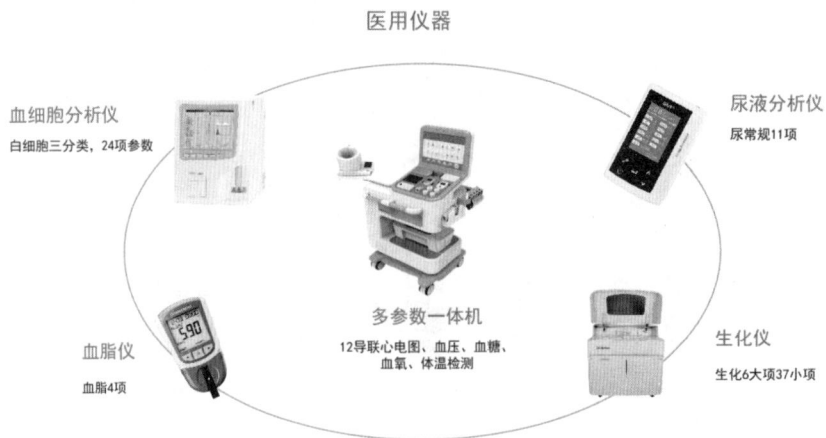

图 8.5　常用的医用仪器

从图 8.5 可知，常用的医用仪器主要包括尿液分析仪、多参数一体机、血脂仪、血细胞分析仪、生化仪等。尿液分析仪是测定尿中某些化学成分的自动化仪器，它是医学实验室尿液自动化检查的重要工具，具有操作简单、快速等优点。仪器在计算机的控制下通过收集、分析试带上各种试剂块的颜色信息，并经过一系列信号转化，最后输出测定的尿液中化学成分含量。多参数一体机自身搭载的智能数据管理系统能够快速采集人体的多项生命体征参数信息，并对健康数据进行统计分析，对健康状况进行指导和评估，通过网络实现多平台间的数据互通，对未病的早期干预、慢病人群的综合管理、公共基础卫生服务的管理工作等有重要意义。血脂仪是一种可以测量血脂的仪器，测定方法也因不同的指标而不同，最基本的包括总胆固醇、甘油三酯和血高密度胆固醇（HDL）。血细胞分析仪又称为血液细胞分析仪、血球仪、血球计数仪，是用于检测和分析血液中细胞成分的医疗设备，分析对象主要包括白细胞、红细胞、血小板等，通过光学、电子等技术对血液样本进行细胞计数、分类和形态观察。生化仪是采用光电比色原理来测量体液中某种特定化学成分的仪器，由于其测量速度快、准确性高、消耗试剂量小，现已在各级医院、防疫站、计划生育服务站得到广泛使用。

二、软件层面实现

智慧医养软件系统是将康复医疗和生活照料相结合的新型医养结合养老服务模式，既包括养老机构传统的生活护理服务、精神心理服务、老年文化服务，也融合了医疗康复服务。智慧医养软件系统主体框架如图8.6所示。

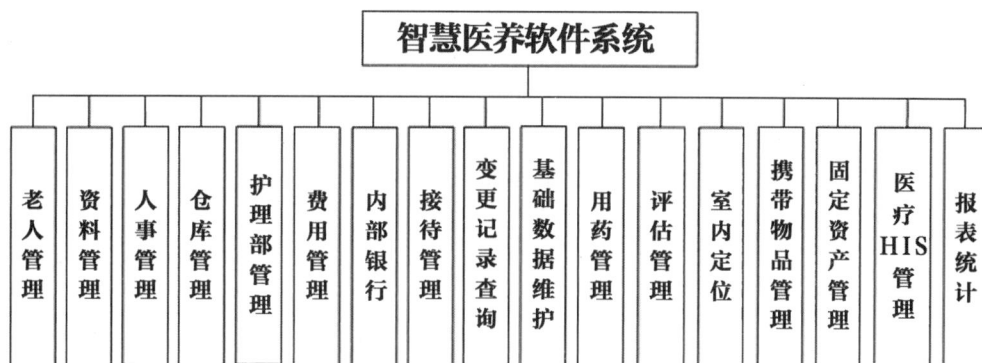

图 8.6　智慧医养软件系统框架

（一）老人管理

该模块主要实现了入住老人的档案动态管理，除了记录老人及其亲属的相关信息以外，还对老人与养老院签订合同的编号、入住时的健康评估报告、饮食习惯、生活喜好等全方位的信息进行档案管理。另外还实现了老人信息的变更管理、请假外出管理、护理记录和退住管理等，对入住养老院的老人进行全方位信息的掌握，便于紧急情况发生时的处理，更便于为老人提供个性化的服务。

（二）资料管理

该模块主要实现数据字典的维护，最高管理员可以根据自己养老院的特点进行个性化设置和维护，以及对养老院管理系统中各级管理员权限的设置；还可以对各种收费及标准进行设定和管理，如月收费标准、阶段性收费、特殊服务费、入住初始费用等；另外，还可以对养老院内部的楼宇、房间、床位以及每位老人的食谱等进行信息管理，更人性化地为入住老人服务。

（三）人事管理

人事管理用于养老院的内部管理，主要实现了员工资料管理、员工调动管理、员工离职管理、员工请假或加班等事件的管理，以及输入各种提示信息的员工查询功能。

（四）仓库管理

养老院正常运营，需要采购、库存大量日常用品，既包括养老院的各种基础固定资产，也包括老人日常使用的各种物资。做好仓库管理，不仅能强有力地支持养老院的运营，更能为老人提供舒适、健康的环境和服务。管理系统准确、及时地实现入库管理、出库管理和库存管理，对各种物资的名称、类型、规格、单位、单价、数量、采购总价、付款方式、供应商、仓库名称、采购员、入库时间、出库时间、出库员、领取数量等进行精细化管理，方便养老院相关部门进行成本核算、资源管控、预算管理和老人服务。

（五）护理部管理

入住养老院的老人，大部分都需要进行护理，做好老人的日常护理工作十分重要。管理平台对护理部的管理主要体现在两方面，一个是白班交班记录管理，另一个是夜班交班记录管理，实现了老人白天一天的餐饮记录、卫生记录、大小便记录、服药记录、活动记录，以及老人夜晚的卫生记录、大小便记录、休息状况、心态状况等管理。精细化、体贴入微的护理照护管理，是养老院管理平台的一大特色。

（六）费用管理

费用管理是养老院运营的基础，养老院管理平台实现了试住费用管理、老人备用金费用管理、特殊护理费管理、续费管理、阶段性缴费、收费管理，以及费用清单管理和费用结算管理等缴费、消费、退费结算全过程的费用管理。老人或老人子女可以根据自身的情况，选择试住、阶段性住宿和长期住宿等几种方式，然后根据住宿类型缴费。这样既方便老人和子女，也方便养老院，尤其是费用清单管理和费用结算管理，非常有利于养老院进行成本分析和预算管理。

（七）内部银行

为了帮助入住老人有效地管理自己的财物，也便于子女、亲属对老人进行经济支援和孝道体现，养老院管理系统的内部银行为老人提供了电子存折，老人不必为怕弄丢随身携带钱物而烦恼，老人子女也不必为没有地方孝敬老人而发愁。提前或者经常在老人的电子存折中存进一笔钱，老人用时随时取出，既方便又安全。

（八）接待管理

系统为来访的老人亲友提供方便的服务，实现了咨询接待管理、床位查询、来访登记和老人资料查询等，方便来访者快速了解老人情况，与老人见面，甚至为老人缴费、续费等。

（九）变更记录查询

系统还为养老院的管理人员提供了各种变更管理功能，如床位变更管理、基础信息变更管理、健康档案变更管理、管理信息变更管理、事故记录管理、收费标准变更记录管理等。

（十）基础数据维护

该模块包括角色权限管理、系统参数维护、上报数据和修改密码。

（十一）用药管理

该模块包括药品类型、药品厂商、药品字典、用药方式、用药剂量、用药设置、常用药登记、临时用药登记、药品缴存、药品领取，为养老机构提供完善全面的药品管理工作，采用信息化手段，准确无误地对全院所有药品进行集中统一管理。

（十二）评估管理

该模块可以添加适用老人的各种评估类型，设置评估内容。

（十三）室内定位

该模块包括地图管理、标签类型管理、标签分组、基站管理和标签管理。

（十四）携带物品管理

物品代管主要针对会员的随身物品进行保管，解决个人物品安全问题。该模块主要包括ID、物品名称、数量、备注、所属老人ID、物品存放地点。

（十五）固定资产管理

该模块包括库存管理、领用转移、报废与折旧、查询统计、固定资产字典。

（十六）医疗 HIS 管理

门诊挂号：包括患者登记、门诊挂号等五个菜单，是患者登记信息和安排医生诊断的功能模块，患者根据病情挂号对应的医生。

门诊医生：包括门诊就诊、处方查询、已诊病人查询三个菜单，用于医生诊疗病人，挂号单号根据门诊挂号自动生成，可打印门诊记录、处方单和检验单。

门诊收费：包括门诊收费和收费查询两个菜单，用于门诊患者收费。

出入院管理：包括入院登记、按金管理、出院结算等五个菜单，管理需要入院治疗的病人，所有病人的出入院信息、病情情况、医嘱情况等都有详细记录。

护士站：包括查对医嘱、床位一览、门诊护士执行单、床位信息查询等七个菜单，用于护士执行医嘱、分配床位、用药等，保证门诊患者和住院患者能按照医嘱得到治疗，护士所有工作都在该功能模块下完成。

住院医生：包括医嘱管理和医嘱查询两个菜单，是住院医生为住院患者开具的诊断和治疗方法。

药房管理：包括门诊发药/退药、住院发药、住院退药、药品库存查询四个菜单，护士和患者可在此领取药品，可查询医院和病人用药信息及库存情况。

药库管理：包括采购入库、出库管理、库存查询等六个菜单，对医药采购药品进行出入库操作，可查询相关药品库存信息，对医院药品情况做到全面掌握。

物资管理：包括采购入库、调拨入库、出库管理三个菜单，对除药品外的物资管理，统一进行出入库的操作和统计。

（十七）报表统计

系统为方便养老院管理人员进行统筹规划，特别设计了很多方面的统计报表，以便于管理和决策。现在系统实现了老人缴费统计、老人综合统计、老人事故统计、老人信息统计、入库统计、出库统计、操作日志、查询通知信息等功能。

第四节　智慧医养结合系统的典型解决方案

一、解决方案的基本框架

开云智慧医养结合系统，采用SaaS架构，基于医养结合一体化解决方案。平台运用各种先进的信息技术（物联网、互联网、移动互联网技术、云计算、Web服务、云技术、卫星定位技术等），创建"系统+服务+老人+终端"的智慧医养服务模式，实现跨终端的数据互联及同步，连通各部门及角色，形成一个完整的智慧医养闭环。

通过平台实现老人与子女、服务机构、医护人员的信息交互，对老人的身体状态、安全情况和日常活动进行有效监控，及时满足老人在医疗、护理、康复、生活、安全、娱乐等各方面的需求。其基本框架如图8.7所示。

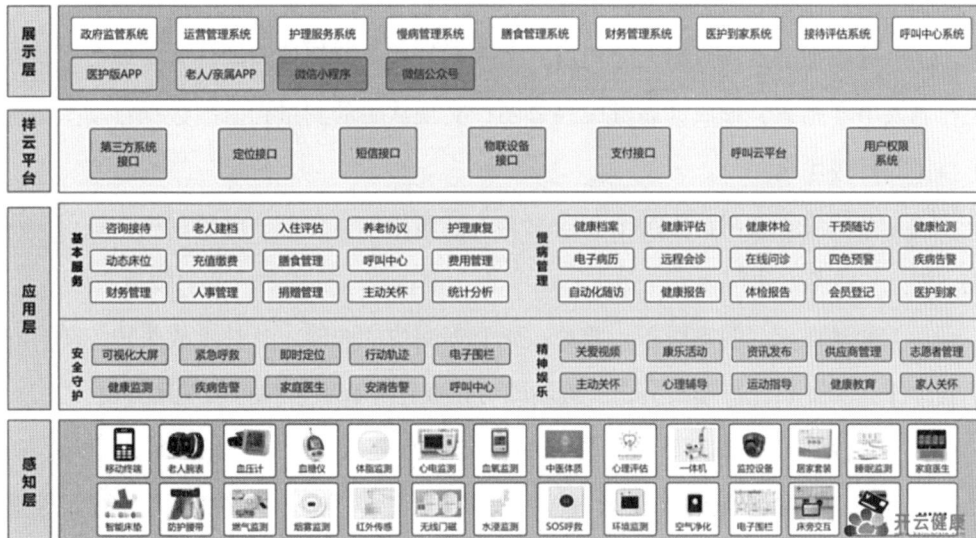

图 8.7　智慧医养结合系统的基本架构

二、解决方案的功能描述

开云智慧医养结合系统具有以下功能。

（1）决策统计分析：系统为政府部门/机构提供管理类的决策分析报表模块，

一目了然地掌握医养业务以及运营情况，协助机构管理层做出各种决策。

（2）可视化大屏：养老大数据通过可视化大屏展示，整合全维度的信息，实时业务监控、动态风险预警。

（3）多维度评估：针对机构不同情况、不同类型的评估需求，配置有老年人综合能力评估、单病风险、中医体质、心理健康状况等多维度评估管理功能模块。

（4）全息电子档案：为老人建立动态全息电子健康档案。与医院HIS系统、体检系统、公卫系统对接后，可实现老人门诊病历、住院病历、远程问诊病历、体检报告等全方位健康数据的整合，为机构制定老人的医护方案提供更精准的科学依据。

（5）四色预警：平台采用四色预警模式。根据老人体检数据，针对慢性病（如高血压病、2型糖尿病、血脂异常、冠心病、超重及肥胖、骨质疏松、恶性肿瘤、慢性肾脏病、慢性阻塞性肺疾病等），按照依次为红、橙、黄、蓝不同的颜色分级标准预警，建立健康风险识别、动态跟踪风险机制，方便机构医护人员对老人健康状况全面掌握，制定科学的医护方案。

（6）健康安全监测：老人建档后，系统支持接入智能检测硬件，实现数据自动上传老人电子档案，形成动态健康趋势图，实现从手动测量到监测数据自动上传电子档案的升级优化。

（7）居家安全监测：支持监测居家老人健康指标、定位、电子围栏、跌倒、门磁、燃气、烟雾、水浸等安全数据，可实现一键告警，机构响应紧急救援服务。

（8）智慧医护：明确医护、照护、康复等岗位的职能，自动生成医护工单，科学安排任务和计划。护理人员在手机端即可完成任务查看、执行、关闭等操作。

（9）医生巡诊：动态床头卡可以囊括老人所有相关诊疗信息和护理事项，辅助医生巡诊，在床旁及时获取老人医疗、照护数据，并进行添加日常诊疗记录等操作。

（10）医护到家：居家老人可以随时随地享受预约护士上门服务、居家养老、问诊、体检、健康管理等服务，形成更加完善的"互联网+护理服务"服务闭环。

（11）随访管理：系统目前包括多种慢病的标准随访量表，以及个性化的随访表，可以在实际的随访应用中做到针对不同的慢病，给予不同的随访。并且随访形式多样，包括电话、门诊及家庭，可以适用于任何形式任何机构对于绝大多数慢病患者的随访。随访量表科学精准，随访形式简易灵活，随访过程方便高效，随访记录清晰明了。

（12）个性化健康报告：实现机构定期（建议最低三个月为一周期）为老人制定个性化健康报告。根据用户健康档案、体检报告等，智能化出具临床、营养、运动、心理、生活方式五大处方。

（13）精细化费用管理：建立标准化、规范化、电子化费用管理流程，对老人消费项目进行预先配置，标准定义每项所需费用。支持月底老人费用流水清单推送至子女家属端，催缴费提醒（现金、微信、支付宝、银行转账等）。便于工作高效开展，节省医护人员工作流程。

三、解决方案的应用场景

智慧医养结合系统为居家老人搭建了方便快捷的平台，当老人有康复护理、生活照料、家政服务、上门医疗等服务需求时，只需在手机app上下订工单，即有工作人员进行上门服务，满足居家老人多样化、个性化需求。

智慧医养结合系统还可通过智能腕表，对老人进行卫星定位，可设置电子围栏，当老人活动超出区域时，系统将接到警报。当老人摔倒或遇到其他紧急情况时，可进行一键呼救，系统将第一时间安排工作人员进行施救，并通知家属。

案例思考

合肥市智慧医养结合系统

以合肥市智慧医养结合系统为例，通过调研，目前存在的问题主要表现在以下几个方面。

第一，在服务端，服务费用和评估等级差异明显。在调查研究中，老年人关于入住条件没有明确的严格限制，在入住前进行体检确定老年人没有感染性疾病和精神性疾病的情况下都可以自行入住，但是没有身份的严格限制并不代表入住费用的均等化。

第二，在供求端，供求不平衡，床位利用率低下。

第三，在内容端，"医"与"养"的曲线结合。通过调查研究，发现智慧"医"与"养"结合只是表象，在机构内部，内设的医疗机构专业水平低，医疗护理质量低，智慧养老产品开发不足现象普遍存在。

第四，在主体端，多主体参与衔接机制松散。

第五，在人才端，专业医护人员吸纳性较低。

思考题：请结合案例，根据目前合肥市智慧医养结合系统在运作过程中存在的主要问题，提出推动智慧医养结合养老模式高质量发展的相关建议。

第九章

智慧养老典型产品和未来发展

本章要点

1. 智慧养老典型产品有哪些?

2. 养老机器人如何帮助老年人?

3. 老年网络游戏对老年人有哪些益处,如何减少负面影响?

4. 智能监护设备有哪些种类,分别有哪些功能?

5. 养老大数据包括哪些数据,怎样运用养老大数据?

6. 智慧养老有哪些发展方向?

引入案例

2022年8月9日,萧山区智慧养老大数据平台显示,居住在杭州颐乐养老集团泰和园区徐德祥老人的智能手表连续发出报警提示。接到异常信息后,呼叫中心第一时间通知护理部值班人员前往手表卫星定位处查看,并对老人进行了相应检查。

如何为老年人提供更多、更优质的养老服务,提升居家和社区养老的安全性和便利性?随着一大批养老数字场景融入老年人的生活,萧山区不断"解锁"智慧养老应用新场景,让专业养老服务机构的专业照护服务延伸至老人家中。

继2021年为老人安装门磁、烟感、气感、睡眠监测仪"安居守护"四件套后,萧山区民政局又为重点人群安装了智慧养老居家式智能终端服务(一键通呼叫器)。针对失能或半失能老人的居家养老需求,萧山区启动家庭养老照护床位试点建设,让失能或半失能老人在家就能享受养老机构的专业照护服务。针对老年人用餐问题,萧山的很多社区居家养老照料中心提供了"智慧餐台"服务,老年人就餐可以刷卡、刷脸支付。

从智能手表,到一键通呼叫器,再到"智慧餐台",丰富的智慧养老场景不仅为老年人筑起了人身安全的防线,更让老年人享受到了数字化服务带来的便捷,让全区老年人共享改革发展成果,安享幸福晚年。

第一节　智慧养老典型产品

一、养老机器人

养老机器人是指用于养老的智能机器人，具备智能看护、亲情互动、远程医疗等多种智慧养老服务功能，还能化身可移动电视，给老人解闷。不仅适用于养老机构，更适用于居家老人。

（一）陪聊机器人

陪聊机器人是用于模拟人类对话或聊天的机器人系统，在养老场景中，一般是指类人型机器人硬件本体和自然语言处理软件系统组成的智能机器人系统。"家宝"是中国机器人领军企业新松公司2017年研发出的首款基于云计算的学习型智慧养老机器人产品。通过SLAM算法加红外辅助，它可以自动感知周围环境，实现与人类的自主对话、行走和充电，并进行远程慢病管理。新松陪聊机器人工作场景如图9.1所示。

图 9.1　陪聊机器人聊天场景

图 9.2　Ri-Man 护理机器人

（二）护理机器人

护理机器人是一种特殊的医用机器人，它可以代替或协助护理人员在病房里对病人进行相关的护理操作。日本Riken研究中心研发的Ri-Man机器人是世界上首台专为护理而设计的机器人。Ri-Man身高158厘米，重100公斤，不仅拥有视觉、听觉、嗅觉，还可以轻松把人抱起，特别适合照顾卧床或行动不便的病人。Ri-Man护理机器人工作场景如图9.2所示。

（三）康复机器人

康复机器人作为医疗机器人的一个重要分支，贯穿了康复医学、生物力学、机械学、机械力学、电子学、材料学、计算机科学以及机器人学等诸多领域，已经成为了国际机器人领域的一个研究热点。康复机器人已经广泛地应用到康复护理、假肢和康复治疗等方面。典型的康复机器人工作场景如图9.3所示。

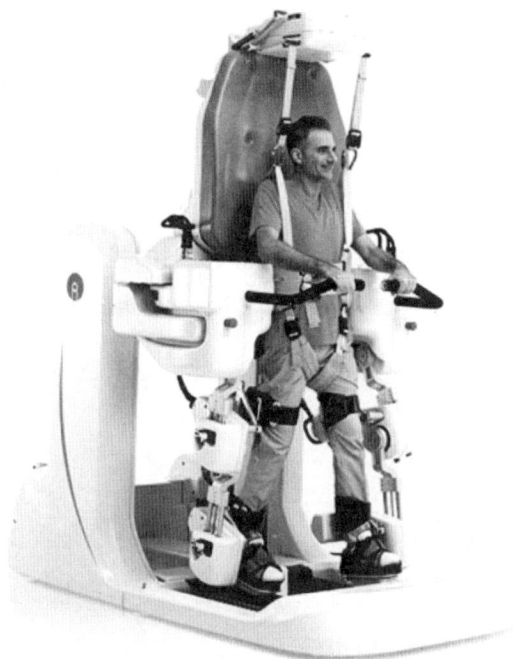

图9.3　康复机器人

二、老年人网络游戏

无处不在的互联网已经成为老年人生活的重要组成部分。老年人不仅可以通过互联网了解新闻、健康、文旅等资讯，加强与亲人、朋友、陌生人的交流互动，进行网上购物等活动，越来越多的老年人还开始使用网络游戏丰富自己的老年生活，利用游戏来促进自己的身心健康。百度游戏洞察报告显示，2021年我国游戏用户整体规模增长速度为10%，银发族已成为游戏用户规模增长的主要动力，其中，女性用户增速为80%，男性用户增速更是高达130%，增长规模甚至反超小镇青年群体。

由此可以推测，我国高龄游戏玩家数量或已在5000万以上。

一般来说，老年人由于身体机能逐步退化，视觉、思维以及身体四肢协调能力有所下降，会对网络游戏、手游的信息显示界面和操作便捷性等方面有特殊要求。然而开发一款新游戏不仅制作周期长，人力物力成本投入也非常大，制作出来后，宣传推广又需要大量开销，因此，现阶段游戏开发商还不太愿意花费大量资金去开发专门针对老年人的游戏。尽管如此，市面上现有游戏还是吸引了大量老年人的兴趣。适合老年人的游戏主要有三类：棋牌娱乐类游戏、益智类游戏、身心健康类游戏。

（一）棋牌娱乐类游戏

棋牌游戏是棋盘游戏和牌类游戏的统称，具有益智性、娱乐性、互动性、便捷性等特点，我国民间具有深厚的群众基础，是流传最为广泛的游戏类型。棋牌游戏可以促进老年群体的社会参与，提供老人与他人沟通的机会，并以其娱乐性和社交性丰富老人的精神生活。线上棋牌游戏可以打破线下时间、空间的限制，支持老年群体与更多群体进行接触，而且学习成本低。因此，越来越多的老年群体开始在线上进行棋牌游戏。

1. 五林五子棋

这是一款非常经典的五子棋游戏，该游戏平台同时也是青少年五子棋培训平台，提供了标准化的教学课件、线上音视频互动课堂、内部教学比赛等功能。对于老年人来说，这种五子棋游戏不仅可以给予足够的思考时间，还可以锻炼老年人的判断能力，是非常适合老年人一款游戏。五林五子棋的首页和两方对战界面如图9.4和图9.5所示。

图 9.4　五林五子棋的首页界面　　图 9.5　五林五子棋的两方对战界面

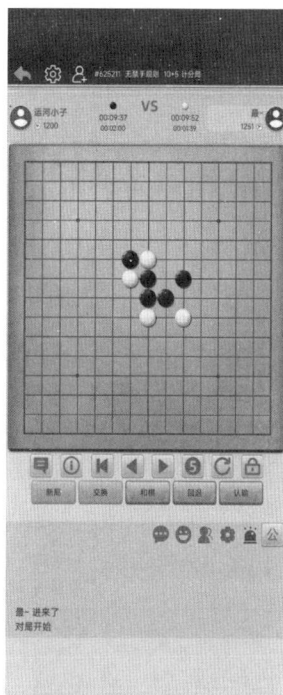

2.多乐麻将

这是一款免费的手机麻将游戏，游戏界面萌趣精美，体验丰富玩法多样，包含全国50多个地区的麻将玩法，广受玩家喜爱。该游戏支持无限制组局，可以轻松邀请伙伴一起对局，还支持系统自动代理玩牌，以及多种趣味方言，超大牌面设计，具有裸眼3D效果，再小屏幕也能看清楚。多乐麻将的对战界面如图9.6所示。

图 9.6　多乐麻将的对战界面

3. 天天象棋

这是一款风格清新休闲，质朴耐玩而不失时尚的中国象棋游戏平台，拥有多种玩法模式可供玩家选择，无论是闯关还是对战，玩家们都可以深刻地体会到中国象棋的博大精深，该游戏还有9个级别的电脑AI供玩家选择切磋，同时也支持真人联网对战、残局闯关、日常赛事和人机游戏几大功能，也可以邀请自己的微信、QQ好友一起对局，而且该游戏平台还提供学习教程，能够帮助老年人更好地提高棋艺。天天象棋游戏的二人对战界面、学棋界面如图9.7和图9.8所示。

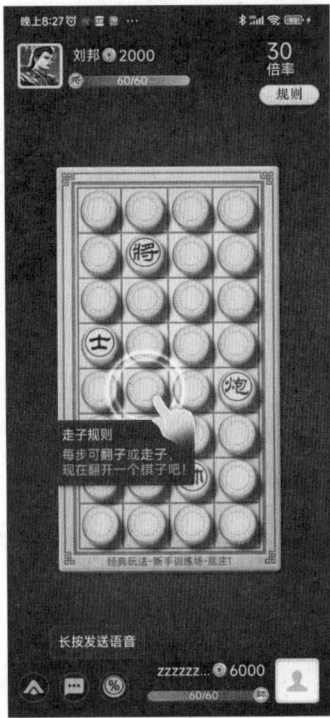

图 9.7　天天象棋的二人对战界面

图 9.8　天天象棋的学棋界面

4. 欢乐斗地主

这是一款实时对战棋牌手游，是根据扑克牌游戏"跑得快"改编而成的三人游戏。由于其规则简单、娱乐性强，迅速风靡全国，也成为老年人喜爱的棋牌类游戏。欢乐斗地主游戏有火箭、炸弹等12种牌型，有发牌、叫牌、抢地主、明牌等七种玩法。欢乐斗地主纸牌游戏的游戏对战界面如图9.9所示。

图 9.9 欢乐斗地主纸牌游戏的游戏对战界面

（二）益智类游戏

益智游戏是指以游戏的形式锻炼脑、眼、手功能，该类游戏能够帮助游戏者提升逻辑分析力、思维敏捷性和专注度。相关研究表明50岁以前开始玩成人益智游戏的人患阿尔茨海默病的概率只有普通人群的32%，中国社会科学院2021年发布的《后疫情时代的互联网适老化研究》显示，超六成受访老年网民爱玩《开心消消乐》等益智消除类游戏。

1. 开心消消乐游戏

这是一款休闲益智类游戏，该游戏通过闯关的形式，以救村长为目的，给玩家带来了一段开心的闯关旅程。这款游戏规则简单又很有趣，有着很好的休闲效果，游戏内有可爱的动物头像设计，有趣的游戏道具，曾经荣获玩家最喜爱的移动单机游戏奖。开心消消乐游戏主界面和游戏设置界面如图9.10、图9.11所示。

图 9.10　开心消消乐游戏主界面　　　　图 9.11　开心消消乐游戏设置界面

2.贪吃蛇游戏

这是一款界面精致的游戏，具有巨大的屏幕比例。该游戏提供单机模式、团战模式、赏金模式、挑战模式等多种玩法。玩家通过按键控制蛇的上下左右运动方向，寻找吃的东西，每吃一口就能得到一定的积分，而且蛇的身子会越吃越长，身子越长玩的难度就越大。该游戏的关卡难度科学合理递增，适合所有年龄段的玩家。贪吃蛇游戏主界面如图9.12所示。

图 9.12　贪吃蛇游戏主界面

（三）身心健康类游戏

身心健康类游戏是指用于辅助老年人心理和身体健康检测以及康复训练的游戏化网络应用程序。随着年龄增长，老年人的脑功能、四肢关节功能等都会开始老化，增强大脑和身体的活动是延缓人体器官功能衰退的有效途径之一。传统的健康运动训练方式老年人很难坚持，而健康类游戏app能够营造健康训练的虚拟环境，并能提供丰富多彩的训练项目，让老年人在愉快的气氛下完成训练目标，从而达到康复训练的目的。

1.成长脑游戏

这是一款由神经科学家和认知心理学家设计的用于促进脑力发展的游戏。该游戏能够根据每位用户的测试结果，制定个性化的大脑训练计划，每次训练仅需1至3分钟，并保持在适合的任务难度中进行，对各年龄层用户起到提升大脑功能的作用，也有益于老年人保持良好的思维能力，对于患有轻度认知障碍的老年人尤其适合。成长脑游戏的注意力测试界面和脑力训练游戏界面如图9.13、图9.14所示。

图9.13 注意力测试界面

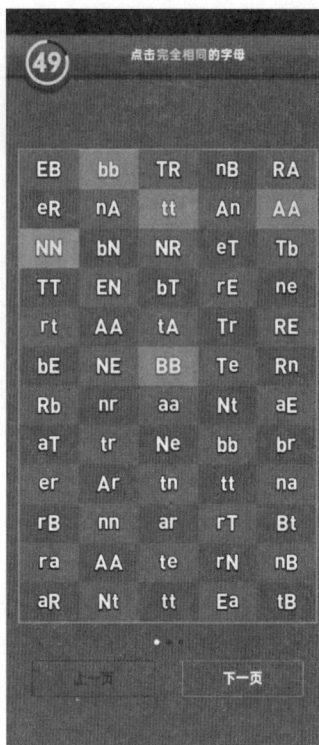

图9.14 脑力训练游戏界面

2.Nintendo Wii

　　这是一款虚拟现实体感健身游戏平台，能够通过虚拟交互式环境引导老年人进行重复任务训练，用于改善身体平衡、力量、柔韧性。Wii游戏设备成本低，相对便宜，可以增加用户康复锻炼的乐趣，提高锻炼依从性。在康复护理中Wii游戏常用于脑卒中病人的功能康复训练，可以改善身体机能和功能康复。Wii游戏平台目前包括48项虚拟现实游戏，分为瑜伽、肌肉力量训练、有氧运动和平衡游戏4组，如网球、高尔夫、棒球、保龄球、拳击、障碍滑雪、跳台滑雪、足球、厨房游戏、琴类游戏等，可以用于医院和家庭的平衡能力恢复训练。Wii健身环游戏使用场景和平衡板游戏使用场景如图9.15、图9.16所示。

图 9.15　Wii 健身环游戏使用场景

图 9.16　Wii 平衡板游戏使用场景

三、智能监护产品

老年人在居家或者养老机构环境中，会遇到各种各样的身体危险或者健康问题，如果发现或者处理不及时，很可能对老年人身体健康造成严重后果。智能监护系统（产品）主要包含对呼吸、心率等生理指标和室内活动区域的检测，老年人日常行为的识别，以及针对异常情况的报警等功能。

（一）可穿戴健康管理设备

可穿戴健康设备是把可穿戴技术应用于健康领域，对日常穿戴进行智能化设计，开发出可以穿戴，用于身体情况的检测、运动数据的统计及健康状况改善的设备的统称。智能穿戴设备最大的优点就是携带方便，可以灵活应用在智慧养老的各个场景中。

1. 智能手环

图 9.17　智能手环睡眠模式

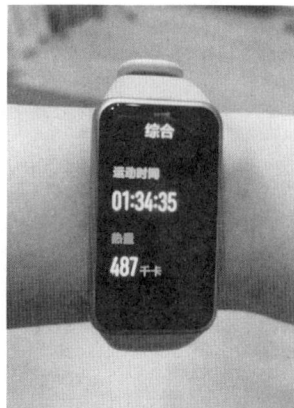

图 9.18　智能手环运动模式

这是一种穿戴式智能设备。通过手环，用户可以记录日常生活中的运动锻炼、睡眠等实时数据，并将这些数据与手机、平板电脑同步，起到通过数据指导健康生活的作用。通常，智能手环都支持活动、锻炼、睡眠等模式，可以记录营养情况，拥有智能闹钟、健康提醒等功能。智能手环睡眠模式界面如图9.17所示，智能手环运动模式如图9.18所示。

2. 智能手表

智能手表是具有信息处理能力，符合手表基本技术要求的手表。智能手表除指示时间之外，还具有信息提醒、导航、校准、监测、交互等其中一种或者多种功能，显示方式包括指针、数字、图像等。老人智能手表一般具备超精准位置定位（内置北斗或者GPS定位系统）、亲情通话、紧急呼救、心率监测、久坐提醒、吃药提醒等多项专为老年人定制的功能，为老人的身体健康、出行安全提供了保护。智能手表检测的身体健康信息界面如图9.19所示，智能手表血糖信息界面如图9.20所示。

图 9.19　智能手表的身体健康信息界面

图 9.20　智能手表的血糖信息界面

3. 智能睡眠监测带

这是一种用于监测睡眠者的体动、心率、呼吸，以及睡眠状态的智能睡眠监测系统。早期的睡眠监测带需要用户穿戴，随着技术发展，现在新型的监测带都不需要穿戴了，安装使用很方便，睡眠信息通过网络还可以传给亲友和医护人员，非常适合老年人以及需要睡眠管理的用户使用。一款智能睡眠检测带的外观图和睡眠信息显示界面如图9.21、图9.22所示。

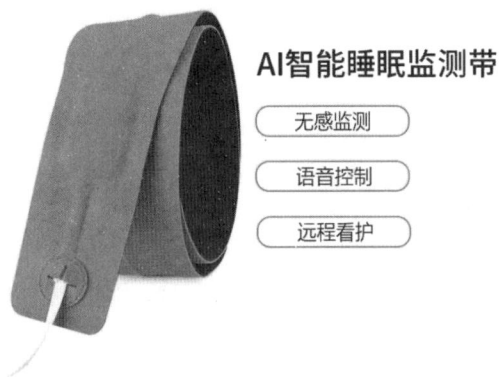

图 9.21　智能睡眠检测带

图 9.22　睡眠信息显示界面

4.穿戴式心电监测仪

这是一款用于居家环境的心脏心电数据采集分析系统，主要用于采集窦性心律、异位心率、心肌缺血、心脏传导阻滞等心脏异常的心电波形数据，非常适合既往胸闷、心悸、心慌患者，以及患有高血压、高血脂、糖尿病等高风险人群，因此，很适合老年人使用。穿戴式心电监测仪的采集带和数据显示界面如图9.23、图9.24所示。

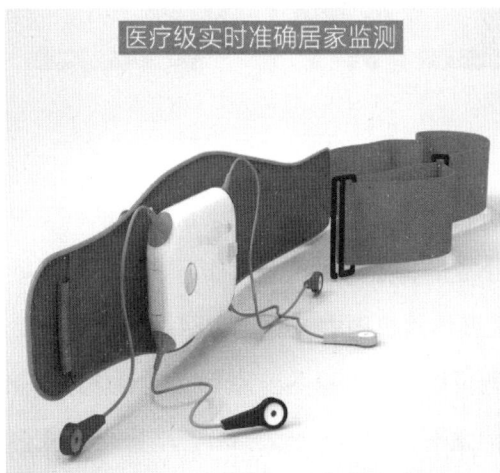

图 9.23　心电监测仪的采集带

图 9.24　心电监测仪的数据显示界面

（二）智能健康管理设备

智能健康管理设备是应用于养老机构或者居家环境中的健康监测和干预设备。这类设备具有专业化程度较高、操作流程较复杂等特点，一般需要专业人员辅助操作。

1.远程心电一体机

这是一种远程网络心脏监测诊断系统，一般由养老护理机构配备。该一体机能通过"远程监护"为老年人提供及时、便利的医疗检查服务。老年人只需配备一组集成的心电导联，将自测的心电图数据通过手机或者无线网络实时传输到养老护理医学数据平台，专业的全天坐席医生会及时读取心电图，并判断是否出现异常，然后及时预警、指导应对或给予救助，降低老人心血管急性事件的发生率、致残率、死亡率。典型的远程心电一体机终端及远程心电监测中心如图9.25、图9.26所示。

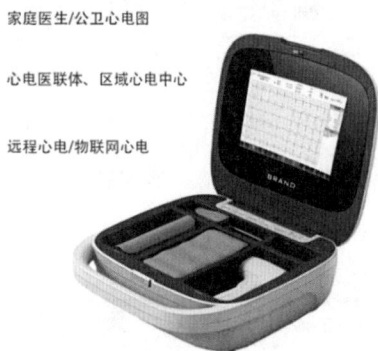

图9.25　远程心电一体机终端

图9.26　远程心电监测中心

2.健康小屋

这是一种由公共卫生机构或者养老机构提供，用于生理健康指标测量、干预指导、健康知识宣教等活动的场所。健康小屋的特点是"医患合作、人机互动、患者自助"，一般设置在社区、养老机构、大型体检机构中，并作为网络医院的重要组成部分，使老年人在家门口就可以免费测量血压、血糖甚至评测精神压力等健康指标。这些数据通过互联网传到大医院的信息平台后，可永久储存，居民也可获得大医院医生提供的在线健康评测和健康指导等。典型的开放式智慧健康小站如图9.27所示，封闭式智慧健康小屋如图9.28所示。

图 9.27　开放式智慧健康小站

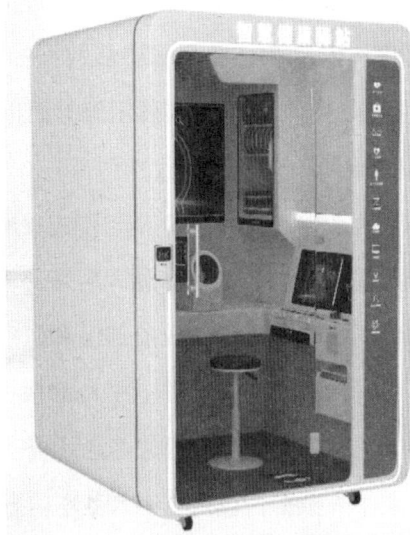

图 9.28　封闭式智慧健康小屋

第二节　智慧养老大数据

　　随着老年人口数量以及养老服务个性化需求的不断增长，大数据技术已经成为智慧养老服务系统的关键技术之一。融入大数据技术后，智慧养老平台可以对相关社会资源进行整合，通过养老服务监管、养老运营监管、养老从业监管、养老过程监管对老年人进行服务质量监管，扩展养老需求与监督渠道，保证老年人养老生活的安适度，并且拥有全流程、多方位内容覆盖监管工作，智能化统计应对日常监管需求和可视化展现突出管理重点的特点。

一、智慧养老大数据技术概述

（一）智慧养老中的大数据技术

　　智慧养老平台之所以能够以更简单、更方便的智能方式，为老年人提供了更多更好的精准化、个性化养老服务，是因为老年人在日常生活过程中，已经将个人及居家环境的基本信息、既往病史、生理信息等数据主动或者被动地输送到智慧养老平台，并由平台中的智能化数据处理分析系统进行关联分析，形成有效的决策依据。因此，智慧养老平台需要从数据标准、数据感知与传输、数据处理、数据汇聚、数据分析、数据运用与展示等方面进行大数据技术开发。

1. 数据标准

养老大数据建设是智慧养老模式发展的重要基础，一套完善的养老大数据应包括老年人基本信息、生理信息和居家环境数据，以及民政、公安、医疗、保险等多部门的数据集合。目前，政府部门和医疗保险机构都有各自专门的数据标准，而各地区、各机构建设的智慧养老平台都根据各自需求，制定了不同的数据标准。作为智慧养老的基础支撑，各智慧养老系统一般都应包括以下数据。

①老年人数据：包括老年人基本信息、服务信息、联系人信息等。

②监护设备数据：包括各类监护设备的名称、设施性质、地址、运营组织、设施面积、服务设施介绍、设施照片等信息。

③老年人生理监测数据：包括各类监护设备获取的老年人数据、居家环境信息。

④养老服务机构数据：包括服务机构名称、地址、电话、负责人信息、服务机构介绍、营业执照等信息。

⑤养老从业人员数据：包括人员基本信息、人员角色类型、员工照片、证书照片、从业人员系统账号等信息。

⑥老年人服务数据：包括老年人得到的各养老机构、从业人员提供的服务项目、时间等信息。

2. 数据感知与传输

通过智能可穿戴、健康监测、养老照护等多种智能设备，能够随时随地、全方位获取老年人身体状态与居家环境等信息，对于突发状态做出准确的判断，并通知相关人员进行及时、有效的处理。集成电路和传感器作为智慧健康养老设备的核心零部件，不仅涉及老年人生理数据传感器、视频监控传感器等信息的获取，还涉及数据通信和视频通话等信息传输与交互。在工业和信息化部等三部委编制的《智慧健康养老产品及服务推广目录（2020年版）》分类中，可穿戴健康管理类设备、便携式健康监测设备、自助式健康检测设备、智能养老监护设备、家庭服务机器人都需要集成电路、传感器等数据感知与数据传输器件的支持。在集成电路方面，主要涉及主控芯片、电源管理芯片、Wi-Fi芯片、蓝牙芯片等；在传感器方面，主要涉及加速度传感器、光学心率传感器、血氧饱和度传感器、环境光传感器、气压传感器、电容传感器、卫星定位传感器等。不同的智慧养老应用场景对传感器的要求各异。面向可穿戴便携式设备等应用场景，需要对传感器提出低成本、低功耗、高集成度等要求；面向专业化疾病诊断设备等医疗级应用场景，则需要对传感器提出高精度、高可靠性等要求。

3.数据处理

智慧养老大数据平台获取的数据有多种来源，既包含高质量的政府相关业务部门（如民政、公安、人社等部门）对接交换的数据，也包含养老服务机构之间交换的数据和养老服务平台中编辑、设备产生的数据。操作失误、设备故障以及其他一些原因，可能导致智慧养老平台采集的数据出现漏项、缺值、值异常等数据失真问题。另外，智慧养老平台中的某些智能化处理模块可能对数据源有特定要求，平台中的用户对个人数据也有隐私保护要求，这些问题都需要通过数据处理工作来解决。智慧养老平台的数据一般需要进行以下数据处理工作。

①数据一致性检查：根据每个变量的合理取值范围和相互关系，检查数据是否合乎要求，发现超出正常值域范围、逻辑上不合理或者相互矛盾的数据。例如，用1—7级量表测量的变量出现了0值、体重出现了负数等，都应视为超出正常值域范围。

②无效值和缺失值的处理：由于调查、编码和录入误差，数据中可能存在一些无效值和缺失值，需要给予适当的处理。常用的处理方法有估算、整例删除、变量删除和成对删除。

③数据脱敏：数据脱敏是指对某些敏感信息通过脱敏规则进行数据的变形，实现敏感隐私数据的可靠保护。在涉及养老相关数据或者一些商业性敏感数据的情况时，在不违反系统规则条件下，对真实数据进行改造并提供测试使用，如身份证号、手机号、卡号、客户号、家庭住址等个人信息都需要进行数据脱敏。

4.数据汇聚

智慧养老平台中的各类智能化分析决策模块都需要高效率的数据服务支持。常规的数据库系统存放智慧养老平台中的基础数据、原始数据，其特点是面向事务处理任务，用于支撑智慧养老平台各信息系统的有效运行；数据仓库则是按照一定的主题域进行组织，数据仓库中的数据是在对原有分散的数据库数据抽取、清理的基础上经过系统加工、汇总和整理得到的，而且必须消除源数据中的不一致性。数据仓库的数据主要用于企业决策分析，涉及的数据操作主要是数据查询。

5. 数据分析

智慧养老大数据平台能够支持多模态数据分析、多维度数据报表，能够对老年人的基本情况、养老服务商和服务人员的服务情况、区域所属养老相关信息，进行全面、系统的分析，既能分析宏观层面的数据，也能分析养老各环节的详细数据。数据分析技术主要包括机器学习和深度学习两大类。

①机器学习：传统的机器学习方法按照学习形式可以分为监督学习、无监督学习和强化学习三类方法，具体包括贝叶斯分类、逻辑回归、线性回归、随机森林、决策树、K-近邻算法、关联规则挖掘等算法。由于智慧养老平台中的数据分析任务涉及各种潜在因素，一般都需要综合各方面的分析结果，智慧养老平台中一般都采用集成学习算法来尽可能保证数据分析结果的稳定性和可靠性。

②深度学习：深度学习是复杂的机器学习算法，是一类模式分析方法的统称，从学习方式而言，深度学习分为监督学习和非监督学习两大类，具体包括卷积神经网络（CNN）、自编码神经网络、深度置信网络等。智慧养老平台需要对老年人进行的生理数据和疾病监测、日常行为检测与识别、声音识别控制、智能家居设备的智能控制，这些检测任务需要考虑的相关因素非常多，任务复杂度高，一般需要使用深度学习技术来解决。

6. 数据运用与展示

智慧养老平台各子系统采集的数据经过清洗、加工，汇聚形成智慧养老数据中心，再通过数据挖掘、数据可视化处理，为老年人健康预警、政府部门养老政策制定、养老机构服务管理提供智能化支持。

①老年人健康评估和干预：针对中老年人常见的心脑血管疾病、糖尿病及并发症等重大健康风险，系统自动采集血压、血糖、心率以及动态心电图等健康数据，通过智能分析系统和远程健康追踪系统对老人数据进行分析，自动学习比对，根据

设定的预警指标，判断老人身体状况，采取服务措施，并提供营养、用药、起居、饮食、饮水、运动等全方位的个性化干预方案。

②养老机构服务管理：智慧养老平台中汇聚了老年人、服务人员、服务监督管理人员等各类人员。为了准确、及时、高质量地为老年人服务，养老机构需要借助智慧养老大数据驾驶舱来了解养老平台的各类信息。某智慧养老平台的养老服务管理界面如图9.29所示。

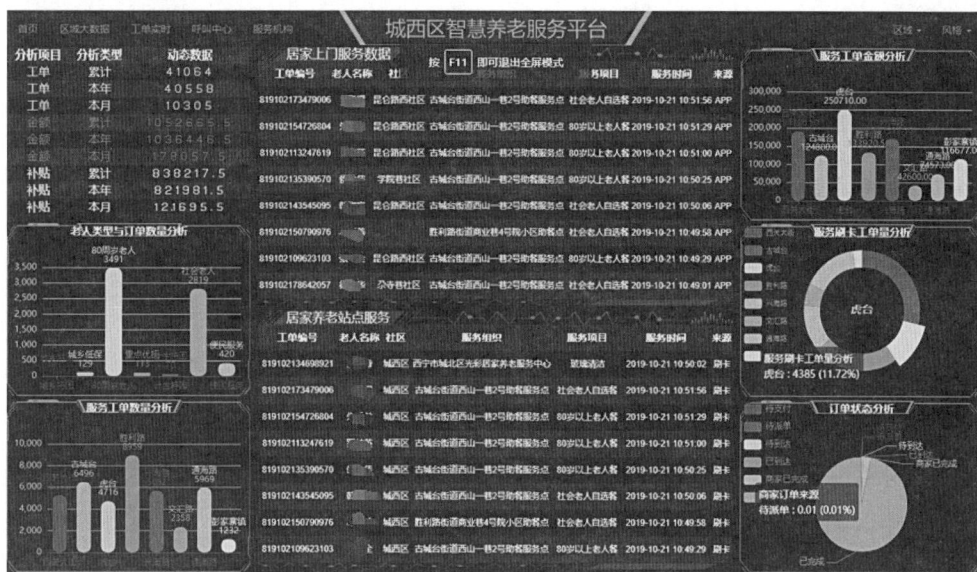

图 9.29　某养老机构服务管理界面

③政府部门养老监管：民政、公安等政府部门为加强对辖区内老年人养老的管理，会对辖区内的老年人、养老机构等实施数字化管理，为养老机构的建设、养老政策制定、应急指挥、养老数据互联互通等管理工作提供有效的依据。某区级智慧养老大数据统计展示界面如图9.30所示。

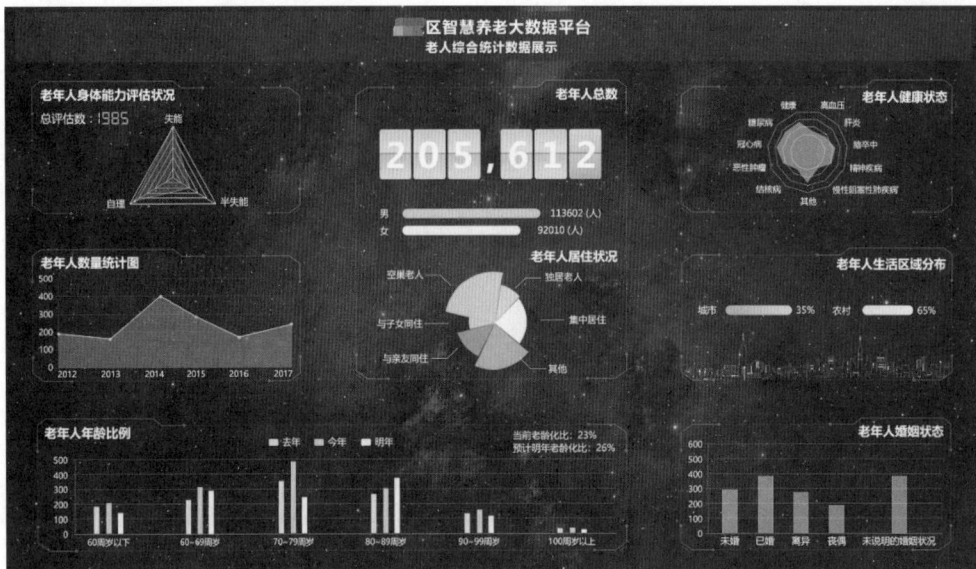

图 9.30　某区级智慧养老大数据统计展示界面

（二）智慧养老大数据应用的特点

智慧养老的主要目标是围绕老年人的生活起居、医疗健康、安全保障、休闲保健、文化娱乐分享等需求，为老年人提供个性化、精准化的生活服务和管理支持。在大数据驱动下，智慧养老平台依托"端—网—云"架构，不仅可以使有限的养老服务资源得到最合理的优化配置，还能优化养老服务和管理模式，推动养老活动从粗放化向精细化转变，养老服务从间断性向全周期性发展，需求获取从被动接收向主动分析转化，养老对象从单一主体向多元主体过渡。这种"精准化"养老理念促进养老产业向供给侧结构性改革和信息协同方向发展，不断地提高养老服务的效率和质量。"精准养老"主要有以下特点。

1. 数据采集精准化

大数据是智慧养老得以"精准"的前提和基础，只有尽可能获得每位老年人养老相关更多维度的主观和客观数据，才能不断加深对老年人养老问题和需求的认识，从而实现"精准养老"。因此，数据采集的精准化是养老精准化的关键所在，设计数据采集方案时要重点考虑三方面因素。一是要使用高灵敏度的智能家居（智能电视、智能冰箱、智能空调、智能衣橱等）及可穿戴医疗（智能手表、智能血糖仪、智能心电监测仪等）设备，实现全周期、全方位感知老年人多项生理指标和行为数据（包括血压、血糖、步态、眼动、睡眠模式、心率等）；二是要充分结合心理学、社会学、管理学等学科优势，采用问卷调查和深度访谈等形式得到信度和效度较高的主观数据；三是要制定统一的数据格式标准，以支持不同节点、不同子系统的数据进行多维度叠加。

2. 需求分析精准化

首先需要为系统中的每一位老年人建立个性化电子档案，包括老人基本信息、社会关系、经济状况、学历背景等。除此之外，电子档案的内容还要包含老人所需的服务信息。服务信息主要是使用各类推荐算法，按照对老人个体数据的个性化分析、对老人群体数据的关联分析以及对老人的高频次数据进行热度分析，构建出老年人的服务需求模型，并不断对其进行修正，实现对老年人群体的"物以类聚"和"人以群分"。在此基础上，以"贴标签"的形式梳理每一位老人的服务需求情况，如健康需求、社交需求、文娱需求等。其次，要构建老年人个体需求动态监测模型，来跟踪老年人在不同阶段、不同时期的养老需求，并根据最新数据和反馈信息不断修正该模型，以及时、有效地跟踪和评估老人的健康状况。

3. 服务供给精准化

在养老服务提供过程中，要坚持老年人的需求导向，严格按照精准分析得到的需求结果主动为老人对接服务。不同于以往的养老模式，大数据驱动的精准养老能在疾病预防、精神慰藉、安全预警等方面为老人提供"预先服务"。这些"预先服务"对标老年人未能自我发觉的隐藏需求，比如根据老年人近期多个生理指标的变化，结合人工智能评估和线上医师远程问诊，提前发出对某项疾病的健康提醒并进行医疗干预，防止突发性疾病或慢性病急性发作对老年人的身体健康造成打击。同时，开发对接养老服务的app，让老人在线上自主选择个人所需的各项服务，并根据已收集的老人线上行为数据定制个性化服务推送，提升老人的使用体验。

4. 协同管理精准化

首先，以数据为导向分配资源。养老资源主要包括养老资金、养老设施和养老人力供给。在大数据支持下，政府和有关部门、组织要统筹养老资金的使用，建立跟踪台账和评估问责制度，加强审计；医院、社区、养老机构等要不断完善养老软硬件设施的建设和布局；以需求为导向，为养老产业培养数据分析师、保健医生、老年心理分析师、护工等各级各类专业化人才。其次，建立各种组织、部门之间的协同联动机制，制定涉及养老工作的老人及其子女、政府、社区、养老机构、社工组织等的责任边界，建立即时互动监管平台，协调系统内各组成部分的工作。最后，建立服务评价及问题反馈体系，以老人和子女评价为主，以养老对象之间互评为辅，精准化评价各养老主体的工作情况，倾听老人声音，不断完善养老服务。

二、国外养老大数据的应用

国外经济发达国家信息化建设水平普遍较高，在养老大数据平台的建设和应用上具有先发优势，其中，日本、美国、德国三个发达国家的养老大数据平台最具有代表性。

（一）日本的养老大数据应用

日本作为人口老龄化最严重的国家，65岁以上人口占比达29％。日本政府注重整合护理、医疗、康复等多种渠道的信息，提出了"社会5.0"概念，规划建设以无人机送货、AI家电普及、智能医疗与介护、智能化自动化产业、智能化经营、全自动驾驶等多智能信息系统融合的"超智能社会"形态。将养老大数据平台与物联网、人工智能等技术高度融合，整合了养老与医疗两方面的数据，以及服务商、养老设施、从业人员等多种对象，形成老年人数据库、养老设施数据库、护理保险数据库等，为医养服务的联结、医养设施之间的配合提供了基础，从而为老年人提供更加适切的服务。典型的日本养老大数据平台中的智能床垫如图9.31所示，养护机器人工作场景如图9.32所示。

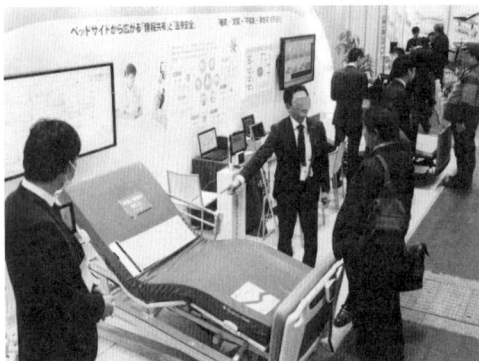

图9.31 智能床垫设备

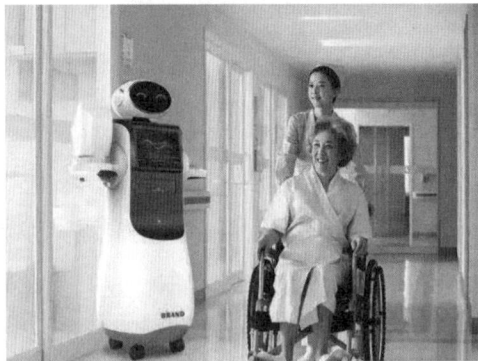

图9.32 养护机器人工作场景

（二）英国的养老大数据应用

英国的养老服务属于社会服务，与公共卫生服务一起整合为初级卫生服务，纳入到英国国民健康服务体系NHS（National Health Service）中，大数据技术在NHS中被广泛用于设定服务质量标准，并以此标准来监督服务提供方，确保人们不但得到临床医学角度健康状况的提升，还能获得积极的治疗和照护体验。NHS中的服务质量指标分为五大领域：一是预防过早死亡，二是提高长期照护人员的生活质量，三是帮助疾病和伤后恢复，四是确保患者获得积极的照护体验，五是确保照护服务在安全环境下进行。

健康和照护数据以个人为单位进行收集，故每项指标都可以按照地区、宗教、种族、经济情况、性别和健康状况进行分类，政府可以及时了解和监督为不同人群开展的健康和照护服务质量。这些指标具有五项重要作用：一是为地方政府提供稳定、可靠的数据信息，使地方政府可以检测当地照护和支持服务质量的变化并及时干预督促改进；二是便于地方健康和福利委员会利用信息来制定当地的战略规划；三是通过发布公开透明的数据，加强地方民众对照护和支持服务的理解，帮助民众更好地监督服务质量；四是区域层面上，便于地方政府之间交流、学习和讨论；五是国家层面上，指标系统全方位地展示了照护和支持领域的服务情况和质量，为评估监管提供了信息基础和科学参考，为进一步统筹规划提供了重要依据。

（三）美国的养老大数据应用

美国卫生和公众服务部是提供公民医疗健康服务和公众服务的联邦政府行政部门，该部门设立健康数据网站，收集包括美国医疗保险和医疗辅助服务中心、疾病控制与预防中心、食品药品监督管理局和国立卫生研究院等多部门的信息数据，覆盖包括全国卫生和照护提供方的名录、卫生和照护服务提供方的质量信息、最新医学和科学知识数据库、消费者产品数据、社区卫生信息、政府支出数据等在内的多元化信息。设立网站的目的是充分发掘数据价值，利用数据改善卫生和照护产品、应用程序、服务和功能，满足消费者、护理人员、政策制定者等多方个人和组织的需求。

政府作为健康数据的收集和持有者，从以下三个方面利用大数据来更好地提供和监管卫生和公共服务：一是监管药品或医疗设施的使用情况。比如，49个州设有处方药数据库，旨在识别那些超额获取成瘾药物的人员和超额开具成瘾药物的医师。二是更有效率地提供卫生和社区服务。联邦、州立和地方政府作为医疗保健服务的直接提供者，利用提供服务时收集的公立医院的健康数据，有针对性地开展心理健康、药物治疗、健康倡议等，减小区域间和群体间的健康状况差异。三是在美国以个人保险为特征的卫生和照护体系下，监管并改善保险使用效率。为更好地监管和改革医疗卫生服务付费系统，许多州尝试建立"全额付款人理赔数据库"，收集参保人员的临床数据、人口特征、服务使用数据，以及付款和保险索赔数据，这些数据使得政府、服务提供方和使用者更加公开透明地了解到服务成本、质量和使用情况。

三、国内养老大数据平台建设与应用

养老大数据是智慧养老模式发展的重要基础，一套完善的养老大数据应是老年人、养老服务机构及人员、民政、公安、医疗、保险等多部门的数据集合。从业务需求来看，养老大数据是分层建设的，与老年人养老服务直接相关的个人健康数据、养老机构与人员数据、养老服务流水等数据处于养老大数据的最底层，直接服务于老年人的智能化养老需求，一般由社区养老机构负责建设维护。县、区级和省、市级养老主管部门主要负责区域养老资源的协调和养老政策的制定，该层级的养老大数据的工作重点是养老数据的抽取、统计和趋势分析，以及对养老服务机构的服务质量监管。国家层面主要是制定养老基本制度、养老数据标准。

（一）社区级养老大数据应用

大数据技术的应用推动了社区养老服务模式的发展，依托大数据技术，能够有效收集、整合、分析社区养老服务需求，协同社区养老服务供给多元主体，从需求提出到服务配送再到反馈评价的全过程能够做到精准定位、动态调整，为老年人提供全方位、多层次、精准化的养老服务。具体来说，基于大数据的社区居家养老服务系统主要通过以下环节实现养老服务精准化供给。

①精准化识别：主要包括两个方面，一是精准化识别社区居家养老服务对象，二是精准识别养老服务对象的需求，再根据识别结果来设计和递送具体的服务，以使养老服务资源得到有效利用。

②精准化供给：主要包括两个方面的内容，一是社区居家服务供给主体精准化，即"由谁提供服务"，二是服务内容精准化，即"提供什么服务"。在精准识别需求的前提下，精准供给就成为了核心，以居家老年人的需求为依据，确定合适的供给主体和服务内容，才能实现精准化供给。

③精准化支持："谁来支持服务"，主要包括三个方面的内容，一是需要哪些技术的支持，二是需要哪些类人才的支持，三是需要哪些文化元素的支持。

以"互联网+养老"模式构建的"虚拟养老院""云上养老合作社"是目前基于大数据平台的社区居家养老服务精准供给模式的典型实践。

（二）市区级养老大数据应用

市区级养老大数据平台一般由市民政部门组织建设，充分运用云计算、大数据、物联网、人工智能等技术手段，对全市养老业务实行精细化管理，促进养老资源优化配置，提供高效便捷的上下级数据对接、供需对接、质量评价、远程监测、数据分析等服务，致力于打造"智能化服务、大数据应用、全流程监管"智慧养老新模式。

上海市长宁区智慧养老大数据平台建于2019年，是上海市首个区级智慧养老大数据平台，集信息收集、服务支撑、数据分析、业务监管等功能于一体，以大数据为支撑，助力养老服务政策、资源、服务和需求的精准对接。同时，长宁区智慧养老大数据平台还与上海市综合为老服务平台紧密对接，和市、区相关数据库互联互通，形成市、区、街镇三级网络构架，凸显"六个一"（一屏通、一卡通、一点通、一线通、一视通、一键通）的特色，打造长宁区没有围墙的养老院，促进养老服务供需有效对接、管理精准高效，为建设全人群覆盖、全天候响应、全方位服务、全过程监管的智慧养老服务体系提供有力支撑，助力长宁幸福养老迈上了新台阶。该智慧养老大数据平台主要由一个数据库、三个公众平台、六个功能系统、六个辅助系统以及服务运营平台组成。

1.一个数据库

该数据库提供老人信息、政策信息、养老顾问信息、服务商信息、服务人员信息、养老服务设施信息、老人享受的养老服务包信息、每次服务工单的情况等信息的查询、管理、展示服务。其中数据直接对应人口数据库，所有数据是动态变动的。数据库对辖区内每个养老院的情况都有明确的掌握,包括养老院里的服务人员、入住的老人都有详细的名单,甚至智慧养老大数据平台还能抓取所有养老院厨房、餐厅、公共走道的实时监控视频,确保老人入住安心。

2. 三个公众平台

即门户网站、微信客户端、热线电话。其中门户网站是面向所有人群打造的多渠道全方位服务生态圈,用户可在门户网站查询养老政策、寻找养老资源、对接养老服务;微信端由长宁智慧养老公众号和小程序组成,通过移动技术,实现信息展示查询、养老顾问管理、智能信息推送、服务管理、养老地图和注册/登录功能,用户可在移动端便捷使用门户网站的大部分功能;热线电话提供各类养老政策、养老信息、养老服务的咨询、查询和订购,为不熟悉网络工具的用户提供更简便的交流通道。

3. 六个功能系统

包括养老顾问养老服务包、敬老卡管理、长护险管理、居家养老服务管理、社区养老服务管理、机构养老服务管理系统。养老顾问模块是较为常用的功能模块,只要输入老人的身份证号码,就可以明确地知晓老人能够享受到哪些免费的养老服务(包括市、区以及街镇的养老服务)。另外,老人也能够通过该模块详细了解养老服务背后的相关政策,以及老人所属街道的所有养老机构信息,包括床位、医养康复、联系电话,还能了解街道所有的社区服务设施,方便老人一站式找到自己所需要的养老服务。

4. 六个辅助系统

即智能分析、呼叫中心、养老监管、电子地图、系统管理、标准接口系统。例如,呼叫中心每周都会给长宁的高龄独居老人打一次关爱电话,询问老人的身体状况并做相应记录。

在养老大数据平台支撑下,长宁区还推出了"时间银行"特色养老项目。所谓时间银行,就是鼓励和支持低龄老年人为高龄老年人提供非专业性的养老服务,按照一定的规则记录服务提供者的服务时间,存入其时间银行个人账户,以便将来兑换相同时长的服务。

长宁区的时间银行共设有两级平台:一是区级层面的总行,总行负责规定时间银行的服务项目，时长记录的规则以及积分兑换的标准等。二是街镇层面的分行，分行发动低龄老年人注册成为时间银行会员，为高龄老年人开展机构的、居家的、社区的养老服务。在这个基础上，分行要做好积分的记录，在积分兑换的规则下，还要做好积分的兑换工作。

（三）省级养老大数据平台

"浙里康养"智慧养老服务平台是浙江省倾力打造的省级养老服务数字化转型项目，也是浙江省共同富裕示范区建设的十大标志性成果之一。"浙里康养"智慧养老服务平台，聚焦养老供需对接，打造数字化集成应用，提供政务服务、公共服务、公益服务，并链接市场服务，实现了"五个一"功能，即一个应用提供康养供给、一组数据掌握康养态势、一部手机通办康养业务、一张地图展示康养资源、一套算法协助智能决策，构建了"热门应用""政务服务""公共服务""公益服务""特色主题""市县场景""资讯"七大模块，为老年人搭建了全方位、精准化的养老服务平台。图9.33、图9.34分别是公共服务界面、老有所养场景界面。

图9.33　公共服务界面

图9.34　老有所养场景界面

　　"政务服务"模块拥有退休无忧、高龄津贴、养老服务补贴、投靠子女落户、老年人优待证等服务，为老年人提供相关退休、养老政策等服务内容。"公共服务"模块可以进行预约挂号、查看养老地图、开展能力自评，还可以收听收看广播电视，在云上老年大学学习相关课程。"公益服务"模块集成志愿浙江、银龄行动、护理学堂、曲艺文化等服务内容，老年人可在此选择参加各项志愿服务活动，学习护理知识，欣赏戏曲艺术，丰富晚年生活。

　　针对不同的养老场景，"浙里康养"构建了"老有所养""老有所医"等五个养老场景，将各类场景相关的服务功能进行归集。其中，"老有所养"场景，围绕老年人生活照护和经济、物质保障等方面，上线了家庭适老化改造、政府购买养老服务商城、一床一码、高龄津贴、养老服务补贴、百岁保健金、康复辅具租赁、养老机构开业"一件事"等19个应用。"老有所医"场景，集成了医保码、预约挂号、健康体检、报告查询、定点医院、门诊费用报销、互联网医院等15个服务模块，推进老年人健康服务体系建设，为老年人提供连续的健康管理服务和医疗服务，帮助老年人健康安享晚年。"老有所学"场景，拥有云上老年大学、银龄行动、浙里视听、邻里学堂、曲艺文化、浙江图书等服务场景，开展多种形式的教育活动，老年人可以更新知识、丰富精神生活，继续发挥"银龄"作用。"老有所为"场景，主要配置了志愿浙江、建言献策、银耀之江等服务，为老年人参加老年组织以及老年志愿服务提供便利，鼓励老年人退出劳动岗位后，用自己长年积累的知识、技能和经验，继续为社会发挥余热。"老有所乐"场景，根据老年人的生理、心理特点，建设老年友好环境，在该场景内可查看健身地图、公共图书馆、公共文化馆等服务，通过开展文娱体育活动，使老年人幸福快乐、安度晚年。

第三节　智慧养老的发展趋势

一、与智慧医疗的融合

随着老龄化进程的不断加速，快速增长的失能失智老年人数引发医疗需求的大幅增加，生活照护服务和医疗卫生服务双需求融合的趋势日益明显。虽然国家和社会各方不断投资增建各类医护机构和设施，但总体上看，现有医疗卫生资源和养老服务资源仍不能满足老年人双重需求的困境，这昭示着医疗卫生服务与养老服务相结合的供给方式改革是大势所趋。因此，医养结合是养老服务供给侧的改革创新，是我国人口老龄化的必然选择，是充分有效利用社会资源的重要举措。

（一）医养结合的概念与模式

1.医养结合的概念

"医养结合"即将专业的医学科技和先进设备，与健康养老、科学膳食、营养学等学科融为一体，以医学科技为保障，以健康养老为基础，边医边养、综合养护。从技术上尽可能对实现疾病转归，使病人的各项功能得到保持或恢复。其中，"医"主要就是对老年人重大疾病早期识别、必要的检查、治疗、康复训练，包括有关疾病转归、评估观察、有关检查、功能康复、诊疗护理、重大疾病早期干预以及临终关怀等医疗技术上的服务。"养"则包含的生理和心理的养护、药物和安全、每日膳食照顾养护、身体功能锻炼、日常生活学习、日常活动、危重生存体征、身体状况的分析、体重营养定期监测等服务。利用"医养一体化"新模式，能够将大病早期认知干预、重症早期康复训练、日常生活、护理疗养、生活学习、健康照料等服务融为一体，这种模式是医疗改革创新中的重点康复工程。

2.医养结合的典型模式

从提供医养服务的主体角度，"医养结合"养老模式可以分为三类：①由养老机构增设医疗机构提供"医+养"服务。比如养老院内聘请有资质的医生，优点是能够解决养老院中老年人的常见小病，缺乏完善的医技部门支持，并且所聘医生多为退休返聘的专科医生，其对本专业熟悉，对于全科仍然较为陌生。②由医疗机构增设养老机构提供"医+养"服务。主要为各大医院老年科、老年病房及老年护理医院，医疗专业性有良好保障，但缺点是其床位一床难求，而且大部分此类医疗机构同时承担了社会医疗职能，对医疗资源周转率有一定要求，无法完美兼顾"养"的需求。③医疗机构和养老机构签订合作协议，实现双向转诊、医养合一的高端养老机构。一般高端养老机构和大型医疗复合体有类似协议，门槛较高。

（二）我国开展医养结合的举措

2016 年 6 月，国家卫计委联合民政部发布了《关于确定第一批国家级医养结合试点单位的通知》，并于 9 月发布了《关于确定第二批国家级医养结合试点单位的通知》，文中确定了以北京市东城区等五十个市（区）作为我国首批国家级医养结合试点工作单位，以北京市朝阳区等四十个市（区）作为我国第二批国家级医养结合试点工作单位。明确要求试点单位尽快建立相应的管理机制，全面落实医养融合工作的重点任务，以保障试点取得积极进展。

2018 年 11 月，国务院常务会议部署进一步发展养老产业，推进医养结合，提高老有所养质量。要求简化医养结合机构设立流程，实行"一个窗口"办理，由相关部门集体办公、并联审批。强化支持政策落实，促进现有医疗卫生和养老机构合作，发挥互补优势，将符合条件的养老机构内设医疗机构纳入医保定点范围。促进农村和社区医养结合，建立村医参与健康养老服务的激励机制。鼓励医护人员到医养结合机构执业，并在职称评定等方面享受同等待遇。2019 年 11 月，宁夏召开医养结合推进实施城乡社区医养结合能力提升工程，鼓励医疗机构加强老年病科建设，以应对不断加剧的人口老龄化趋势。至 2021 年 12 月，全国医养结合机构已达 6000 多家、床位 160 多万张，医养结合服务质量明显提升，老年健康支撑体系逐步完善。

2022 年 4 月，国家卫生健康委等九部门联合印发《关于开展社区医养结合能力提升行动的通知》，要求医养机构重点为失能、慢性病、高龄、残疾等老年人提供健康教育、预防保健、疾病诊治、康复护理、安宁疗护为主，兼顾日常生活照料的医养结合服务。2022 年 7 月，国家卫生健康委等 11 个部门印发的《关于进一步推进医养结合发展的指导意见》公布，进一步明确提出支持医疗资源丰富地区的二级及以下医疗卫生机构转型，开展康复、护理以及医养结合服务，推动养老机构改造增加护理型床位和设施。

（三）医养结合养老模式的典型实践

1. 杭州朗和（银泰）国际医养中心

该中心由世界500强物产中大集团旗下中大金石集团投资创建，由美国专业养老住宅设计公司GBBN担纲设计，由我国台湾华正管理团队和欧洲医疗卓越品牌奥美德集团提供专业咨询顾问服务。项目择址城北中大银泰城，建筑面积约2万平方米，共195个房间、300余张床位，下设长者公寓、护理院和国际医养中心三大产品线，集医、养、护、娱乐于一体。能满足自理、半自理、失能老人的持续照料需求，是杭州市乃至浙江省医养结合型养老机构的典范。

该医养中心内设医疗资质护理院，能满足长者慢病管理和日常医疗需求。设有内科、中医科、康复科、检验科等多个科室，医生24小时值班。拥有彩超、DR检测、心电图等多种检测设备；药房备有600余种药品，能满足老年常见病的用药需求；600平方米超大康复大厅，既有全套PT/OT康复设备，又能实施传统理疗；满足长者体检、门诊、康复、配药、护理、住院等需求。项目与紧邻的树兰医院（直线距离300米，5分钟步行可达）、杭州市第一人民医院深度合作，建立绿色通道、共享医疗资源，让入住长者完全没有医疗后顾之忧。医养中心还设立认知症照护专区，以解决认知症长者的专业照料，由康复师、活动师、护理员带领长者进行不同的专业认知症疗法，建立友善环境，确保长者的安全和尊严。护理院中的护理间和认知症照护专区如图9.35、图9.36所示。

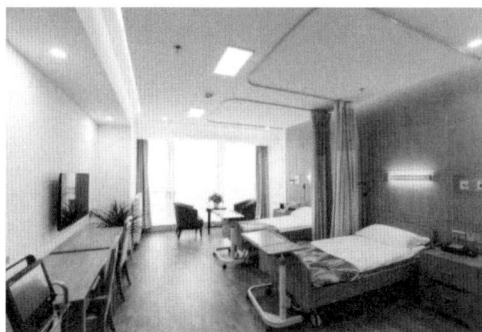

图9.35　护理院中的护理间

图9.36　认知症照护专区

2. 上海市普陀城怡养护院

该养护院由上海城投集团投资建设运营，是上海城投"颐养天年"养老品牌旗下第一家养老服务机构，可提供500张养老床位。养护院创新运用集"居住护理""康体休闲""医疗康复""社区服务"四位一体的"辐射型"社区养老模式，以预防和康复为核心，以共享医疗为优势，以康养服务为基础，依托物联网、大数据、人工智能等数字信息技术提升养老服务品质。

养护院从人居价值需求出发，按照绿色养老标准规划设计，考虑到周边居民的日照影响，建筑整体采用"层层退台"结构，形成不同高度的"空中庭院"，为老年人精心创设独特的立体化城市养老庭院环境。内设生活起居、文化娱乐、康复训练、医疗保健等多项服务设施，提供专业养老照护解决方案。针对失能及半失能老年人的身心特点和照护需求，除专门配置护理床及供氧、吸痰等设备外，养护院还配备专业照护团队，借助健康监测、认知筛查、康复训练等智能化专业设备，通过大脑刺激游戏、记忆回顾等介护方式，进行失智症干预与预防。养护院内部场景如图9.37所示。

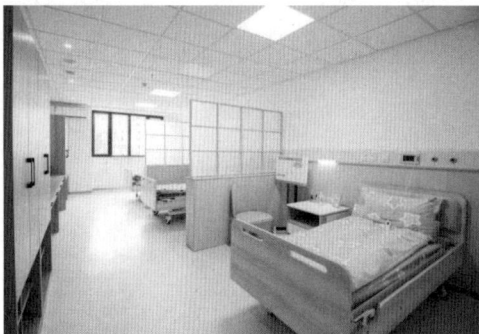

图 9.37　养护院

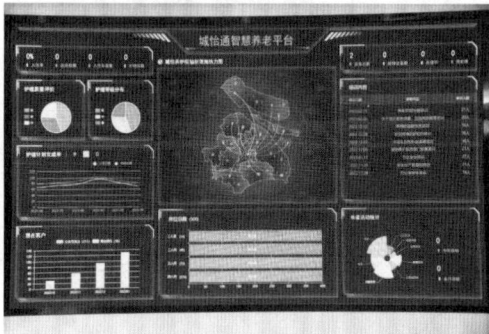

图 9.38　数字养老大屏

养护院利用大数据、云计算、人工智能等技术，围绕老年人生活起居，通过采集人体体征，在日常照护、膳食安全、健康管理、康复护理等方面提供全方位、个性化服务，形成专属健康信息档案，以"一人一案"的创新形式护航晚年生活。安装紧急呼叫、监测预警、跌倒报警等智能化设备，保障老年人日常生活安全。依托智慧养老平台，还能实现养护院与家属、医疗机构间信息的互联互通，有效推进管理数据化、服务智能化，让家属更安心、更放心。养护院数字养老大屏如图9.38所示。

二、与现代社区的融合

《中华人民共和国国民经济和社会发展第十四个五年规划和2035年远景目标纲要》首次提出加快建设现代社区，明确"现代社区培育"的主要内容为：完善社区养老托育、医疗卫生、文化体育、物流配送、便民商超、家政物业等服务网络和线上平台，城市社区综合服务设施实现全覆盖。

（一）现代社区的内涵与特点

现代社区是以人的现代化为核心要义，以数字赋能为动力，以共建共治共享为导向，以未来社区和未来乡村建设为突破口，以党建为统领，全面强化社区为民、便民、安民功能，着力建设现代社区，构建"舒心、省心、暖心、安心、放心"的幸福共同体，打造高质量发展、高标准服务、高品质生活、高效能治理、高水平安全的人民幸福美好家园。

现代社区的"现代性"的主要体现为：公共服务的便捷性、参与主体的协同性、新老居民的包容性、资源要素的集成性、治理场景的智慧性、社区环境的安全性。

（二）现代社区养老场景典型实践

1.杭州七彩未来社区健康场景

"未来社区"是2019年以来浙江省进行的积极探索和创新实践。未来社区强调围绕公共服务普惠共享，侧重社区环境硬件建设和公共服务功能提升，注重空间形态打造和风貌整治提升，是现代社区具体实施的切入点。七彩未来社区健康场景由七彩集团和电科海康共同打造，利用物联网设备、大数据、人工智能等技术，创新多元化适老住宅、居家养老服务中心、日间照料中心、嵌入式养老机构、老年之家等场所配置，能动地满足未来社区内老年人社区居家安全监护、生活服务、精神陪伴、社交文娱等需求，有效减轻老年人独立生活中许多复杂的实际负担，有效提升居家养老支撑能力。通过推广可穿戴设备等智能终端应用，探索社区健康管理线上到线下模式，促进健康大数据互联共享，建立社区老人全生命周期电子档案，并以智慧养老平台优化养老服务资源配置，将社区服务中心、为老服务机构、医疗机构与个人和家庭无缝衔接，提升为老服务供给效率和质量，促进优质为老服务资源和医疗资源的普惠共享。

2. 成都智慧社区"养老一件事"智慧养老服务场景

智慧社区是成都市加强基层治理能力，健全城乡社区治理体系的重要实施路径，按照成都市建设智慧蓉城战略部署，成都市智慧社区按照"115N"建设思路，集约建一个智慧社区综合应用平台，打造一个社区数据库，营造包含五类N个应用场景的"场景超市"生态，鼓励社会各界围绕社区党建、社区安全、社区治理、社区服务、社区发展五大板块，开放建设各类小微治理场景和特色工具。已上线社区党建、社区疫情防控、社区微治理、社区公共空间预约、社区保障资金e管家、网格化治理、养老一件事、小区电梯安全八个全市示范场景。

成都市"养老一件事"智慧养老服务场景具体包括支持益民、医投等国有企业打造一批养老服务示范项目，带动优质企业在成都兴办养老服务机构；完善养老服务补贴政策，引导社会力量投资建设和运营功能型养老机构，实施普惠养老城企联动专项行动，筹措资金支持普惠型养老床位建设，推动党政机关和国有企事业单位所属培训疗养机构转型为普惠养老机构。预计到2025年，成都全市将新增普惠型养老床位1万张，同时推进医养康养融合发展，做好家庭医生签约服务，为65岁以上老年人提供免费健康体检。

3. 北京市朝阳区智慧社区养老服务场景

朝阳区将市域社会治理融入社区建设实践全过程，探索形成"全要素—多层级—各领域"的"全域治理"，针对社区类型多样化、复杂化、差异化明显等特点，编制了《全要素小区建设导则》，聚焦空间、环境、人文、管理、服务、参与"六类要素"，对60余项细目进行制度规范，实现新旧小区相得益彰，硬件软件同步升级。与此同时，全区实行社区工作事项准入制度，依据空间、资源、事项"三集成"的思路，实行"综合受理+全岗社工"，极大方便居民办事。通过多层级协同和跨领域联动，提升治理品质和水平。

朝阳区是北京市中心城区中面积最大的一个区，人口众多，老龄人口也居于前位，养老服务面临着一定压力，为此，朝阳区在国家及政府的支持号召下开展了一系列的养老服务实践。2017年朝阳区试点了共有产权集中式居家养老模式，同年，朝阳区双井恭和苑老年公寓作为国家级"医养结合"试点，推进养老设施与周边社区卫生服务中心（站）的功能融合，为老年人提供安全便捷高效的康复服务。2019年11月，朝阳区望京街道被批准为全国第三批"智慧健康养老示范街道"，社区内建立了养老照料中心，中心提供的养老服务主要针对失智、半失智以及失能、半失能的老人。为方便老人日常生活所需，中心内配备了智能床垫、呼叫系统、新风系统、智能马桶等先进的智能化设备。该街道与连锁社区养老机构合作，建设了具有"互联网＋养老"特色的"守望e家"居家养老智慧服务平台，该平台基于线下服务开发，线上系统共分为六大模块，为社区居家老人提供日间照料服务和助医、助洁、助浴、专业康复护理、心理慰藉等不同的养老服务。

三、与智慧城市的融合

智慧城市是通过综合运用现代科学技术、整合信息资源、统筹业务应用系统，加强城市规划、建设和管理的城市信息化高级形态。建设智慧城市是贯彻党中央、国务院关于创新驱动发展、推动新型城镇化、全面建成小康社会的重要举措，我国从2012年开始试点智慧城市建设工作，取得了良好成效。作为智慧城市建设的主要内容之一，智慧养老体系的建设与实践已经融入智慧城市的建设过程中。

（一）智慧养老体系在智慧城市中发挥的作用

1.智慧养老体现了智慧城市建设中"以惠民为本源"的宗旨

智慧城市的建设离不开行政管理、经济建设和生活服务的智慧化，其目标是实现政府的智慧管理、企业的智慧运营和民众的智慧生活，最终是满足人民群众对美好生活的追求。当前，我国智慧城市建设更多偏向行政管理和企业发展方面，而在智慧养老等民生方面还有许多不足，需要在智慧城市建设中，构建更为完善的生态链，把牵动亿万百姓的养老需求纳入进来，真正体现出智慧城市建设最终惠民的宗旨。

2.智慧养老完善了政府基层组织的社会治理职能，给智慧城市管理增添了新的活力

目前的智慧养老模式主要有家庭养老、社区养老和机构养老三种。其主流方式是以社区为中心，通过线上线下连接起各服务机构和居家养老个人，并提供各种养老服务的社区智慧养老模式，这就赋予了社区新的社会治理职能，密切了社区与政府、企业、家庭的关系，成为社区居民获得感和幸福感的民心工程，成为智慧城市

最鲜活的应用场景之一。

3.智慧养老的建设推动了新兴产业的发展，成为智慧城市建设中振兴企业的重要力量

在国家各级部门推动下，全国各地健康养老产业快速发展，基本形成了覆盖全生命周期的智慧健康养老产业体系，建立了一大批智慧健康养老应用示范基地，同时也培育了大量具有示范引领作用的行业领军企业，带动了智能健康养老相关的智能终端技术、可穿戴设备、便携式健康监测设备、自助式健康检测设备、智能养老监护设备、家庭服务机器人等的发展，极大地推动了信息化、互联网和智能产品等新兴产业的发展，有效地对接了智慧城市建设中振兴产业的主题，并有力地推动了供给侧结构性改革。

（二）智慧城市 + 智慧养老的典型实践

新型智慧城市建设是推进智慧社会发展的重要抓手，建设智慧城市在实现城市可持续发展、引领信息技术应用、提升城市综合竞争力等方面具有重要意义。截至2022年，我国各省区已有近1000个城市提出建设智慧城市，并且已形成了长三角、珠三角等多个智慧城市群。"城市大脑"是智慧城市的有机组成部分，主要聚焦于智慧城市中的管理与决策系统，城市大脑对于构建完善的智慧养老体系具有重要的支撑作用。

杭州"城市大脑"2016年开始建设，提出了"531"逻辑体系架构。"5"即"五个一"：打通"一张网"，确保数据无障碍流动，通过统一标准，支撑城市大脑的数据资源需求；做大"一朵云"，将各类云资源连接在一起；汇聚"一个库"，形成城市级数据仓库，同时做好数据治理，确保数据鲜活、在线；建设"一个中枢"，作为数据、各系统互通互联的核心层，实施系统接入、数据融合、反馈执行；建强"一个大脑"，在全市实施统一架构、一体化实施，彻底打破各自为政的传统建设模式，实现市、区两级协同联动，防止重复建设。"3"即"三个通"：第一是市、区、部门间互联互通，第二是中枢、系统、平台、场景互联互通，第三是政府与市场的互联互通。"1"即"一个新的城市基础设施"。城市大脑通过全面打通各类数据，接入各业务系统，实施融合计算，将为城市建设一个会思考、能迭代进化的数字化基础设施。

在城市大脑支撑下，杭州市养老服务业在"十三五"期间完成了市级"互联网

+养老"平台建设与优化，打造了养老服务线上app商城"点单式"服务，在全国率先创设全市通用的养老电子货币"重阳分"。居家养老、社区养老、机构养老开始融合，居家养老服务专业能力明显提升，医养护一体化从探索试点拓展为医养康养纵深发展，全市养老服务发展进入新的阶段。"十四五"期间，杭州市将以杭州城市大脑为依托，智慧养老实现3.0版迭代，深度集成应用人工智能、虚拟现实等新技术，全面打造形成综合、整合、融合、可及的"大社区养老"新格局，实现基本养老服务人人享有、人人可及，高水平建成"幸福养老"示范区。

案例思考

2022年11月5日，第五届中国国际进口博览会（以下简称"进博会"）如期开展。在生命健康展区，一种可提供智慧家庭医疗一站式解决方案的"盈康数智人"服务平台首次亮相，用户在家即可享受医院级优质医养服务。"盈康数智人"服务平台是围绕用户在居家情况下的预防、问诊、治疗、康养等医疗需求，集可视化问诊、健康监测和评估诊断三大服务体系为一体的平台，可为用户提供智慧家庭医疗一站式解决方案，实现在家即可享受医院级优质医养服务和智慧居家生活。

在"盈康数智人"服务平台上，对于体征数据的监测以及人体行为的监测，例如心跳、血压、血糖、血氧等体征数据异常情况，以及摔倒等人体异常行为状态，可及时提示、预警、给予远程指导或紧急通知呼叫。而基于用户的实时体征数据、病史、用药史等，用户可随时进行健康自测、获取疾病相关资料和健康建议。

在上海永慈康复医院的智慧家庭病房，康复患者可享受包括远程问诊/探视、安防预警、睡眠管理、用药提醒、膳食管理等在内的"盈康数智人"平台服务。通过智能家居、智能可穿戴设备、家庭医疗设备等触点，将用户体征情况和诊疗数据等模型化、可视化，医生与患者实现信息即时共享。医生可不间断主动关注用户居家身体状况，及时提供诊疗服务；用户可通过语音呼叫或app快速与医生建立视频通话，足不出户享受远程问诊服务。这让患者在康复过程中，同时体验到智慧居家的温馨与便利。

在人口老龄化已成为全球化现象的大背景下，关注老年需求逐渐成为共识。立足于老年人的健康需求，"盈康数智人"服务平台将科技创新与老年人健康管理有机结合，从医院到家庭，致力于改变"医不叩门"的传统理念，开启"你的健康，我的使命"的新型医患互信关系，助力健康老龄化。

思考题：请结合以上案例，分析智慧城市、现代社区、智慧社区环境下，该怎样构建智慧家庭医疗系统，以及如何持续有效运行该系统。